U0742073

金景芳全集

第六册

上海古籍出版社

經學概論

（據四川三臺東北大學時期手稿，

約作於 1942—1944）

目録

第一章 總 論

第一節 經學之意義及範圍

經學者，以《詩》、《書》、《禮》、《樂》、《易》、《春秋》六經爲研究對象之學也。經本共名，非六籍所得專。然中土學術，二千年來儒家獨爲正統；故居今日而言經學，自不虞有人疑爲佛經、道經，乃至《本草經》、《茶經》、《棋經》之學也。

經之名，有謂義取經常，爲不刊之書。① 有謂聖人制作曰經。② 亦有釋同經緯經紀者。③ 近人章炳麟以編絲綴屬解之，盛爲學者所稱。其言曰：

> 案經者，編絲綴屬之稱，異於百名以下用版者。亦猶浮屠書稱"修多羅"。"修多羅"者，直譯爲線，譯義爲經。蓋彼以貝葉成書，故用線聯貫也；此以竹簡成書，亦編絲綴屬也。傳者，專之假借。《論語》"傳不習乎"，《魯》作"專不習乎"。《説文》訓專爲"六寸簿"。簿即手版，古謂之忽（今作笏）。書思對命，以備忽忘。故引申爲書籍記

---

① 班固《白虎通義·五經》論曰："經，常也。有五常之道。"杜預《春秋左氏傳序》曰："左丘明受經於仲尼，以爲經者，不刊之書也。"劉勰《文心雕龍·宗經》篇曰："經也者，恒久之至道，不刊之鴻教也。"

② 張華《博物志·文籍考》曰："聖人制作曰經。"

③ 章學誠《文史通義·經解上》曰："《易》曰：'雲雷屯，君子以經綸。'經綸之言，綱紀世宙之謂也。鄭氏《注》謂：'論撰書禮樂，施政事。'經之命名，所由昉乎？然猶經緯經紀云爾。"

事之稱。書籍名簿，亦名爲専。専之得名，以其體短，有異於經。鄭康成《論語序》云："《春秋》二尺四寸。《孝經》一尺二寸。《論語》八寸。"此則専之簡策，當復短於《論語》，所謂六寸者也。(《國故論衡・文學總略》)

案以上諸説，義俱未允，特以章氏之論爲世所重，用先辨之。考章説蓋本《儀禮・聘禮・記》。《記》曰："百名以上書於策。不及百名書於方。"《注》："策，簡也。方，版也。"《疏》："'簡'謂據一片而言。'策'是編連之稱。"章引《論語序》亦《疏》中語。夫謂經以編絲綴屬得義，傳爲六寸簿。是經實相當於《聘禮・記》所謂策，而傳則方也。經傳之分，端繫於編絲綴屬與否，而不在於長短如何。胡爲乎必取二尺四寸、一尺二寸、八寸之説也？若謂經傳之名，原以簡策長短爲别，則經之立號，理應取義於尺寸，而與編絲綴屬無涉矣。故執編絲綴屬之義，説可通於經，而難通於傳。以傳者敷贊經旨，非數語可了。古傳之存於今者，如《易大傳》、《春秋傳》、《禮喪服傳》，多者或累萬言，少者亦非百名可罄，斷無不用編絲綴屬之理。若依簡策長短爲説，非但經字原無此義，即以釋傳，亦嫌迂曲。何則？《説文》"専爲六寸簿。"據段《注》，六寸乃二尺六寸之誤，是専字本訓如何，究爲六寸乎？抑二尺六寸乎？尚有疑義，難以質言，一也。鄭《論語序》"《春秋》二尺四寸"之語，係用《孝經鉤命決》文。緯書難爲信據，二也。"傳爲六寸"，乃自《論語序》"《春秋》二尺四寸，《孝經》一尺二寸，《論語》八寸"比例爲説，無有明驗，三也。《説文》自有傳字之訓，棄而不取，顧取専字疑似之説，有牽强比附之嫌，四也。然則章氏立説，實欠圓融，未可視爲定論也。

今謂經，徑也。① 傳，轉也。② 經以載道，傳以贊經。自學者言

① 劉熙《釋名・釋典藝》曰："經，徑也；如徑路無所不通，可常用也。"王逸《離騷經章句》曰："經，徑也。言已放逐離别，中心愁思，猶依道徑，以風諫君也。"

② 《釋名・釋書契》、《文心雕龍・史傳》篇。詳見下文。

之,求之於經,則其得之也徑;因傳以求之,則輾轉矣。兹以圖示之如次:

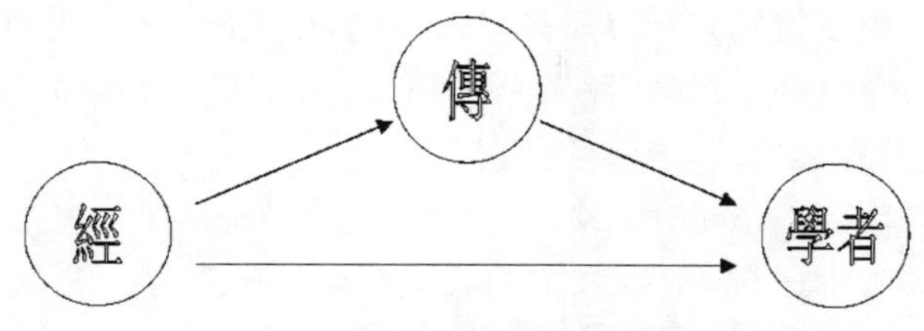

經、傳、學者三者之間的關係圖

經之名,由傳而起,猶人有子矣,而後立父之號。善乎!章學誠之言也:"六經不言經,三傳不言傳,猶人各有我,而不容我其我也。依經而有傳,對人而有我,是經傳人我之名,起於勢之不得已,而非其質本爾也。"(《文史通義・經解上》)考《説文・糸部》曰:"經,織從絲也。"(從段玉裁校)從絲即縱絲,取徑直之義。凡字之從巠者,如莖、頸、硜、涇、脛等,皆從徑直得義,非特經字然也。《釋名・釋典藝》曰:"經,徑也。"《廣韻・下平・十五青》曰:"經,常也,絞也[①],徑也。"常有直義。絞猶縊,《説文》:"縊,經也。"段《注》謂:"以繩直懸而死。"[②]故經之訓徑,最是初義。至經綸經紀,則自經緯之義引申,非其初也。傳,《説文・人部》曰:"遽也。"段《注》:"《周禮》行夫掌邦國傳遽。"《注》云:"傳遽,若今時乘傳騎驛而使者也。"按傳者,如今之驛馬。驛必有舍,故曰傳舍。又文書亦謂之傳。《司關》注云:"傳如今稱遇所文書是也。"驛馬之傳,文書之傳,古取輾轉之義,故《釋名・釋書契》曰:"傳,轉也。轉移所在,執以爲信也。"《漢書・楊敞傳》:"傳相放效。"《陳湯傳》:"傳戰大内。"《張敞傳》:"傳相捕斬。"傳之用皆同轉。《文心雕龍・史傳》篇:"傳者,轉也;轉受經旨,以授於後。"尤爲確詁。惜乎其不能與經徑之

① 吕案:《鉅宋廣韻・下平・十五青》"絞"作"紋"。

② 段《注》見《説文》經字下。

義相照，而於《宗經》篇仍以“恒久之至道，不刊之鴻教”釋之。至王逸、劉熙之倫，雖知經之訓當爲徑，而王釋《離騷經》則曰：“經，徑也。言已放逐離别，中心愁思，猶依道徑，以風諫君也。”劉於《釋典藝》則曰：“經，徑也；如徑路無所不通，可常用也。”曲附異説，自生葛藤，尚於經之本義，未能灼然也。

經之别有六。《樂經》久亡，今存其五。然俗有七經、九經、十經、十二經、十三經、十四經之目，則多兼傳記而言。夫以傳記爲經，其爲誤，誠有如龔自珍《六經正名》所譏者。然語其範圍，則傳記實經之族屬。屏之不得與於經學之列，亦非也。《漢書·藝文志》序六藝，附以《論語》、《孝經》、小學，最爲通達。而《河間獻王傳》稱：“獻王所得，皆經、傳、説、記，七十子之徒所論。”實已確立經學之大界。譬之家人，經爲父，傳爲子，説其支子，記則其庶弟也。經傳之解，已見上文。説亦傳之科，第以詮訓淩雜，未能如傳之專贊一經，自成體要爲異。記則補經所不備。記之於經，蓋猶説之於傳矣。至箋、注、疏、義，或爲傳之異名，或即傳之胤嗣，支派蕃衍，種姓不殊，要皆以經爲其祖宗。故論經學之範圍，自不應獨舉六經，而遺傳、説、記也。

第二節　六經孕育之痕迹

世稱六經、六藝，每不甚分别。實則經以名其書，藝以號其學。賈誼曰：“《詩》、《書》、《易》、《春秋》、《禮》、《樂》六者之術，以爲大義，謂之六藝。”（《新書·六術》）蓋藝者術也。以今制説之，六藝猶學校中所習之“科目”，六經則孔子所編定之教科書。故六藝爲士人之通途，六經乃孔子所獨擅。自晚周以降，學者不專習六藝；西京以還，師儒講誦六經之文而已。坐是六藝與六經相混。然太史公曰：“中國言六藝者，折中於夫子。”（《史記·孔子世家》）班固志《藝文》，序六藝爲九種，語意故自别白，不似小顔注“六藝，六經也”

之葥胡也(《漢書・藝文志・六藝略・序・注》)。

六藝之教,至孔子而備。六藝之文,至孔子而定。故六經者,所以綜百聖之學,立萬世之準,信能終條理而集大成。然其孕育之迹,亦有可言。大抵《禮》、《樂》先起,《詩》、《書》次之,《易》、《春秋》最後。一言以蔽之:皆以爲教,而興於學。

學校之制,肇自何世?今已無考。然至早在有君之後。《易・序卦》曰:

> 有天地,然後有萬物。有萬物,然後有男女。有男女,然後有夫婦。有夫婦,然後有父子。有父子,然後有君臣。有君臣,然後有上下。有上下,然後禮義有所錯。

《禮記・昏義》曰:

> 男女有别,而後夫婦有義。夫婦有義,而後父子有親。父子有親,而後君臣有正。

《荀子・禮論》曰:

> 禮有三本:天地者,生之本也。先祖者,類之本也。君師者,治之本也。

蓋鴻荒之世,榛榛狉狉,人與萬物無以異。已而知有男女矣,然其時尚無夫婦之别,人知有母而不知有父。浸假而制嫁娶,定夫婦,父子之親於是乎生。有父子,乃各以其血統關係構成家族,由是而群起。夫"百人無主,不散則亂",於是乎有智力絶人者,群奉之爲君,而上下之分明,禮義之制出。浸之,更以其致治之成法,教而傳之,以長人之善而救其失,而學校興焉。故學校之起,斷在有君之後。《墳》、《索》雖亡,此準於理可知者。

謂禮樂先起,何也?蓋禮者,履也(《説文》);節之文之,以納言行於軌物。樂者,樂也(《禮記・樂記》);鼓之舞之,而制性情之中和。"君子曰,禮樂不可斯須去身。"(《禮記・樂記》、《祭義》)"子曰,師!爾以爲必鋪几筵,升降,酌獻酬酢,然後謂之禮乎?爾以爲必行綴兆,興羽籥,作鐘鼓,然後謂之樂乎?言而履之,禮也。行而樂之,樂也。"(《禮記·仲尼燕居》)故初民之學,詩書未必具,而禮樂不可缺。缺禮樂,則民無措手足;失其所以爲教矣。《虞書》曰:

帝曰:"夔!命汝典樂,教胄子。"

《周禮·春官》曰:

大司樂,掌成均之法,以治建國之學政,而合國之子弟焉。凡有道者,有德者,使教焉,死則以爲樂祖,祭於瞽宗。

《禮記·明堂位》曰:

瞽宗,殷學也。

夫虞、殷、周之學,悉掌於樂官。其時距始立學之世非遠,定是古制之遺。然則六藝之教,禮樂先起,斷可知矣。

禮樂起,而詩書繼興,其詳雖不可得而考;然春秋之世,詩、書、禮、樂已並稱四教。《左傳》僖公二十七年曰:

(郤縠)説《禮》、《樂》而敦《詩》、《書》。

《禮記·王制》曰:

樂正崇四術,立四教,順先王《詩》、《書》、《禮》、《樂》以造士。

皆其明徵。當是時也,《易》與《春秋》習者尚罕。自孔子出,而贊《周易》,著《春秋》,六藝乃備。《史記·孔子世家》曰:"孔子以《詩》、《書》、《禮》、《樂》教,弟子蓋三千焉。身通六藝者,七十有二人。"所謂"身通六藝",即兼習《易》與《春秋》二藝矣。

惟《詩》、《書》、《易》、《春秋》四者之教,其歸仍在《禮》、《樂》。蓋《禮》《樂》者,行也。《詩》《書》者,故也。《易》《春秋》者,理也。

《易》曰:"多識前言往行,以畜其德",《詩》《書》近之。《易》曰:"極深研幾,精義入神",《易》《春秋》近之。要之,並爲《禮》《樂》之資。孔子曰:"博學於文,約之以禮。"①又曰:"興於《詩》,立於《禮》,成於《樂》。"(《論語·泰伯》)荀子曰:"學惡乎始?惡乎終?曰:其數則始乎誦經,終乎讀《禮》。"(《荀子·勸學》)又曰:"將原先王,本仁義,則禮正其經緯蹊徑也。若挈裘領,詘五指而頓之,順者不可勝數也。不道禮憲,以詩書爲之,譬之猶以指測河也,以戈舂黍也,以錐飡壺也,不可以得之矣。"(《荀子·勸學》)斯其義矣。

嘗謂六藝一揆,可分三等,皆表裏互備,相反以相成。"樂統同,禮辨異。"(《禮記·樂記》)"樂所以修内,禮所以修外。"(《禮記·文王世子》)是爲一等。"《詩》以道志,《書》以道事。"(《莊子·天下》)是爲一等。"《春秋》推見至隱,《易》本隱之以顯。"(《史記·司馬相如傳》)是爲一等。禮樂互備,《易》與《春秋》相表裏,其義甚顯。《詩》《書》一等。兹復加以説明。文中子曰:"聖人述《書》,帝王之制備。述《詩》,興衰之由顯。"蓋《書》之爲教,所以存帝王之大訓。《詩》之爲教,所以志世風之升降。無《書》,則粲然之治具不傳。無《詩》,則明畏之天心不見。故《書》之事也,高明爲多。《詩》之志也,特重鰥寡。事有得失,感也。志有美刺,應也。感在朝寧,而應周於四境。感在一時,而應及於數世。《書》以章其源,《詩》以著其流。《書》詳一人之本,《詩》録四方之風。故《書》之作者,即篇可知。《詩》之作者,率難克指。何者?《書》之旨,在憲其事。《詩》之旨,在知其世。事唯局於一人,世則通於有衆。故《三百篇》其皆爲誰氏所作,固多無考。即偶存一二,亦非因重視其人之賢否,乃所以覘一代之風俗也。風俗之成,積於多人之行,累代之習。《詩》之所示,實爲其流動中整體之一臠,與《書》之以個人嘉言懿行爲重者,其用絶殊。二者實互相備,故應爲一等。

① 《論語·雍也》、《顔淵》凡兩見。《子罕》曰:"博我以文,約我以禮。"

《莊子·天下》曰：

《詩》以道志,《書》以道事,《禮》以道行,《樂》以道和,《易》以道陰陽,《春秋》以道名分。

又《天運》曰：

丘治《詩》、《書》、《禮》、《樂》、《易》、《春秋》六經。

《荀子·勸學》曰：

《禮》之敬文也,《樂》之中和也,《詩》、《書》之博也,《春秋》之微也。

又曰：

《禮》、《樂》法而不説,《詩》、《書》故而不切,《春秋》約而不速。

又《儒效》曰：

《詩》言是其志也。《書》言是其事也。《禮》言是其行也。《樂》言是其和也。《春秋》言是其微也。

賈誼《新書·六術》曰：

《詩》、《書》、《易》、《春秋》、《禮》、《樂》六者之術。

又《道德説》曰：

《書》者,此之著者也。《詩》者,此之志者也。《易》者,此之占者也。《春秋》者,此之紀者也。《禮》者,此之體者也。《樂》者,此之樂者也。

董仲舒《春秋繁露·玉杯》曰：

《詩》、《書》序其志,《禮》、《樂》純其養,《易》、《春秋》明其知。

《史記·滑稽列傳》曰：

> 六藝於治一也。《禮》以節人,《樂》以發和,《書》以道事,《詩》以達志,《易》以神化,《春秋》以道義。①

綜觀諸家所述,可知西京而上,六藝之次,本自爲此。爲教本末,具可考見。自班志藝文,襲劉《略》以《易》、《書》、《詩》、《禮》、《樂》、《春秋》爲次,並於《春秋》之後,附綴"左史記言,右史記事,事爲《春秋》,言爲《尚書》,帝王靡不同之"數語,阮孝緒、陸德明諸家惑之,因而弗革,而古義全亡。自兹厥後,劉知幾遂以《尚書》、《春秋》並號史之二家,而王安石"斷爛朝報"之譏以起。夫史分言動,文出《玉藻》,本屬互文,未宜滯執。不然,《書》有《禹貢》,全爲記事,義將焉取?蓋《春秋》以道名分,爲禮義之大宗,旨在是非二百四十二年之行事,以爲天下儀表。胡安國謂:"五經之有《春秋》,猶法律之有斷例",其説是也。故《春秋》之精義入神,與大《易》同科,而與書教絶遠。今人不悟劉、班之非,輒以今古文説之,未爲知本,不可以不辨也。

第三節　經之今古文

經學争訟,以今古文一案爲最烈。西漢張其幟,東漢推其鋒。晚清諸儒,拾厥墜緒,封執滋甚。流風驅扇,遂令承學之士,初涉途轍,便嚴門户,以今古爲趣舍,以同異爲是非。辨益密而道益歧,功益勤而失益遠。經學不明,此爲大障。欲發其覆,曷得無言?

考今古文之分,本由寫經字體之不同。蓋自秦并天下,同一文字,罷其不與秦合者,更造隸書,以趣約易。先世字體,於焉大變。漢興承秦,字體無改。諸儒傳經,咸用當時隸書書之,是爲今文。

① 亦見《自序》,唯"神"作"道"。

其後更於山崖屋壁，發現古本，爲先秦所書，不與隸同，謂爲古文，以相區别。故古今之稱，起自相待，古文未出，固亦無所謂今文也。然其時官學，並是今文，故雖有今古文之名，尚無今古文之争。今古文之争，自劉歆始。歆以校理祕籍，得見中古文。欲建立《左氏春秋》及《毛詩》、《逸禮》、《古文尚書》，皆列於學官。哀帝令歆與五經博士講論其義。諸博士或不肯置對。歆因移書太常博士責讓之，争端斯啓。建武中，尚書令韓歆上疏欲爲《費氏易》、《左氏春秋》立博士。詔下其議。范升、陳元更相非折，其争始烈。洎建初初載，肅宗特好《古文尚書》、《左氏傳》，詔賈逵出《左氏傳》大義長於二傳者，復令撰《歐陽大小夏侯尚書古文同異》及《齊魯韓詩與毛氏異同》，並作《周官解故》。而李育者，少習《公羊春秋》，於是作《難左氏義四十一事》。建初四年，詔與諸儒論五經同異於白虎觀。育又與賈逵往返難詰，争乃益劇。其後，何休治《公羊》作《解詁》，以《春秋》駁漢事六百餘條。而服虔又以《左傳》駁何休之所駁漢事六十條。何休與其師博士羊弼，追述李育意，以難二傳，作《公羊墨守》、《左氏膏肓》、《穀梁廢疾》。鄭玄亦作《發墨守》、《箴膏肓》、《起廢疾》。許慎撰《五經異義》，多從古文説。鄭玄復作《駁五經異義》以難之。紛紛攻駁，形同水火矣。然鄭玄實兼治古今，不主一家。重以所著諸經箋注，魏晉以後，學者尊信弗替。故今古學之界畔，至玄而混。厥後歷六朝、隋、唐以訖有清，積千七百年，經生學士，無復更持今古文之論者。有之，實昉於清之中葉。蓋清代經學，號稱極盛。宗師哲匠，僂指難數。大抵國初之士，漢、宋猶雜。乾隆之際，獨尊漢學。嘉、道而後，今古分流。清今文之學，肇於莊存與及其兄子述祖，而昌於劉逢禄。張其軍者有長洲宋翔鳳、仁和龔自珍、邵陽魏源。而湘潭王闓運、善化皮錫瑞之撰述，亦宗守其説。然德清俞樾、瑞安孫詒讓及儀徵劉氏文淇、毓崧、壽曾、師培專精古學，仍爲勁敵，此其大較也。

晚清之世，有以剖析今古文名家者，則爲井研廖平。所著《今古學考》略本許氏《五經異義》,而以禮制爲主,擘肌分理,郅爲詳密。時人比之亭林顧氏之於古音,潛邱閻氏之於《古文尚書》,爲三大發明。① 今之談經説史,無慮盡用其説。然其違失處,正復不少,兹略就其書論之。

夫今古文之稱,原由於文字之不同,其爲秦火以後,炎漢初興,經學上産生之特有名辭,灼然無疑。乃廖氏謂秦前亦已有之。一則曰:"西漢大儒,均不識此義。"再則曰:"大約今古分别兩漢皆不能心知其源。"竄易名實,語不歸宗,其失一也。

廖氏撰《今古學宗旨不同表》,謂古學原本周公,以《周禮》爲主。是已認《周禮》爲周公之制作。不然,亦認周公之時,制度爲此。乃於《經話》又謂:"《周禮》之書,疑是燕、趙人在六國時,因周禮不存,據己意采簡策,摹仿爲之。其先後大約與《左傳》、《毛詩》同,非周初之書也。何以言之?其所言之制,與《書》典禮不合。又與秦前子書不同。且《孟子》言:'諸侯惡其害己,而去其籍。'無緣當時復有如此巨帙傳流。故予以爲當時博雅君子所作。"夫《周禮》所言之制,與《書》典禮不合。又與秦以前子書不同。而爲六國時博雅君子據己意所作,則非周公制度明甚。何得謂爲原本周公?以矛陷盾,自相違伐,其失二也。

案《王制》之文,與諸經傳多同。如公卿大夫士之制,與《昏義》同。朝聘與《左氏》同。巡守與《尚書》同。冢宰制國用,與《周禮》同。且所言九州道里,建國多寡,拘墟碎密,難合實際,應是經生推例之説。篇末又明著"古者以周尺八尺爲步,今以周尺六尺四寸爲步",則盧植謂"漢文帝令博士諸生作此篇"(《經典釋文》)爲得其實。盧氏漢季大儒,説定有據。乃廖氏固執爲孔子作,無有佐驗,憑臆專輒,其失三也。

夫問仁問孝,所答各異。隨機施設,言豈一端。乃廖氏見有

① 蒙文通:《議蜀學》。

"吾從周",即目爲"孔子初年之言,古學所祖"。見有"行夏之時,乘殷之輅,服周之冕,樂則韶舞",即目爲"孔子晚年之言,今學所主。"妄生同異,治絲而棼,其失四也。乃至溯素王於伊尹,同仲尼於老、墨,求之愈深,失之愈遠矣。

今謂經學以五經爲斷,而五經以孔子爲歸。范升謂"五經之本,自孔子始"(《後漢書·范升傳》),説不可易。若傳、若説、若記,衹可供治經之助,而不足以難經。其非傳、説、記之科,應聽其别行,無容牽混以增紛糾。執是以觀,知今古文之争,爲多事矣。

夫世所謂古文者,斥《詩毛氏》、《書孔氏》、《禮周官》、《易費氏》、《春秋左氏》也。試一詳案,則知《書》之異,在經;《詩》與《易》之異,在傳或説;《春秋》之異,則在傳之是非;《周禮》之異,則在經之然否。五者各自不同。安得相提並論,共爲一條?《書古文經》久亡,可以不論。《詩》三家存者,僅有《韓詩外傳》。班氏所謂"或取《春秋》,采雜説,咸非其本義"者也(《漢書·藝文志》)。《齊詩》亡,其説可考者,如四始、五際、六情,皆推衍緯候,雜以異端。與《易》之卦氣納甲,《書》之洪範五行,《禮》之月令明堂陰陽,《春秋》之災異,同屬漢儒陋習,爲竊騶衍以來燕齊海上方士之説而緣飾之,以阿時好者,不足與《毛詩》抗。班書謂"《魯》最爲近之"(《漢書·藝文志》),於申公稱"疑者則闕弗傳",於王式稱"'聞之於師具是矣',不肯復授",於唐生、褚生稱"誦説有師法,疑者丘蓋不言"(《漢書·儒林傳》),則《魯詩》如傳,定富古義,或非《毛氏》所及。而惜乎其久亡也!

要之,《詩》之經文,各家大同。解説雖殊,學者擇善而從可已,無事争是非也。至《禮》乃大不然。蓋惟《儀禮》十七篇,爲高堂生所傳,信是孔氏之書。餘則若大小《戴記》"有先師經説,有子史雜鈔,最爲駁雜"。① 若《周禮》匪特非周、孔之作,《孟》、《荀》、《左》、

---

① 廖平:《今古學考》。

《國》亦決未見是書。其價值如何,自屬别一問題,要非孔門所有,與經學絶不相蒙(吕案:此處可加一注解或説明)。

《易》今文施、孟、梁丘、京四家俱亡。其遺説時時見於他書,大抵盡是卦氣納甲之等,自不如費氏治《易》以"《彖》《象》《繫辭》十篇《文言》解説上下經"爲正。是其得失,又不在乎古今以否。《春秋》今文,《公》、《穀》具存。古文則爲《左氏》。《左氏》實不解經,非《春秋》之傳。① 劉歆强與傳名,欲與《公》、《穀》争席,並立於學官耳。然以其書敘事委悉,治《春秋》者故不能廢,是與《周禮》又不可一例觀。總之,《毛詩》、《左氏春秋》、《周禮》以及《書孔氏》、《易費氏》雖並號古文,而性質各異,當分别觀之,不可並爲一談。今古文之争,其出發點,原在於争立學官,是利禄上事而非學術上事。清儒號稱精於經學,乃不辨此,而重興大獄,欲以同異決是非,依託門户,競相標榜,陋矣!

附録廖平《今古學考·今古學宗旨不同表》:

今	古
今祖孔子。	古祖周公。
今《王制》爲主。	古《周禮》爲主。
今主因革,參用四代禮。	古主從周,專用《周禮》。
今用質家。	古用文家。
今多本伊尹。	古原本周公。
今孔子晚年之説。	古孔子壯年主之。
今經皆孔子所作。	古經多學者潤色史冊。
今始於魯人,齊附之。	古成於燕、趙人。
今皆受業弟子。	古不皆受業。

① 《左氏》不傳《春秋》,漢博士已有是言(劉歆《移書讓太常博士》引此語)。清劉逢禄《左氏春秋考證》辨之,尤詳。章炳麟《春秋左傳讀敘録》雖極力醜詆,不能奪也。

今爲經學派。	古爲史學派
今意同莊、墨。	古意同史佚。
今學意主救文弊。	古學意主守時制。
今學近乎王。	古學師乎伯。
今異姓興王之事。	古一姓中興之事。
今西漢皆立博士。	古西漢多行之民間。
今經、傳立學，皆在古前。	古經傳立學，皆在今後。
今由鄉土分異派。	古因經分異派。
今禮少，所無皆同古禮。	古禮多，所多皆同今學。
今所改皆周制流弊。	古所傳皆禮家節目。
今漢初皆有經，本非口授。	古漢初皆有師，後廢絶。
今以《春秋》爲正宗，餘皆推衍《春秋》之法以説之者。	古惟《周禮》爲正宗。即《左傳》亦推衍以説之者，餘經無論矣。
今多主《緯》、《候》。	古多主史冊。
今學出於春秋時。	古學成於戰國時。
先秦子書多今學。	先秦史冊皆古學。
今秦以前，無雜派。	古秦以前，已有異説。
今無緣經立説之傳。	古有緣經立説之傳。
今無儀注。皆用周舊儀。	古有專説，不通別經。
今經唯《王制》無古學。餘經皆有推衍古派。	古經唯《周禮》無今説。餘經皆有推衍今派。
《孝經》本無今説。	《春秋》本無古學。
今經唯存《公》、《穀》。范氏以古疑今。	古經皆存。鄭君以今學雜古學。
注今經，李、何以前不雜古。	注古經，馬、許以前不雜今。
《戴禮》古多於今，漢儒誤以爲今學。	子《緯》皆今學，漢儒誤以爲古學。
古《儀禮》經，漢初誤以爲今。	今《王制》，先師誤以爲周。

第四節　二千年來經學變遷之大勢

六經俱孔子手定。故言經學,宜斷自孔子。孔子之刪述六經,雖因舊文,無殊新創。蓋天下真理無窮,惟先知先覺者,爲能識其微而揭發之。牛頓見蘋果墮地,而悟萬有引力。瓦特見水沸氣沖壺蓋,而有蒸汽機之發明。皆是選也。故謂六經爲"托古改制"者,是同孔子於郢書燕説,近於誣。謂六經爲整齊故籍者,是擬孔子於向、歆校理,近於愚。二者皆爲未知六經,並爲未知孔子。蓋孔子天縱之聖,觸處洞然,即於故籍之中,發見真理,標立新義。初非强爲皮傅,亦非一同鈔胥。故六經爲孔子所獨有,其前雖有孕育之功,衹可以史料視之,未足以當經學之目。孔子歿後訖於今,玆已二千四百餘年。其間經學嬗變之迹,詳説累百千紙不能盡。已非本編所許,聊攝綱維,區爲五期,以明梗概。玆所限斷,稍異通途,非好違俗,以説經學故宜以經學爲主。惟歷史譬如流水,前後相續,難言割截。史家分期,原是方便法門,舉其大齊,俾易觀其起伏之勢而已。猶之天有躔度,地有經緯,並是勉强安立,非本來如此。拘執之,反爲害矣。

一、傳記期

自孔子歿至於秦火,約三百餘年。今所行《春秋公羊》《穀梁傳》、《詩毛氏故訓傳》、《禮喪服傳》,與夫戴德、戴聖所裒集者,以及《左氏春秋》、《國語》、《周禮》及《孟子》、《荀子》之書,略皆作於是時。其書雖不能皆醇,然去聖較近,或親承音旨,或私淑諸人,所得自視後賢爲多。在經學上,最可寶貴。清人治經,局促兩漢。往往以漢人之説爲經之説。有不通處,曲加回護,寧曰經誤,豈非大蔽?余謂學者須以經爲主;經意不憭,乃求之注疏;得其解後,仍反證之經，無礙乃已。不得執末師之説，便謂經意如是也。孔子歿後，戰國紛争，競以詐力相尚。蘇、張、申、商、孫、吴之説用，而儒術不行。然時君歆好賢之名，尊禮師儒，則有加於昔。《史記·儒林傳》曰：

> 孔子卒後，七十子之徒，散游諸侯。大者爲師傅、卿相，小者友教士大夫。

李康《運命論》曰：

> （及其孫）子思希聖備體，而未之至。封己養高，勢動人主。其所遊歷，諸侯莫不結駟而造門。雖造門，猶有不得賓者焉。其徒子夏（吕案：據《昭明文選》，"子思"前有"及其孫"三字，"子夏"前有"其徒"二字）升堂而未入於室者也。退老於家，魏文侯師之。西河之人，肅然歸德，比之於夫子，而莫敢間其言。

蓋恒人之情，"未見聖，若己弗克見。既見聖，亦不克由聖。"是以春秋之世，禮讓猶存，而仲尼干七十君不得用。戰國之時，土苴仁義，而孟、荀俱爲列卿。其勢然也。惟其如是，故能師儒傳授，蔚爲風氣，隱然成學術上一巨流，歷秦火而不絶云。

二、箋注期

自漢初至晉末，約六百年。此期以兩漢爲主，魏晉附之。蓋魏晉經學，乃承兩漢箋注之餘，而開南北朝義疏之先，爲其中間之過渡者也。此期與前期較，其不同處，則在前者意在行道，以實現其政治理想。後者意在干禄，以滿足其政治生活。意在行道，故求己；求己則踵事而增華。意在干禄，故徇人；徇人則曲學以阿世。其故則以一爲亂世，一爲治世；一則學在師，一則學在官也。故兩漢儒者抱殘守闕之功誠不可泯；而汩經誣聖之罪，亦難爲諱。平心以論，不但其推陰陽、言災異，顯非經旨，即所謂"以《禹貢》治河"，

“以《春秋》決獄”,“以《三百篇》當諫書”亦不無牽强比附之嫌。夫《書》祖濟南伏生,而歐陽、大小夏侯並立於學官。《易》自淄川田生,而有施、孟、梁丘、京四家之學。蓋不樹新説以自異,則無以名家。無以名家,則不能立於學官而食禄廩。故兩漢各家師説之争訟,以及今古文之相仇,質言之,並是利禄上事,而非學術上事。班志《藝文》於《儒家》論曰:“惑者既失精微,而辟者又隨時抑揚,違離道本,苟以譁衆取寵。後進循之,是以五經乖析,儒學寖衰,此辟儒之患。”蓋深見其弊也。及炎漢衰替,黨議禍起,太學諸生,首離其難。益以天下分崩,綱紀解紐。自兹厥後,學乃不在朝而在野。教乃不在官而在師。而經學上之紛争亦稍歇。然晉興,又有鄭、王之異。其各固疆宇,與漢人爲一丘之貉。祇可覘其勢力之消長,而不足以定學術之是非。既而玄風大暢,人尚清談。義學並興,户耽佛法。經生漸染把麈敷座之習,務騰口説,而南北朝義疏之學,於以濫觴。此時期之箋注,今通行者有《詩》鄭玄《箋》,《書》僞孔安國《傳》,《儀禮》、《禮記》、《周禮》鄭玄《注》,《易》王弼《注》,《春秋公羊傳》何休《解詁》,《穀梁傳》范寧《集解》,《左氏》杜預《經傳集解》。其他如《國語》韋昭《解》,《論語》何晏《集解》,《孟子》趙岐《注》,《爾雅》郭璞《注》,亦屬經學之範圍。至雜見史傳,及清人所輯佚書者,此類尚多,以非本編所宜詳,兹不贅述。

三、義疏期

起南北朝訖五代,約五百年。而以中唐以前爲主。中晚唐及五代附之。蓋自唐初敕撰《五經正義》,頒行天下。賈(公彦)、徐(彦)、楊(士勳)諸儒踵之,又作《周》、《儀》、《公》、《穀》四疏,而義疏之學,告厥成功。嗣後士林,奉爲圭臬。經學内容,趨於固定。降至中唐,師儒有所不慊,漸起反動。如啖助、趙匡、陸淳之於《春秋》,施士匄之於《詩》,皆不循舊貫,自闢町畦,而次一期革新之怒潮,已伏流於此。然至宋真宗時,尚有重定《孝經》、《論語》、《爾雅》三疏之事,則其間義疏之風,未爲全泯。故兹篇所論,仍以中晚唐及五代之經學,附之義疏期焉。

義疏爲學,在詮釋箋注。大抵守一家之書,而旁徵曲引,疏通證明,雖有違失,例無攻破。其起也,以講經爲嚆矢。而講經之風,始則由於浮屠之影響,繼則緣時君之倡導。蓋自典午南渡,士夫漸已崇奉佛法,洎南北朝而益熾。於是,儒學亦有升座講經之例。而南朝如宋明帝之集朝臣於清暑殿以講《周易》。齊高帝之幸國學,聽講《孝經》。梁武帝更自撰《五經講疏》,朝臣奉表質疑,皆爲解釋。立士林館,命朱異、賀琛、孔子袪等遞相講述。以及簡文升座,嘗許張正見決疑。元帝居藩,亦命賀革講禮。皆躬先率導,以爲首倡。北朝魏周二代,用夏變夷無論矣。即齊文襄之嘗集朝士,命盧景裕講《易》,亦存情經術,宏獎儒流。於是朝野嚮風,遠近翕然。南朝如伏曼容之講於瓦官,嚴植之之講於潮溝,沈峻之講《周官》,戚哀之講《朝聘》,何佟之之講《喪服》,虞僧誕之講《左傳》,太史叔明之講《三玄》,皇侃之講《三禮》。北朝如徐遵明之"每臨講座,先持經疏,然後敷講",學者相與慕之。權會則"臨機答難,酬報如響,爲諸儒所推。"張吾貴之"每一講唱,門徒千數"。熊安生"歲歲遊講,從之者傾郡縣"。皆其著者也。初憑口耳之傳,繼有竹帛之著,而義疏以成。然《齊詩》亡於曹魏(《隋書・經籍志》),《魯詩》不過江東。歐陽、大小夏侯氏之《書》,施氏、梁丘氏之《易》,並亡於永嘉之亂。孟、京、費氏之《易》、韓氏之《詩》雖存,人無傳者(《經典釋文序録》)。《公》、《穀》習者亦罕。故此期經學,實僅《詩》毛氏,《書》僞孔,《禮》鄭氏,《易》王、鄭兩家,《春秋》則左氏。而其力之所萃,則在《三禮》,故唐初諸儒,撰定各經義疏,朱熹謂"《周禮》最好。《詩》與《禮記》次之。《易》、《書》爲下。"非爲才有修短,亦由所憑藉者麤密不同也。清人治經,追蹤兩漢,薄視魏晉。以義疏之學,多主魏晉,詆之尤力。然詳按其所得,罔不以義疏爲根柢。故知義疏之績不可泯，而唐人纂集之功爲尤大也。此期尚有一書，堪與唐之義疏競爽，則爲陸德明《經典釋文》。其書創始於陳後主至德元年，成書在入隋以前。爲《周易》、《尚書》、《毛詩》、《三禮》、《三傳》、《孝經》、《論語》及《老子》、《莊子》、《爾雅》十四書作音，並載諸儒訓詁，以正各本異同，甄采極富。所謂"古今並録，括其樞要，經注畢詳，訓義兼辯。……示傳一家之學"，信非誇語。體大物博，横絶千古，洵經學上之瓌寶也。

四、革新期

起宋初，訖明末，凡六百八十餘年。經學家率稱爲宋學，以與所謂漢學者相别異。蓋自六經制定，鑽仰有歸，而傳記，而箋注，而義疏，步武相承，遞推遞密，迨《九經正義》出而窮。唐世中季，已兆反動。至宋而異軍特起，生面别開，遂爲經學闢一新紀元。與前二期不同處，則在昔重考索，今尚思辨。重考索，故守師法而詳於名物。尚思辨，故矜獨見而精於義理。考索之弊，支離破碎，逐物而不返，其失也愚。思辨之弊，空疏淺陋，師心以自是，其失也妄。前者近於學而不思。後者近於思而不學。失則唯鈞，得亦相當，正不必强爲抑揚也。此期經學，以劉敞《七經小傳》爲濫觴。王安石《三經新義》行而疆宇大拓。嗣賢有作，殆無不自出心裁，標尚新諦，視漢儒之學若土埂。其敝至於疑經改經而不顧。然亦時有精識卓見，迥非漢儒所及。且率能反身切己，篤於踐履，足矯章句腐陋之習。宋學之著者，稱濂、洛、關、閩。濂爲周敦頤。洛，程顥、程頤。關，張載。閩，朱熹。咸以道統自任，其徒亦謂可直接孔孟之傳。大要得力在《周易》、《學》、《庸》、《語》、《孟》，而樹義往往資於釋、老。周有《通書》，大程有《定性書》，小程有《易傳》，張有《正蒙》，朱有《大學中庸章句》、《論語孟子集注》，皆深醇精實，可躋古之作者。而朱氏著述尤富，論者以方漢之鄭玄。如疑孔安國《書》是假，《書序》是魏晉間人作，及從《漢書》臣瓚注，定經禮爲《儀禮》而非《周禮》，皆具特識。元明卑之，經學榛蕪。永樂敕修《五經四書大全》，用意未嘗不善，而所寄非人，亟於殺青。① 僅就已成之書，鈔騰一過，上欺下誑，徒爲人所姍笑，遠非唐《正義》之匹。然以槧刻盛行，書易流傳，故此期著述，亡佚甚少。綜觀諸家，大抵鄙棄漢儒，於各經皆新爲注解。自今視之，疏失誠所不免，而能不囿前賢，自闢途術，直駕秦漢而上，欲與孔孟呼吸相通，一掃以往拘墟汗漫之習，篳路藍縷，厥功郅偉。至如吴棫（《書裨傳》）、朱熹（《語類》卷七十八）、吴澄（《書纂言》）、梅鷟（《尚書考異》）一派之考定書古文爲僞，吴棫（《韻補》）、楊慎（《古音略例》）、陳第（《毛詩古音考》）一派之發明古音異於今音，朱熹之《儀禮經傳通解》、程公説之《春秋分紀》條分件繫，綱舉目張，尤大有裨於經學，爲清閻若璩、顧炎武、顧棟高、江永、惠棟、秦蕙田諸家所祖云。

五、復古期

近人梁啓超著《清代學術概論》謂：

> 綜觀二百餘年之學史，其影響及於全思想界者，一言蔽之，曰“以復古爲解放”。第一步，復宋之古，對於王學而得解放。第二步，復漢、唐之古，對於程、朱而得解放。第三步，復西漢之古，對於許、鄭而得解放。第四步，復先秦之古，對於一切傳注而得解放。夫既已復先秦之古，則非至對於孔、孟而得解放焉不止矣。

案梁稱學術，毋寧謂即是經學。以清代除經學外，幾別無學術可言。謂第四步復先秦之古，似不可據。以康氏經學，實多可議。

① 唐修《正義》歷時十餘年，明修《大全》不及一年。

謂非至對於孔孟而得解放焉不止，尤有可商。蓋依此推論，流弊所極，非至束書不觀，自我作古不已。美其名曰解放，實舉天下而驅之於不學。夫以不學爲解放，則解放二字，亦何樂而貴之哉？然謂清學復古，及第一步復宋之古，第二步復漢唐之古，第三步復兩漢之古，則確不可易。皮錫瑞《經學歷史》曰：

> 清代經學，凡三變：國初漢學方萌芽，皆以宋學爲根柢，不分門户，各取所長，是謂漢、宋兼采之學。乾隆以後，許、鄭之學大明，治宋學者已尟，説經皆主實證，不空談義理，是爲專門漢學。嘉、道以後，又由許、鄭之學道源而上，《易》宗虞氏以求孟義，《書》宗伏生、歐陽、夏侯，《詩》宗《魯》、《齊》、《韓》三家，《春秋》宗《公》、《穀》二傳。漢十四博士今文説，自魏晉淪亡千餘年，至今日而後明。實能述伏、董之遺文，尋武、宣之絶軌，是爲西漢今文之學。學愈進而愈古，義愈推而愈高。屢遷而返其初，一變而至於道。

皮説或梁氏所本。其謂學愈進而愈古是矣。謂義愈推而愈高，則不盡然。蓋清之經學，以乾、嘉爲極盛。及今文之説出，已呈衰萎之象。大率棄周鼎而寶康瓠，徒以門户相誇，而不能明其義。龔、魏非經學專家，所得原甚淺。廖、康尤恢詭。之數人者，類"借經學以文飾其政論"。[①] 動機已不醇，持論偏至，無足深怪。清今文學宜以劉逢禄爲巨擘。而其根穴則在《公羊何氏釋例》。然所申絀周王魯，乃何休之讏言，不獨非孔子之義，亦非公羊之義。劉氏不能據《史記》及《春秋繁露》以正其失，而反曲徇其説，以言改制，其識殊陋。大本既乖，枝葉何責？自餘紛紛，悉等自鄶。且學以真是爲歸，初無與於古不古。則皮氏以愈古爲賢，與梁氏對於孔、孟

① 梁啓超：《清代學術概論》中語。

而得解放之論，正同一蔽，不可辨也。清學復古，始發難於顧（炎武）、黄（宗羲）、閻（若璩）、胡（渭），爲革新期末流之反動。諸儒皆明季遺老，目擊當時學者高心空腹束書不觀之弊，而棄虛崇實，薄今愛古，力反其所爲，遂開一代風氣。顧有《音學五書》，黄有《易象數論》，閻有《尚書古文疏證》，胡有《易圖明辨》、《禹貢錐指》，皆爲實事求是之作。不獨其識卓，證亦確鑿，令人不得不信，所影響於思想者甚大。及全盛時，則有吴、皖兩派。吴以元和惠棟爲顯學。棟上弘其父（士奇）祖（周惕）之業，而下爲沈彤、江聲、余蕭客、王鳴盛、錢大昕、汪中、劉臺拱、江藩等所宗。皖以休寧戴震爲鉅子。震受業於江永。衍其學者，有金榜、程瑶田、凌廷堪及胡匡衷、承珙、培翬、任大椿、王念孫、引之、段玉裁、孔廣森等。兩派並以漢學爲標幟。而惠尊聞好博，戴識斷精審。蓋惠爲純漢學，而戴則兼具宋學之長。清學之復古，實爲通過唐、宋以復於兩漢；而非一如兩漢之型而重出者。初期諸儒，固顯雜漢、宋。即全盛之時，其治學之精神與方法，亦多自宋學得來。蓋漢學重保守，宋學重創造。保守故信古，創造故疑古。持此以辨之，當知吾言之非誣。然則革新期師儒之功，未可輕也。嘉、道以降，經學浸微。如陳澧之弘通，孫詒讓之精博，不數數覯。而經學遂爲金石、校勘、小學、音韻所掩云。

綜觀諸期，雖趣尚不同，績效各異，而每期所循之途徑，則大致若一。其各期之遞嬗，皆有其不得不然之勢。知夫此，則於各期師儒努力之精神，並宜致其崇敎而不容以私意爲軒輊。且益信經學爲博大淵奥，後生者宜繼續窮其究竟也。

第五節　研治經學之方法

自來治經，每由方法不善，墮入障惑，唐費光陰，虛耗心力，至堪惆惜！兹爲正本謹始，粗定方法八條，用逮來學，並冀海内賢達，共商榷焉。

一、祛成見

人眼有翳，依翳起相，見幾疑人，看朱成碧。成見不祛，亦心之翳也。吾心本明，可以照徹，而翳蔀之，明不外見。吾心本虚，可以受納，而翳柴之，物不得入。執其妄見，以爲實理，如夢蓐食，曷由得飽？往在有漢，新承秦火，掇拾燼餘，缺簡殘編，稍稍復集。而師儒相習，蔽於《緯》、《候》，汩經誣聖，以僞亂真。降及魏晉，《老》、《莊》爲病。洎夫宋明，又溺釋氏。清人號稱實事求是，而以標榜門户見詆兩漢，亦復不尠。大道多岐，玄珠難索，要皆成見之爲害也。晚近經學日替，學子有事於此，大抵餖飣撏撦，爲考訂之資，視同長物。求取任意，無顧本根。亦有以西土之説，曲相皮傅，爲失彌甚。重以俗矜撰述，人事刀革。未親占畢，先議殺青。以割裂爲功夫，爲著書而學問。謂古經爲材料，詡私智曰發明，譬有獲而無耕，同六經之注我。以云成見，斯爲已甚。則又衆學之隱憂，不獨經學爲然矣。

二、别正僞

經文流傳，逾二千載，累經刼厄，正僞雜出。鑒裁未審，則將寶武夫而棄明月，祖簒竊而毁宗祊，惑纏終身，毒流來葉，吁！可畏也。《書古文》之僞，自閻氏《疏證》出而定讞。然《左氏》不傳《春秋》，人猶訟之。至《周禮》今日尚有目爲周公之書者，知言不其難歟？夫今文經皆可信，其説亦師承有自，多古之遺。然“仲尼没而微言絶，七十子喪而大義乖”，是知其所引伸，不皆無失，而所附益，尤難盡依。若何休解《公羊》，覃思不窺門者十有七年，組織之密，古今寡儔。然其托意乃在“非常異義可怪之論”，强合《讖》、《緯》，曲解大義，直使後人厭其説並廢其書，所失不亦多乎？杜預號“《左傳》癖”，著《集解》，復撰《釋例》，於《土地名》、《世族譜》、《長曆》皆有輯述。平生精力略瘁於此，足稱一家之學。江藩以名將抑之，良過。[①] 然《左氏》不傳《春秋》，欲通《春秋》，而局守《左氏》，已非知本，而況以劉歆之諸凡爲丘明之義例乎？考其全書指要，在“經之條貫，必出於傳，傳之義例，總歸諸凡”二語。而鑄成大錯，即在於此。可惜已！總之，成家之學，其植基全在一二語，因而醞釀融鎔，構成體系，故一是，一切是；一非，一切非。擇術洵不可不慎也。

三、識宗趣

昔人有六經皆史之説。[②] 今之學者，亦概視六經爲史料，慮無不分析整比，爬梳鉤校，以明民族風俗政制文物爲事。所謂經學，幾不足以自存。夫史以記事，經以明道，各有區畛，何容相混？自一刹那以前，宇宙間變化之迹象，謂皆爲史，固無不可。然因此輒謂自史以外，别無學焉，惡乎可？亦非特經史有分，六經爲教，亦各不同。《禮記·經解》云：

> 孔子曰：“入其國，其教可知也。其爲人也，溫柔敦厚，《詩》教也。疏通知遠，《書》教也。廣博易良，《樂》教也。挈静精微，《易》教也。恭儉莊敬，《禮》教也。屬辭比事，《春秋》教也。”

《莊子·天下》云：

> 《詩》以道志，《書》以道事，《禮》以道行，《樂》以道和，《易》以道陰陽，《春秋》以道名分。

故一學有一學之特質，亦即治一學有治一學之方法。學者治

---

① 《經解入門·南北經術流派》。
② 章學誠：《文史通義·易教上》。

經,宜首識宗趣,次議覃研。如振裘必挈其領,張網必提其網。夫如是,方免於紛馳旁騖,汎濫無歸,而有散錢得串,左右逢源之樂矣。

四、觀會通

六經爲孔子精神所寄。而孔子曰:"吾道一以貫之。"故研治經學,貴能觀其會通,尋究一貫所在,而不宜執滯末節,自安拘墟。一貫之義,或難言之。余謂凡名一家之學,皆有其得力處,以爲思想核心;而融貫錯綜,旁魄布濩,構成體系。如礦物之結晶,動植物之成長,渾然有獨具之形性,而非摶湊,是即所謂一貫。豈惟孔子,古今中外之哲人,莫不爾也。夫六經齊軌,爲教各殊。而《春秋》"據魯親周故殷",《詩》録魯、周、商三《頌》,《書》專有"三科之條",虞夏爲一科,商爲一科,周爲一科,①符驗灼然,非一貫而何?蓋孔子之道,本於天而一於仁。仁之施也,親疏有等,貴賤有衰。等衰之數,禮也。時措而宜,義也。總仁禮義,是謂善。知善,智也。四德咸得,天之道也。董仲舒曰:"道之大原出於天。"(《漢書・董仲舒傳・對賢良策》)又曰:"《春秋》之道,奉天而法古。"(《春秋繁露・楚莊王》)今觀《春秋》自世而衰,則"所見異辭,所聞異辭,所傳聞異辭"。② 自地而衰,則"内其國而外諸夏,内諸夏而外夷狄"(《公羊傳》成公十五年)。自重而衰,則"州不若國,國不若氏,氏不若人,人不若名,名不若字,字不若子"(《公羊傳》莊公十年)。莫不裁之禮義,要之以仁,而復斟酌尊親"據魯親周故殷,運之三代"。惟義精而仁熟,故仁至而義盡。六經大義,總攝於此。得其宗要,則條貫秩然。昧厥指歸,則觸途成滯。學者宜知所當務也。

① 《書・堯典》疏引鄭玄《書贊》。

② 《公羊傳》隱公元年、桓公二年、哀公十四年,凡三見。

五、明家法

漢儒傳經，不獨今古文異撰，即同屬今文，如《詩》魯、齊、韓，《書》歐陽、大小夏侯，《易》施、孟、梁丘、京，亦各有封域，不能相通，師弟謹守，尠有越畔。是以後人治經，須務究明家法，家法明則條貫得，而是非可考。否則擿埴索塗，冥行而已，無由得入。特不宜黨枯護朽，入主出奴，以守家法爲盡其能事耳。

六、尊古説

學問以是非爲斷，而不在於古不古。然六經成於仲尼，七十子之徒，親侍杖履，所聞較切；且“各以所學，傳授後進，往往不絕”。緒言餘論，漢時猶有存者。故清人治經，反求兩漢，未爲無見。夫世代相接，則習俗多同。篆籀初更，則音訓易考。此古訓之所以可尊也。然以古説可尊，而盲目以從，不加料簡，將碔砆與璵璠齊收，蕭艾共芝蘭並采，終病踳駁，未獲一是，斯又不可不知也。

七、重參稽

莊周謂“以參爲驗，以稽爲決”。清儒治經有焉。戴震曰：

> 有十分之見，有未至十分之見。所謂十分之見，必徵之古而靡不條貫，合諸道而不留餘議，鉅細畢究，本末兼察。若夫依於傳聞以擬其是，擇於衆説以裁其優，出於空言以定其論，據於孤證以信其通，雖溯流可以知源，不目睹淵泉所導；循根可以達杪，不手披枝肄所岐，皆未至十分之見也。（《戴東原集·與姚孝廉姬傳書》）

數語極精。有清一代,考據精神已具於此。斯爲試之已效者,宜保存勿失也。

八、闕疑殆

古書難讀,必假道於注疏。而先儒解經,每於不可通處,附會穿鑿,以飾其愚。重增障縛,爲經大害。孔子曰:

> 知之爲知之,不知爲不知,是知也。(《論語・爲政》)

又曰:

> 蓋有不知而作之者,我無是也。(《論語・述而》)

又曰:

> 君子於其所不知,蓋闕如也。(《論語・子路》)

又曰:

> 吾猶及史之闕文也。(《論語・衛靈公》)

又曰:

> 多聞闕疑,慎言其餘,則寡尤。多見闕殆,慎行其餘,則寡悔。(《論語・爲政》)

漢儒惟魯詩能守斯義。如申公爲詩訓詁"疑者則闕弗傳"。王式曰:"聞之於師,具是矣。"唐生、褚生"誦説有師法,疑者丘蓋不言"。下此則晉陶淵明"讀書不求甚解",庶乎近之。蓋必涣然冰釋,怡然理順,乃所謂解。若求甚解,舍穿鑿末由也。自欺欺人,何如不解之爲愈?然觀今人,猶多不免蹈不能闕疑之弊,故不憚煩,舉闕疑殆一條,繫之末焉。

以上八條,一、二、五、六,相因以相濟。三、四、七、八,相反以相成。蓋必成見祛,乃能别正僞。亦唯家法明,方知尊古説。至識宗趣，則瞭解一經之特殊性。觀會通，則發現六經之共同性。同而知其異，睽而知其通，本末兼該，體用一貫。而復參驗稽決，疑殆闕之，雖或未至，所失蓋寡。方今國制民主，思想自由，席清儒之隆業，有西學爲借鑒。不務求之則已，如務求之，定能事半而功倍。然而方國殊情，質文代易，食古貴化，膠柱難調。大抵清人治經，專博有餘，而通精不足，而西學則祇可爲他山之助，而不可舍己以徇之，削足以適履，此又學者所當知也。

第二章　詩

第一節　總説

《詩》三百五篇。或言三百十一篇者(《經典釋文序録》),合《六笙詩》而言也。或言三百者,[①]舉大數也。

《詩》之名,孔《疏》謂有三訓,曰,"承也,志也,持也。"[②]"承"本《禮記·内則》注。"志"本《春秋説題辭》。"持"本《詩緯·含神務》。[③] 三訓相成,要當以"志"爲主。

《虞書》曰:

> 詩言志。

《詩序》曰:

> 詩者,志之所之也。在心爲志,發言爲詩。

《説文解字·言部》曰:

> 詩,志也。

---

① 《論語·爲政》篇:"子曰:'《詩》三百,一言以蔽之,曰:思無邪。'"

② 《詩譜序·疏》:"名爲詩者,《内則》負子之禮云:'詩,負之。'《注》云:'詩之言,承也。'《春秋説題辭》云:'在事爲詩,未發爲謀,恬澹爲心,思慮爲志。詩之爲言,志也。'《詩緯·含神務》云:'詩者,持也。'然則詩有三訓,承也,志也,持也。作者承君政之善惡,述己志而作詩,爲詩所以持人之行,使不失隊,故一名而三訓也。"

③ 同上。

《釋名·典藝》曰：

詩，之也。

案詩古文作訨（《説文解字·詩字下》）。詩、志於字並從之，故可互訓。蓋包管萬慮，其名曰心。感物而動，乃呼爲志。志形於言，斯謂之詩。

《論語·季氏》曰：

嘗獨立。鯉趨而過庭，曰："學詩乎？"對曰："未也。""不學《詩》，無以言。"

《論語·子路》曰：

誦詩三百，授之以政，不達；使於四方，不能專對，雖多亦奚以爲？

夫學《詩》在以言達政、專對，則《詩》之爲物，思過半矣。

遂古之初，生民始育，睢睢盱盱。宜止解啼笑，未有語言。輸情達恉，所恃手式、面色，與聲音疾徐而已。既而進化，有言語矣；導達性靈，詩歌以興。故詩以言志，實與語言相伴，而無待於文字。觀童稚學語，輒能謳吟，雖精麤異致，而情文已具。鄭玄云：

詩之興也，諒不於上皇之世。大庭軒轅，逮於高辛，其時有亡，載籍亦蔑云焉。《虞書》曰："詩言志，歌永言，聲依永，律和聲。"然則詩之道放於此乎？（《詩譜序》）

案鄭説直就晚世之詩言之耳。若乃考其本原，固在結繩以前。沈約云：

雖虞、夏以前，遺文不睹，稟氣懷靈，理無或異。然則歌詠所興，宜自生民始也。（《宋書·謝靈運傳論》）

説爲近之。今存之詩，以《書·明良喜起歌》爲最古。至葛天氏《八闋》①,《有焱氏頌》之等②,咸出依託,不足置信。仲尼刊定之時,詩有多寡,書闕難稽。司馬遷謂"古《詩》三千餘篇"(《史記・孔子世家》),應是推度之辭,難以據依,孔《疏》已言之矣(《詩譜序》疏)。要之詩教大行於春秋之世,觀《國語》引《詩》三十一條,《左氏》引《詩》二百十七條,③後此孟、荀、二戴所記,稱引亦夥。且多屬觸類引伸,斷章取義,有如今人燕談喜摭取科學名詞,或小説劇曲中語。舊時科舉之士,亦往往假《大學》、《中庸》、《論語》、《孟子》文句以寓諧諷,非必與原書相應,而人之聞者,靡不聲入心通,則以其書爲人之所素習故也。康成詩婢,④亦其比例。蓋古人引詩,率取其一節,事有合於談言微中,不以非本義爲病。然由是已可知其時之風尚矣。

《論語》謂:"誦詩三百……雖多亦奚以爲?"《墨子・公孟》亦曰:"誦詩三百,弦詩三百,歌詩三百,舞詩三百。"三百之數,似古時詩教所同,不獨仲尼爲然。意謂精此已足,無事外求。然因是遂謂今詩三百非孔子所定,則非諦實之論。何者?以此書篇第,皆具精義,與諸經一貫。且如爲太師舊物,無緣宋、魯獨無風也。

古有采詩之事,以詩言志,其道與政相通。《禮記・王制》曰:

> (王若巡守)命太師陳詩,以觀民風。

《漢書・食貨志》曰:

---

① 《吕氏春秋・古樂》篇:"昔葛天氏之樂,三人操牛尾,投足以歌八闋:一曰載民,二曰玄鳥,三曰遂草木,四曰奮五穀,五曰敬天常,六曰達帝功,七曰依地德,八曰總萬物之極。"

② 《莊子・天運》:"故有焱氏爲之頌曰:'聽之不聞其聲,視之不見其形,充滿天地,苞裹六極。'"成玄英云:"焱氏,神農也。"

③ 魏源:《詩古微》。

④ 《世説新語・文學》篇:"鄭玄家奴婢皆讀書。嘗使一婢,不稱旨,將撻之。方自陳説,玄怒,使人曳著泥中。須臾,復有一婢來,問曰:'胡爲乎泥中?'答曰:'薄言往愬,逢彼之怒。'"

孟春之月，群居者將散，行人振木鐸徇於路，以采詩，獻之大師，比其音律，以聞於天子。故曰王者不窺牖户而知天下。

又《漢書·藝文志》曰：

古有采詩之官，王者所以觀風俗，知得失，自考正也。

《公羊傳》宣公十五年何休《注》曰：

五穀畢入，民皆居宅。里正趨緝績，男女同巷，相從夜績……從十月盡正月止。男女有所怨恨，相從而歌。飢者歌其食。勞者歌其事。男年六十，女年五十無子者，官衣食之，使之民間求詩。鄉移於邑，邑移於國，國以聞於天子。故"王者不出牖户盡知天下所苦，不下堂而知四方"。

《説文解字·丌部》曰：

近，古之道人，以木鐸記詩言。

《左傳》襄公十四年：

故《夏書》曰："道人以木鐸徇於路，官師相規，工執藝事以諫。正月孟春，於是乎有之。"

劉歆與揚雄云：

三代、周、秦，軒車使者，道人使者，以歲八月巡路，求代語、僮謡、歌戲。（《方言》）

揚答劉書云：

常聞先代輶軒之使，奏籍之書，皆藏於周秦之室。及其破也，遺棄無見之者。獨蜀人有嚴君平、臨邛林閭翁孺者，深好訓詁，猶見輶軒之使所奏言。

案諸說紛互,要歸則同。采詩之事,斷然可信。蓋世有棄降,俗有淳澆,人有邪正,詩有貞淫。詩之與政,交感互應,捷於影響。故曰:"正得失,動天地,感鬼神,莫近於詩。先王以是經夫婦,成孝敬,厚人倫,美教化,移風俗。"(《詩序》)

詩被聲律,則爲樂。《尚書·虞書》曰:

> 詩言志,歌永言,聲依永,律和聲。八音克諧,無相奪倫,神人以和。

《詩序》曰:

> 在心爲志,發言爲詩。情動於中而形於言。言之不足,故嗟歎之。嗟歎之不足,故永歌之。永歌之不足,不知手之舞之足之蹈之也。情發於聲,聲成文,謂之音。治世之音安以樂,其政和。亂世之音怨以怒,其政乖。亡國之音哀以思,其民困。

皆詩樂相因之證。《史記·孔子世家》曰:

> 《三百五篇》孔子皆弦歌之,以求合《韶》、《武》、《雅》、《頌》之音。

今觀《儀禮·鄉飲酒禮》,"工歌《鹿鳴》、《四牡》、《皇皇者華》。""樂《南陔》、《白華》、《華黍》"。"間歌《魚麗》,笙《由庚》。歌《南有嘉魚》,笙《崇丘》。歌《南山有臺》,笙《由儀》。乃合樂《周南》:《關雎》、《葛覃》、《卷耳》;《召南》:《鵲巢》、《采蘩》、《采蘋》。"《鄉射禮》合樂同。《燕禮》間歌二鄉樂,與《鄉飲酒禮》同。《大射》歌《鹿鳴》三終。《左傳》文公四年,寧武子謂《湛露》,王所以宴樂諸侯也。《彤弓》,王所以宴獻功諸侯也。《左傳》襄公四年叔孫穆叔謂《文王》,兩君相見之樂也。《鹿鳴》、《四牡》、《皇皇者華》,嘉鄰國君勞使臣也。則史公之言,爲得其實。邵懿辰《禮經通論》謂:

> 詩爲樂心,聲爲樂體。欲知樂之大原,觀《三百篇》而

可。欲知樂之大用，觀《十七篇》而可。先儒惜樂經之亡，不知四術有樂，六經無樂。樂亡，非經亡也。

其説頗新。要之：樂辭爲詩，可以無疑。故詩與樂，亦相通焉。《三百篇》之年代，鄭玄《詩譜》考之頗詳。其言曰：

欲知源流清濁之所處，則循其上下而省之。欲知風化芳臭氣澤之所及，則旁行而觀之。此詩之大綱也。舉一綱而萬目張，解一卷而衆篇明。

的非虛語。惟解《商頌》爲商王之詩，不如注《禮》謂宋詩爲有據。[①] 魏源《詩古微》於《商頌發微》中列十二證以辨之，説不可易。學者所宜參酌衆説，勿滯於一家也。

第二節　傳述源流

《詩》漢前傳授不明。學者多謂出於子夏。蓋由子夏以文學見稱，晚節又最顯也。吾觀《史記·孔子世家》曰："孔子以《詩》、《書》、《禮》、《樂》教，弟子蓋三千焉。身通六藝者，七十有二人。"《史記·儒林列傳》又曰："自孔子卒後，七十子之徒，散遊諸侯。大者爲師傅卿相，小者友教士大夫，或隱而不見。"似孔子弟子傳詩者尚多，未宜專屬子夏也。大抵古之人所業未顯，多託先世賢聖以自重；而流俗於事之作始不可考者，亦喜窮究其原，而歸之於一人。如倉頡造字，神農嚐百草以療疾病，皆此類也。今世孔氏咸祖仲尼，顔氏悉後顔淵，而子輿氏之孟徧天下。豈春秋時魯顔高、顔鳴，齊顔涿聚，衛孔悝，陳孔寧，及諸國之卿大夫士以孟爲氏之胤皆絶不傳，而數家之族獨繁衍歟？必不然矣。然則所謂子夏傳《詩》者，亦宜以是觀之。

---

① 《禮·樂記》："肆直而慈愛者，宜歌《商》。"《注》："《商》，宋詩也。"

西漢之初,《詩》有齊、魯、韓、毛四家。自浮邱伯受業荀卿,而申培、白生、穆生、楚元王咸受業浮邱伯,號爲《魯詩》。復由申培授江公、許生、孔安國。而韋賢受業江公,傳子玄成。王式受業許生,以傳張長安、薛廣德。長安之學,再傳而爲許晏、王扶。廣德之學,一傳而爲龔舍。又劉向、卓茂、包咸、李峻咸治《魯詩》,是爲《魯詩》之學。自齊人轅固以《詩》教授,作爲《詩傳》,號曰《齊詩》。固授夏侯始昌。始昌傳后蒼。蒼傳翼奉、蕭望之、匡衡。師丹、滿昌、匡伯咸傳匡衡之學。張邯、皮容、馬援復傳滿昌之學,徒衆尤盛。而景鸞、伏湛、伏恭、陳紀諸人,咸治《齊詩》,是爲《齊詩》之學。自燕人韓嬰作《詩内外傳》數萬言,號爲《韓詩》。賁生及趙子受之。趙傳蔡誼。誼傳食子公、王吉。子公傳栗豐。豐傳張就。吉傳長孫順。順傳髮福。而薛漢、杜撫、張恭祖、侯包並治《韓詩》。薛氏兼作《韓詩章句》,是謂《韓詩》之學。西漢之學,三家咸立學官。自河間毛亨受詩荀卿,以傳毛萇,號爲《毛詩》。萇授貫長卿。四傳而爲謝曼卿。曼卿授衛弘、賈徽。而鄭衆、賈逵、馬融、鄭玄咸治《毛詩》。馬融作《傳》。鄭玄復爲毛公《詩傳》作《箋》,或雜采三家之説,是爲《毛詩》之學。此兩漢《詩》學之大略也。

東漢之末,説《詩》者咸宗毛、鄭。自魏王肅作《詩解》,述《毛傳》以攻《鄭箋》。蜀漢李譔作《毛詩傳》亦與《鄭箋》立異。惟吴人陸璣作《毛詩草木鳥獸蟲魚疏》,詳於名物,有考古之功。及晉永嘉之亂,《齊詩》淪亡。惟韓、魯之説僅在(晉董景道兼治《韓詩》)。當南北朝時,《毛傳》、《鄭箋》之學,行於河北。通《毛詩》者,始於劉獻之。獻之作《毛詩序義》,以授李周仁、程歸則。歸則傳劉軌思,周仁傳李鉉,鉉作《毛詩義疏》。又劉焯、劉炫咸從軌思受《詩》,作《毛詩述議》。而河北治《毛詩》者,復有劉芳、沈重(《毛詩義》、《毛詩音》)、樂遜(《毛詩序論》)、魯世達(《毛詩章句義疏》),大抵兼崇毛、鄭(以上北學)。

江左亦崇《毛詩》。晉王基駁王申鄭。孫毓作《詩評》,評論毛、鄭、王三家得失，多屈鄭祖王。而陳統復難孫申鄭。王、鄭兩家，互相掊擊，然咸宗《毛傳》。若伏曼容(《毛詩義》)、崔靈恩(《毛詩集注》)、何胤(《毛詩總集》、《毛詩隱義》)、張譏(《毛詩義》)、顧越(《毛詩傍通義》)亦治《毛詩》，於鄭、王二家亦間有出入。惟周續之作《詩序義》，最得毛、鄭之旨(以上南學)。

及唐孔穎達作《詩義疏》，亦兼崇毛、鄭。引申兩家之說，不復以己意爲進退，守疏不破注之例。故《毛詩》古義，賴以僅存。而魯、韓遺説，不可復考矣。又唐人治《詩》者，有成伯璵《毛詩指説》間以己見説經，以《詩序》爲毛公所續(北朝沈重已有此説)，遂開宋儒疑《序》之先。

此三國、六朝、隋唐之《詩》學也。

宋儒治《詩經》者，始於歐陽修《毛詩本義》，與鄭玄異，不主一家。蘇轍廣其義，作《詩經説》，立説專務新奇。而南宋之儒，若王質、鄭樵專攻《小序》(程大昌兼攻《大序》)。朱熹作《詩集傳》，亦棄《序》不用，惟雜采毛、鄭，亦間取《三家詩》，而詩義以淆。陸九淵門人，若楊簡(《慈湖詩傳》)、袁燮(《絜齋毛詩經筵講義》)咸治《詩經》，或排斥《傳》《注》，惟以義理擅長。若范處義(《詩補傳》)、吕祖謙(《吕氏家塾讀詩記》)、嚴粲(《詩輯》)則宗《小序》以説《詩》，長於考證。朱熹既歿，輔廣(《詩童子問》)、朱鑒(《詩傳遺説》)咸宗《集傳》。

元代之儒，若許謙(《詩集傳名物鈔》、劉瑾(《詩傳通釋》)、梁益(《詩傳旁通》)、朱公遷(《詩經疏義》)、梁寅(《詩演義》)引申《集傳》，尺步繩趨。而王柏復作《詩疑》，並作《二南相配圖》，於《召南》、《鄭》、《衛》之詩，斥爲淫奔，刪削三十餘篇，並移易篇次，與古本殊。

自明代輯大全(胡廣等選)，則雜采漢、宋之説。惟何楷《詩經世本古義》、王夫之《詩經稗説》(又有《詩廣傳》，亦多新義)詳於名物訓詁。以朱謀㙔《詩故》爲最精。雖間傷穿鑿，然析衷漢詁，與游談無根者不同。若夫蔡卞《毛詩名物解》、王應麟《詩地理考》，博采古籍，爲宋代徵實之書。應麟復作《詩考》，於《三家詩》之遺説，采綴成篇(惟未注原文所從出,且遺漏之説甚多。近儒丁晏作《詩考補傳》,而《詩考》之書,咸可觀矣),存古之功,豈可没乎?

此宋元明三朝之詩學也。

清初説《詩》之書,如錢澄之(《田間詩學》)、嚴虞惇(《讀詩質疑》)、顧鎮(《虞東學詩》)咸無家法。而毛奇齡作《毛詩寫官記》、《詩劄》,顧棟高作《毛詩類釋》,亦多鑿空之詞。又吴江朱鶴齡作《詩通義》,雜采漢、宋之説,博而不純。陳啓源與朱鶴齡同里,商榷《毛詩》,作《毛詩稽古編》,雖未標漢學之幟,然考究制度名物,尚能明晰辨章。及李黼平作《毛詩紬義》,戴震作《毛鄭詩考正》、《詩經補注》,咸宗漢詁。段玉裁受業戴震,復作《毛詩故訓傳》、《詩經小學》以校訂古經,然擇言短促。惟馬瑞辰《毛詩傳箋通釋》、胡承珙《毛詩後箋》稍爲精博。至陳奂受業段玉裁,作《毛詩傳疏》。舍鄭用毛,克集衆説之大成。並作《毛詩説》、《毛詩音》及《鄭氏箋考徵》以考《鄭箋》之所本(近儒治《鄭箋》者有江都梅植之,擬作《鄭箋疏》,未成)。至若惠周惕作《詩説》,莊存與作《毛詩説》,則别爲一派,舍故訓而究微言(詳於禮制)。及魏源作《詩古微》,斥《毛詩》而宗《三家詩》,然擇説至淆。龔自珍亦信魏説,非毛非鄭,並斥《序文》。又丁晏作《詩考補注》(專采三家詩之説),陳喬樅作《三家詩遺説》,並作《齊詩翼氏學疏證》,皆以三家爲主。然單詞碎義,弗克成一家之言。若夫包世榮作《毛詩禮徵》、焦循作《毛詩草木蟲魚鳥獸釋》(姚炳作《詩釋名解》,陳大章作《詩傳名物集覽》、黄中松作《詩疑辨證》,亦與焦同)亦多資多識博聞之用,此清儒之詩學也。①

第三節 詩序

魯、齊、韓《三家詩》久亡,其遺説見於他書者,僅一鱗一爪,且

① 自兩漢至清之詩經學,均迻録自劉師培《經學教科書》。

疑信参半。行於世者，獨有《毛詩》。《毛詩》篇篇有序。自唐以來，學者於此，往往持不同之見解。由是發生所謂詩序問題。

一、大小序

首篇《關雎序》文字較多，自餘每篇不過三數語。學者因有大小序之分。然各家所分，頗不一致。如陸德明《經典釋文·毛詩音義上》於“之德也”下，注曰：“舊説云起此至‘用之邦國焉’，名《關雎序》，謂之《小序》。自‘風，風也’訖末，名爲《大序》。”而程大昌《考古編》則謂：“凡詩發序兩語，如《關雎》，后妃之德也，世謂之《小序》。”“兩語以外，續而申之，世謂之《大序》。”朱熹撰《詩序辨説》又有“‘詩者，志之所之也’，至‘詩之至也’，爲《大序》，其餘首尾爲《關雎》之《小序》”之語。至孔穎達《毛詩正義》，則於《關雎》以後每篇之序，皆謂之《小序》。此大小序之問題也。

二、《詩序》作者

《四庫全書總目提要·經部·詩類》曰：

> 案《詩序》之説，紛如聚訟。以爲《大序》子夏作，《小序》子夏、毛公合作者，鄭玄《詩譜》也。以爲子夏所序《詩》，即今《毛詩序》者，王肅《家語注》也。以爲衛宏受學謝曼卿作《詩序》者，《後漢書·儒林傳》也。以爲子夏所創，毛公及衛宏又加潤益者，《隋書·經籍志》也。以爲子夏不序《詩》者，韓愈也。以爲子夏惟裁初句，以下出於毛公者，成伯璵也。以爲詩人所自制者，王安石也。以《小序》爲國史之舊文，以《大序》爲孔子作者，明道程子也。以首句即爲孔子所題者，王得臣也。以爲《毛傳》初行，尚未有序，其後門人互相傳授，各記其師説者，曹粹中也。

以爲村野妄人所作，昌言排擊而不顧者，則倡之者鄭樵、王質，和之者朱子也。

案《提要》所述甚悉，此《詩序》作者之問題也。

關於前一問題，大小序謂應以陸德明之説爲斷。陸德明《經典釋文》曰：

首篇止是《關雎》之序，總論詩之綱領，無大小之異。

是説得之。蓋《小雅・六月序》，兼論《鹿鳴》以下二十二詩，與此正同，自餘之序，亦多有續申之語，不得盡别以大小。至程大昌謂每篇續申之語，世咸謂之《大序》，説殊無據，可勿置辨。

關於次一問題（《詩序》作者），《提要》謂"序首二語爲毛萇以前經師所傳。以下續申之詞，爲毛萇以下弟子所附"，當爲定論。蓋《詩序》首二語，與以下續申之詞，非出自一人之手。《隋書・經籍志》實發其端。成伯璵《毛詩指説》曰：

衆篇之《小序》，子夏惟裁初句耳。……《葛覃》，后妃之本也。《鴻雁》，美宣王也。如此之類是也。其下皆大毛公自以詩中之意，而繫其詞。

推闡益精。蘇轍《詩集傳》，於《序》惟存其發端一言，而以下餘文，悉從删汰，蓋本成説也。《四庫全書總目》卷十五蘇轍《詩集傳・提要》云：

案《禮記》曰："《騶虞》者，樂官備也。《貍首》者，樂會時也。《采蘋》者，樂循法也。"是足見古人言詩，率以一語括其旨。《小序》之體，實肇於斯。王應麟《韓詩考》所載如"《關雎》，刺時也。《芣苢》，傷夫有惡疾也。《漢廣》，悦人也。《汝墳》，辭家也。《蝃蝀》，刺奔女也。《黍離》，伯封作也。《賓之初筵》，衛武公飲酒悔過也"。劉安世《文城語録》亦曰："少年嘗記讀《韓詩》，有《雨無極》篇序云：

‘正大夫刺幽王也。’首云‘雨無其極，傷我稼穡’云云。”是《韓詩序》亦括以一語也。又蔡邕書《石經》，悉本《魯詩》。所作《獨斷》，載《魯頌序》三十一章，大致皆與《毛詩》同，而但有其首句。是《魯詩序》亦括以一語也。輒取《小序》首句，爲毛公之學，不爲無見。

其論尤暢。則《詩序》分初續兩截，已成定案，無可争辨矣。然清儒以考辨著稱之崔述，獨持異議。其言曰：

《詩序》自“《關雎》，后妃之德也”以下，句相銜，意相接。豈得於中割取數百言，而以爲别出一手？蓋《關雎》乃風詩之首，故論《關雎》而因及全詩，而章末復由全詩，歸於二南，而仍結以《關雎》。章法井然，首尾完密。此固不容别分爲一篇也。

又曰：

序之首句，與下所言，相爲首尾，斷無止作一句之理。至所云刺時刺亂者，語意未畢，尤不可無下文。則其出於一人之手無疑也。

案崔説猶存俗見。先儒辨此最精且詳者，無如鄭樵。鄭樵《詩序辨》曰：

《序》有鄭《注》而無鄭《箋》，其不作於子夏明矣。毛公於《詩》第爲之《傳》，其不作《序》又明矣……《小序》出於衛宏……有專取諸書之文至數句者，有雜取諸家之説而辭不堅決者，有委曲婉轉附經以成其義者。情動於中而形於言，言之不足，故嗟歎之，其文全出於《樂記》。成王未知周公之志，公乃爲《詩》以遺王，其文全出於《金縢》。自微子至於戴公，其間禮樂廢壞，其文全出於《國語》。古者長民衣服不貳，從容有常，以齊其民，其文全出於《公孫尼子》。則《詩序》之作,實在於數書既傳之後明矣,此所謂取諸書之文有至數句者也。《關雎》之序,既曰"風之始也,所以風天下而正夫婦也",意亦足矣,又曰"風,風也,風以動之。上以風化下,下以風刺上",又曰"一國之事,繫一人之本,謂之風"。《載馳》之詩,既曰"許穆夫人閔其宗國顛覆而作",又曰"衛懿公爲狄所滅"。《緑衣》之詩,既曰"繹賓尸矣",又曰"靈星之尸也"。此蓋衆説並傳,衛氏得有美辭、美意,並録而不忍棄之,此所謂雜取諸家之説而辭不堅決者也。《騶虞》之詩,先言"人倫既正,朝廷既治,天下純被文王之化",而後繼之"蒐田以時,仁如騶虞,則王道成"。《行葦》之詩,先言"國家忠厚,仁及草木",然後繼之以"内睦九族,外尊事黄耇養老"之言。此所謂委曲宛轉附經以成其義者也。惟宏序作於東漢,故漢世文字,未有引《詩序》者。惟黄初四年,有"曹共公遠君子近小人"之語。蓋魏後於漢,而宏之序至是而始行也。使其果知《詩序》出於衛宏,則《風》、《雅》正變之説,《二南》分繫之説,《羔羊》、《蟋蟀》之説,或鬱而不暢,或巧而不合。如《蕩》以"蕩蕩上帝"發語,而曰:"天下蕩蕩,無綱紀文章。"《召旻》以"旻天疾威"發語,而曰:"閔天下無如召公之爲臣。"《雨無正》乃大夫刺幽王也。而曰:"衆多如雨,非所以爲正。"牽合爲文,而取譏於世,此不可不辨也。

案鄭辨抉擿隱覆,質證確鑿,足以間執泥信序者之口。惟並首句而亦攻之,則過矣。馬端臨《文獻通考・經籍考》曰:

《書序》可廢,而《詩序》不可廢。就《詩》而論之,《雅》、《頌》之序可廢,而十五國風之序不可廢……蓋風之爲體,比興之辭,多於敍述。風諭之意,浮於指斥。蓋有反覆詠歎,聯章累句,而無一言敍作之之意者。而序者乃一言以蔽之,曰爲某事也。苟非其傳授之有源,探索之無舛,則孰能臆料當時指意之所歸,以示千載乎?

馬論甚正,可彌鄭、朱諸家之失。總之,《詩序》之體,略與《周易·序卦》相似。孔子定《詩》之義,亦必於是焉求之。蓋所謂"《雅》、《頌》各得其所"(《論語·子罕》),非序莫明,而四始正變諸義,捨序亦無所附麗也。是故《詩序》雖未可輒定爲孔子所作,其爲孔子之意,七十子後學所傳,要無可疑。至續申之語,本由采掇而成,古籍墜湮,借此存者什二,①亦宜分別觀之,未可一概抹殺也。

第四節　四始

《詩》有四始,雖魯、齊、毛各家解説不同,要爲七十子相傳古義,所宜究心。彼株守一家,依文曲説者,固非。不能通其義,而妄肆詆譏者亦非也。嘗謂孔子述《詩》、《書》與作《春秋》不同。義之所寄,不在筆削,而在論次。故《史記·儒林傳》曰:

孔子閔王路廢而邪道興,於是論次《詩》、《書》,修起《禮》、《樂》。

論次之義,析言有二:一審取捨,二定篇第。《詩》三百五篇,有出有入,或録或刪,是取捨之事也。《風》、《雅》、《頌》有四始、正變,以類相從,是篇第之事也。古者無紙,書在方策。簡編繁重,勢不得繫聯爲一,故假稱始以別之歟?遭秦滅學,《詩》以諷誦得全(《漢書·藝文志·六藝略》)。漢興七八十年,經師頗出。然"一人不能

① "古籍墜湮什之八,借僞書存者什之二",清莊存與語。見龔自珍《禮部侍郎武進莊公神道碑》。

獨盡其經,或爲《雅》,或爲《頌》,相合而成"。① 不有四始之目,將何以復其舊觀? 此四始之所以可貴,而爲《詩》之大義也。

何謂四始? 當以司馬遷之説爲正。司馬遷從孔安國問故,而安國申培弟子,蓋《魯詩》説也。遷之言曰:

《關雎》之亂以爲《風》始,《鹿鳴》爲《小雅》始,《文王》爲《大雅》始,《清廟》爲《頌》始。(《史記・孔子世家》)

案所謂四始,即是四詩之始。而其爲義,當如吾説無疑。至《毛詩》謂:

一國之事,繫一人之本,謂之風。言天下之事,形四方之風,謂之雅。雅者,正也;言王政之所由廢興也。政有小大,故有小雅焉,有大雅焉。頌者,美盛德之形容,以其成功告於神明者也。是謂四始,詩之至也。

《孔疏》申之曰:

四始者,鄭玄答張逸云:"風也,小雅也,大雅也,頌也,此四者,人君行之則爲興,廢之則爲衰。"

又《鄭箋》云:

始者,王道興衰之由。然則此四者,是人君興廢之始,故謂之四始也。

案毛説四始,分明語意不完,似有脱文。及鄭、孔故委曲而爲之説,拘牽窒礙,曷能取信於人? 若夫《齊詩》之義,則闌入異端矣。《詩序疏》引《詩緯・汎曆樞》云:

《大明》在亥,水始也。《四牡》在寅,木始也。《嘉魚》在巳,火始也。《鴻雁》在申,金始也。

---

① 《漢書・劉歆傳・移讓太常博士》中語。

皮錫瑞《經學通論》謂:

《詩緯》言四始乃《齊詩》異義,近儒孔廣森推得其説曰:"始際之義,蓋生於律。《大明》在亥者,應鍾爲均也。《四牡》則太簇爲均,《天保》夾鍾爲均,《嘉魚》仲吕爲均,《采芑》蕤賓爲均,《鴻雁》夷則爲均,《祈父》南吕爲均,漢初古樂未湮者如此。故翼奉曰:'《詩》之爲學,情性而已。五性不相害,六情更興廢。觀性以曆,觀情以律'。律曆迭相治。夫天地稽三朞之變,亦於是可驗。古之作樂,每三詩爲一終。經傳可考者,有升歌《文王》之三,升歌《鹿鳴》之三,間歌《魚麗》之三。然《采薇》、《出車》、《杕杜》,皆所以勞將士。《常棣》、《伐木》、《天保》,皆所以燕朋友兄弟。《蓼蕭》、《湛露》、《彤弓》,皆所以燕諸侯。亦三篇同奏,確然可信者也。説始際者,則以與三朞相配。如《文王》爲亥孟,《大明》爲亥仲,《緜》爲亥季,其水始獨言《大明》,猶三朞之先仲、次季而後孟也。故《鹿鳴》、《四牡》、《皇華》同爲寅宫,舉《四牡》以表之。《魚麗》、《嘉魚》、《南山有臺》,同爲巳宫,舉《嘉魚》以表之。卯不言《伐木》而言《天保》,容《三家詩》次,不盡與《毛》同耳。以次推之,《采薇》之三正合辰位,唯《采芑》爲午,似《蓼蕭》之三,彼倒在《六月》、《采芑》、《車攻》之後,而爲未也。《吉日》、《鴻雁》、《庭燎》,乃申也。《祈父》非酉之中,又篇次之異,且其戌、子、丑爲何等篇,不可推測矣。"錫瑞案:《詩緯》在漢後爲絶學,孔氏所推甚精。惟《采薇》、《杕杜》、《出車》,依三家當爲宣王詩,孔仍《毛詩》,次序稍誤。魏源更正之,以《蓼蕭》、《湛露》、《彤弓》,列《魚麗》之前,爲辰。《采薇》、《杕杜》、《出車》列《采芑》之後,《車攻》之前,爲午季、未孟、未仲,次序更合。

案《齊詩》言四始，主以詩篇直歲，候休咎之應，修消復之術。題入於異端，無當於大義。孔言漢初古樂未湮，亦不可信。何則？《詩》非標音之書，焉能每詩一均，每詩之均必鱗次乎？此理之必無者。顧人不之察耳。蓋惟《齊詩》以詩篇直歲，故能每篇與月律相配也。夫然，謂《齊詩》《大明》在亥，律爲應鍾，可也。謂古樂《大明》以應鍾爲均，則不可也。

或曰《風》、《雅》、《頌》四詩，各取其首一篇，謂之四始。有何深意？而虛張科目，疑誤後賢乎？曰：是不然，請以諸經證之。《易》首乾、坤。《繫辭》曰：

乾坤，其《易》之緼邪？

又曰：

乾坤，其《易》之門邪？

《春秋》有五始之義。《公羊傳》隱元年何休《解詁》曰：

政莫大於正始。故《春秋》以元之氣，正天之端。以天之端，正王之政。以王之政，正諸侯之即位。以諸侯之即位，正竟内之治。

《禮》始《冠》、《昏》。《禮記・冠義》曰：

冠者，禮之始也，嘉事之重者也。

《禮記・昏義》曰：

昏禮者，禮之本也。

《書》斷自唐虞。孔子曰：

大哉，堯之爲君也！巍巍乎！唯天爲大，唯堯則之。蕩蕩乎！民無能名焉。巍巍乎！其有成功。煥乎，其有文章！[①]

又曰：

君哉舜也！巍巍乎，有天下而不與焉！（《孟子·滕文公上》）

《論語·陽貨》曰：

人而不爲《周南》、《召南》，其猶正牆面而立也與？

《史記·外戚世家》曰：

自古受命帝王及繼體守文之君，非獨内德茂也，蓋亦有外戚之助焉。夏之興也，以塗山，而桀之亡也，以妹喜。殷之興也，以有娀，紂之殺也，嬖妲己。周之興也，以姜原及大任，而幽王之禽也，淫於褒姒。故《易》基《乾》、《坤》，《詩》始《關雎》，《書》美釐降，《春秋》譏不親迎。夫婦之際，人道之大倫也。

匡衡上疏曰：

臣又聞之師曰："匹配之際，生民之始，萬福之原。婚姻之禮正，然後品物遂而天命全。孔子論《詩》，以《關雎》爲始。"

《韓詩外傳》曰：

子夏問曰："《關雎》何以爲《國風》始也？"孔子曰："《關雎》至矣乎！夫《關雎》之人，仰則天，俯則地。幽幽冥冥，德之所藏。紛紛沸沸，道之所行。如神龍變化，斐斐文章。大哉！《關雎》之道也！萬物之所繫，群生之所懸命也。河洛出圖書，麟鳳翔乎郊。不由《關雎》之道，則

① 《論語·泰伯》，又《孟子·滕文公上》略同。

《關雎》之事將奚由至矣哉！夫六經之策，皆歸論汲汲，蓋取之乎《關雎》。《關雎》之事大矣哉！馮馮翊翊，自東自西，自南自北，無思不服。子其勉强之，思服之！天地之間，生民之屬，王道之原，不外此矣。”子夏喟然歎曰：“大哉！《關雎》乃天地之基也。”《詩》曰：“鐘鼓樂之。”

綜觀以上所引，可知重始者，乃六經之通義也。於《詩》見之，抑可珍矣。亦胡可以不思而輕加譏議邪？

第五節　六義

六義：一曰風、二曰賦、三曰比、四曰興、五曰雅、六曰頌。見於《毛詩序》。《周禮・春官・太師》則稱六詩。二書所記，名目次第全同，未知孰爲先後也。夫風、雅、頌者，詩篇之異體；比、興、賦者，詩文之異辭，二者大小不同，何以平列並稱六義？學者多致疑於此，於是發生種種誤解。有謂比、興、賦與風、雅、頌同爲詩篇之異體者，鄭玄是也。《鄭志》曰：

> 張逸問：“何詩近於賦、比、興？”答曰：“比、興、賦，吴札觀詩已不歌也。孔子録詩，已合風、雅、頌中，難復摘别。篇中義多興。”

有謂風、雅、頌與比、興、賦同爲詩文之異辭者，程頤、吕祖謙是也。《困學紀聞》曰：

> 程子謂《詩》之六體，隨篇求之，有兼備者，有偏得一二者。

又《吕氏家塾讀詩記・論六義》：

> 張氏曰：“今一詩之中，蓋兼有風、雅、頌之意。賦、比、興亦然。”吕氏曰：“《詩》舉有此六義。得風之體多者，

爲《國風》。得雅之體多者，爲《大小雅》。得頌之體多者，爲《頌》。風非無雅，雅非無頌也。”董氏曰：“《崧高》既列於《大雅》，然其詩曰‘其風肆好’，又言‘吉甫作誦’。”

亦有謂六義根本不應平列者，近人吕思勉是也。吕著《經子解題》曰：

詩本止風、雅、頌三體，而《小序》增出賦、比、興，謂之六義。案此蓋附會《周禮・太師》六詩之文。然實無賦、比、興三種詩可指。

又曰：

作詩原有此（賦、比、興）三法，然謂此作詩之三法，可與詩之三種體制平列而稱六義，則終屬勉强。一詩而兼三體，尤不可通矣。

余謂欲袪各家之惑，須明古人用語之例。蓋古時數事義類相比，如水、火、木、金、土，陰、陽、風、雨、晦、明之等，固得用一詞括之：曰五行，曰六氣。即其義類顯分兩橛，亦有括以一詞之例。兹舉證如下：

一、七事

《國語・楚語下》觀射父曰：“天、地、民及四時之務，爲七事。”又《漢書・禮樂志・安世房中歌》：“七始華始。”孟康曰：“七始，天、地、四時、人之始。”又《尚書大傳》：“七政者，謂春、夏、秋、冬、天文、地理、人道，所以爲政也。”

二、九功

《左傳》文公七年，晉郤缺言於趙宣子曰：“《夏書》曰：‘戒之用休，董之用威，勸之以九歌，勿使壞。’九功之德，皆可歌也，謂之九歌。六府三事，謂之九功。水、火、金、木、土、穀，謂之六府。正德、利用、厚生，謂之三事。”

夫天、地、人與四時之務,義類不比,可以統稱七事。六府與三事,質性各異,可以同號九功。則風、雅、頌與賦、比、興,雖非一類,奚爲不可總名六義乎?讀古書而不明古人屬詞之例,往往覺其扞格難通,胥此類也。

然則六義之次第,何爲以賦、比、興列於風、雅之間乎?此義孔穎達《詩序正義》發明最確。兹述如下:

> 六義次第爲此者,以《詩》之四始,以風爲先,故曰風。風之所用,以賦、比、興爲之辭,故於風之下即次賦、比、興,然後次以雅、頌。雅、頌亦以賦、比、興爲之,既見賦、比、興於風之下,明雅、頌亦同之。

賦、比、興之意義,亦以孔《疏》所申先鄭、後鄭二家之説爲諦。《疏》曰:

> 鄭以"賦之言鋪也,鋪陳善惡",則詩文直陳其事,不譬喻者,皆賦辭也。鄭司農云:"比者,比方於物。"諸言如者,皆比辭也。司農又云:"興者託事於物。"則興者起也。取譬引類,起發己心,詩文諸舉草木鳥獸以見意者,皆興辭也。

案孔《疏》最晰。要而言之,賦是直敍,比是比喻,興則亦取草木鳥獸等物,以寄託所欲言之事,與比相近。然比必實指某事,常用如、似等字以表示二者性質之相同。例:有女如雲,顔如舜英。而興則不説出本事,令人讀之,感發興起,妙緒環生,而每不能確指作者所託爲何事。是二者之區别也。大抵賦直而興曲,比顯而興隱,賦、比易知,興義難曉。故《毛傳》標興者,凡百十有六篇(《風》

七十,《小雅》四十,《大雅》四,《頌》二)。而後人釋興義,合者甚寡也。①

風、雅、頌之義,以《毛詩序》所述爲最古。説者病其"衆説並傳,辭不堅決",然其精義,不可易也。晚近學者,多主鄭樵以來諸儒之説,謂風、雅、頌以音别。二南非風,亦樂音之一名。詩有南、風、雅、頌,猶漢時之樂,有鼓吹曲,横吹曲,相和歌;唐時之樂,有雅樂,清樂,燕樂;悉依音節而分,無與篇義。是説也,余初喜其簡易,且震於宏其義者,如王國維、章炳麟、梁啓超,皆當世大儒,亦嘗尊信弗疑。及經再四研核,而知其實不可用也。俟當於次節論二南時詳之。兹先釋風、雅、頌如次。

一、風

《毛詩序》曰:

一國之事,繫一人之本,謂之風。

孔《疏》申之曰:

一國之事爲風者……以諸侯列土、封疆,風俗各異。故唐有堯之遺風,魏有儉約之風。

又曰:

言國風者,國是風化之界,詩以當國爲别,故謂之國風。其雅,則天子之事,政教行於四海,不須言國也。

案此解殊允。蓋人由於水土教化之不同,而剛柔緩急,好惡取

① 鄭玄《周禮·太師》六詩注:"賦之言鋪,直鋪陳今之政教善惡。比見今之失,不敢斥言,取比類以言之。興見今之美,嫌於媚諛,取善事以喻勸之。"劉熙《釋名》曰:"興物而作,謂之興。敷布其義,謂之賦。事類相似,謂之比。"朱熹《詩集傳》曰:"賦者,敷陳其事,而直言之也……比者,以彼物比此物也……興者,先言他物以引起所咏之辭也。"胡致堂與李叔易書,最稱李育、仲蒙之説。王應麟《困學紀聞》載之曰:"敘物以言情,謂之賦;情參物也。索物以託情,謂之比;情附物也。觸物以起情,謂之興;物動情也。"

捨有殊。詩人本其情性，歌其勞怨。樂官采而録之，各繫其地，是謂之風。故風有國界，不似雅之但區小大而已。《左傳》成公九年，楚囚鍾儀"操南音"。范文子謂之"樂操土風"。稱風之意，與此略同。惟彼以言樂，自爲第斥其音，而此以言詩，必兼辭義乃備也。

二、雅

《毛詩序》曰：

> 言天下之事，形四方之風，謂之雅。

案風雅合觀，其義尤憭。蓋一則産於方國，有地域性。一則制自王朝，無所不該。風雅二者，衹是範圍上、性質上之不同，原無優劣之分，雖在帝畿，就其直轄千里區限而言，所采之詩，亦名爲風，《王風》是也。緣當時之王，與諸侯分土而治，實具兩重資格。既爲天下共主，又爲一國之君。自共一主資格言，則言天下之事者，其詩爲雅。自國君一資格言，則繫一人之本者，其詩爲風。故雖同在一朝，不害並有風雅之詩。鄭玄《詩譜·王城譜》云：

> 申侯與犬戎攻宗周，殺幽王於戲。晉文侯、鄭武公迎宜咎於申而立之，是爲平王。以亂故，徙居東都上城。於是王室之尊，與諸侯無異。其詩不能復雅，故貶之，謂之王國之變風。

范寧《穀梁集解序》亦云：

> 列《黍離》於國風，齊王德於邦君。所以明其不能復雅，政化不足以被群后也。

二君以褒貶爲説，所見實誤。蓋由拘牽於俗説正變之文（正變説詳第七節），且爲不善讀《序》也。

三、頌

《毛詩序》曰：

> 頌者，美盛德之形容，以其成功告於神明者也。

蓋風繫乎俗，雅存乎政。俗與政不能無美惡，故爲詩亦有正有變，而頌則祇以稱頌成功，無有怨誹之辭。又頌用於祭祀，而風雅則於燕享或鄉飲等嘉禮之時歌之。是其異。以小學言，風古讀同分。故鄭衆以風別爲分別。① 而《説文通訓定聲》曰："《淮南·原道》'春風至'，或作分合之分。"蓋吹萬不同，隨器而異，故謂之風。雅，正也。言爲四方所則，是天下之正宗，人倫之標準也。頌之言容，實爲舞詩。《詩序》所謂"美盛德之形容，以其成功告於神明"，於《象》、《武》見之。據《周頌序》："《維清》，奏《象》舞也。""《酌》，告成大《武》也。"《禮記·樂記》記《武》舞之節曰：

> 夫樂者，象成者也。摠干而山立，武王之事也。發揚蹈厲，太公之志也。《武》亂皆坐，周、召之治也。且夫《武》，始而北出，再成而滅商，三成而南，四成而南國是疆，五成而分，周公左、召公右。六成復綴，以崇天子。夾振之而駟伐，盛威於中國也。分夾而進，事蚤濟也。久立於綴，以待諸侯之至也。

頌爲舞詩，所謂以其成功告於神明。天子諸侯皆得有之。《禮記·樂記》曰：

> 故天子之爲樂也，以賞諸侯之有德者也。德盛而教尊，五穀時熟，然後賞之以樂。故其治民勞者，其舞行綴

① 《周禮·秋官·士師》："以荒辯之法治之。"《注》："鄭司農云：'辯讀風別之別。'"又"傅別"《注》亦同。風別即分別。陳第《毛詩古音考》："今太行之西，汾晉之間，讀風如分，猶存古音。"吴玉搢《别雅》亦云"今山西及旌德人皆讀風爲分……風古孚金切。《詩》、《騷》韻可據。"

遠。其治民逸者,其舞行綴短。故觀其舞,知其德;聞其謚,知其行也。

諸侯之頌,則《魯頌》是。《魯頌・駉》序曰:

> 《駉》,頌僖公也。僖公能遵伯禽之法,儉以足用,寬以愛民,務農重穀,牧於坰野。魯人尊之。於是季孫行父請命於周,而史克作是頌。

案《詩序》與《樂記》正合。是知宋人陳鵬飛欲廢《魯頌》者,真大謬也。

第六節　二南

舊説《二南》,綜有二蔽:拘者泥於方位,放者憑臆專輒。論雖紛紜,胥非至當。猶喜故籍宏多,義未墜湮,可資尋討。不然,恐千載竟瞶瞶矣。

今謂周南、召南,從省之稱。正題當爲周南之國、召南之國,檢之經可驗也。由周、召二公,分陝而治。故陝東之詩,繫之周公,題曰周南之國。陝西之詩,繫之召公,題曰召南之國。周南之國、召南之國云者,猶言周公所任之國,召公所任之國焉爾。兹舉證如下:

《史記・太史公自序》曰:

> 太史公留滯周南。
>
> 《集解》徐廣曰:"摯虞曰古之周南,今之洛陽。"《索隱》曰:張晏云:"自陝以東,皆周南之地也。"

又《漢書・司馬遷傳》注:

> 如淳曰:"周南,洛陽也。"張晏曰:"洛陽而謂周南者,自陝以東皆周南之地也。"

此其一。

《三國志·魏志》陳思王植《表》曰：

昔管、蔡放誅，周公作弼；叔魚陷刑，叔向匡國。三監之釁，臣自當之；二南之輔，求必不遠。

以二南斥周、召，此其二。

《文選》潘安仁《西征賦》曰：

我徂安陽，言陟陜郛。行乎漫瀆之口，憩乎曹陽之墟。美哉邈乎！兹土之舊也，固乃周召之所分，二南之所交。《麟趾》信於《關雎》，《騶虞》應乎《鵲巢》。

以二南爲陜東陜西之地，此其三。

綜上所述，義解大同。嘗考《經典釋文·序録》謂：

《魯詩》不過江東。

案曹植、如淳、張晏皆魏人，潘岳、摯虞，亦西晉時人，皆及見《魯詩》；而太史公從孔安國問，安國爲申公弟子，固習《魯詩》者也。則以周召分陜釋二南，爲《魯詩》舊義，斷可知矣。《魯詩》"疑者則闕弗傳"，師法最稱恪謹。班孟堅志《藝文》，謂"《魯詩》最爲近之"，然則《魯詩》之説二南，其爲相傳古義必矣。

《漢書·律曆志》曰："南，任也。"《禹貢》"二百里男邦"，《史記·夏本紀》作"任國"。《詩·小雅·鼓鍾》《毛傳》曰："南夷之樂曰南。"而《禮記·明堂位》及《孝經緯·鉤命決》南皆作任。《大戴禮記·本命》曰："男者，任也……男子者，任天地之道。"蓋南、任、男三字，聲近義通，古籍多相假借。實則任是本訓。據"任養物"言之，①則謂之南。據"任天地之道"言之，則謂之男。南男二字，一以名方，一以别性，咸爲後起之義，自任而孳乳者也。

---

① 《漢書·律曆志》云："太陽者，南方。南，任也。陽氣任養物，於時爲夏。"

《國語·周語》曰：

鄭伯，南也；王而卑之，是不尊貴也。

韋昭《解》曰：

賈侍中云："南者，在南服之侯伯也。"或曰："南，南面君也。"鄭司農云："南謂子男。鄭，今新鄭。新鄭之於王城，在畿内，畿内之諸侯雖爵有侯伯，周之舊法皆食子男之地。"昭案：《内傳》子産争貢，曰："卑而貢重者，甸服也。鄭伯男也，而使從公侯之貢，懼弗給也。"以此言之，鄭在男服，明矣。

案數君之説，悉誤。蓋南本訓任，爲王官執政者之稱。鄭伯稱南，與周、召稱南，原無二致。嘗試考之，鄭之有國，實自桓公之寄帑與賄，而攘取虢鄶之地，初非周室所封，其始固食采畿内，與周、召二公相同。又"桓公爲司徒，甚得周衆與東土之人"，見於《國語·鄭語》。"武公、莊公爲平王卿士"，見於《左傳》隱公三年。其職司亦與周、召二公不異，余謂由鄭伯稱南，可徵周南、召南之古義，由周、召稱南，可得鄭伯稱南之確詁。《禮記·樂記》曰：

五成而分，周公左、召公右。

《公羊傳》隱公五年傳曰：

自陜而東，周公主之。自陜而西，召公主之。

《説苑·貴德》云：

《詩》曰："蔽芾甘棠，勿剪勿伐，召伯所茇。"《傳》曰："自陜以東者，周公主之；自陜以西者，召公主之。"

《史記·燕召公世家》云：

其在成王時，召公爲三公。自陜以西，召公主之；自

> 陜以東,周公主之。

夫唯周、召二公,分陜而治。故陜東之地,得稱周南;陜西之地,得稱召南。陜東之詩,繫之周公,題曰周南之國;陜西之詩,繫之召公,題曰召南之國。此自徑直昭晰,易知易從,無事回穴辭費也。

或曰,審如所説,陜東之詩,題爲《周南》;陜西之詩,題爲《召南》。是列國之詩,已綜攝二南矣。又别出十三國風何也?曰:此詩正變之所由分也。蓋仲尼論詩,簡諸國風詩之正而足法者,以義類相次,定爲楷式,統以二南,是爲正風。餘則如繫當國,貞淫並録,是爲變風。故《鼓鍾》云"以雅以南",《文王世子》云"胥鼓南"。《儀禮·鄉飲酒禮》、《鄉射禮》合樂用二南,以二南爲正風也。孔子曰:"人而不爲《周南》、《召南》,其猶正墻面而立也與?"可以窺其概矣(正變説詳後)。

《毛詩序》曰:

> 南,言化自北而南也。

夫有周之興,肇自雍、岐。故《書·牧誓》、《大誥》、《康誥》、《酒誥》、《洛誥》並稱東土、西土。則謂化自西而東可已,無爲言自北而南也。又《水經注》"江水又南過江陵縣南"《注》曰:

> 《周書》曰:"南,國名也。南氏有二臣,力鈞勢敵,競進争權,君弗能制,南氏用分爲二南國也。"按韓嬰《敍詩》云:"其地在南郡南陽之間。"《吕氏春秋》所謂"禹自塗山巡省南土"者也。

夫南爲國名,編列其詩,故當與邶、鄘等國一例,不應上繫周、召。韓謂地在南郡、南陽之間,蓋見《詩》言江漢也。然《關雎》固云"在河之洲",豈其南郡、南陽之間,亦有河乎?且《邶風》有"涇以渭濁"矣,何得據涇渭以定邶疆?禹省南土説詳下。要之:詩以抒情,興象無端，與史之徵實者殊科，泥迹以求，皆高叟之説詩也。

近人説詩，多主宋程大昌《詩論》，清惠周惕《詩説》之見，謂南爲樂名，古有二南，而無國風之號。如餘杭章氏(《檢論詩終始》)、海寧王氏(《詩樂考略》、新會梁氏(《釋四詩名義》)皆鴻儒碩學，海内宗仰，莫不深韙是説。流風所被，承學之士，翕然尊信，無敢持異議者。然其説實非也，兹特辨之如下：

考諸儒謂南與風别，詳其證佐，可綜爲下列四條：

一、《吕氏春秋・季夏紀・音初》篇有東音、西音、南音、北音之説。

二、《詩・小雅・鼓鍾》曰："以雅以南，以籥不僭"。《毛傳》"南夷之樂曰南。"

三、《左傳》成公九年傳："鍾儀操南音。"

四、《禮記・文王世子》："胥鼓南。"

此四條中，尤以《吕氏春秋・音初》篇最爲其持論之根柢。復不憚煩，具録其文如下：

夏后氏孔甲田於東陽萯山。天大風晦盲，孔甲迷惑，入於民室，主人方乳，或曰"后來是良日也，之子是必大吉"，或曰"不勝也，之子是必有殃"。后乃取其子以歸，曰："以爲予子，誰敢殃之?"子長成人，幕動坼橑，斧斫斬其足，遂爲守門者。孔甲曰："嗚呼！有疾，命矣夫！"乃作爲破斧之歌，實始爲東音。

禹行功，見塗山之女，禹未之遇而巡省南土。塗山氏之女乃令其妾待禹於塗山之陽，女乃作歌，歌曰"候人兮猗"，實始作爲南音。周公及召公取風焉，以爲《周南》、《召南》。

周昭王親將征荆，辛餘靡長且多力，爲王右。還反涉漢，梁敗，王及蔡公抎於漢中。辛餘靡振王北濟，又反振蔡公。周公乃侯之於西翟，實爲長公。殷整甲徙宅西河，猶思故處，實始作爲西音，長公繼是音以處西山，秦繆公取風焉，實始作爲秦音。

有娀氏有二佚女，爲之九成之臺，飲食必以鼓。帝令燕往視之，鳴若謚隘。二女愛而争搏之，覆以玉筐，少選，發而視之，燕遺二卵，北飛，遂不反，二女作歌一終，曰"燕燕往飛"，實始作爲北音。

案《音初》所記，語涉荒怪，雜家務博，衆流兼采。原無足異，乃儒者治經，取此等説，以爲典據，殊失矜慎之意，非所宜也。吕謂"燕燕往飛"，蓋陰襲《邶風》"燕燕于飛"之文，而僞撰故實，反見《邶風》權輿於此，藉以欺世。亦猶僞造《古文尚書》者，有"若升高必自下，若陟遐必自邇"(《太甲下》)，"不學牆面"(《周官》)之文，説謂爲《中庸》"辟如行遠必自邇，譬如登高必自卑"，及《論語》"其猶正牆面而立"諸語所祖也。不悟邶實國名，非音名也。縱謂邶即是北，原爲音名，亦當如周南、召南之例，上有所繫，不得直稱爲北，何況又無以解鄘、衛、齊、秦之風乎？《吕氏春秋》曰："殷整甲徙宅西河，猶思故處"，則如鍾儀之"樂操土風"可耳，安能作爲西音？夫音以方别，良由水土風氣之不同，是自然所形，雖曲度萬殊，而每一方音，率有其一致之類型，語其歷史，必甚悠久，安有羈人一歌，便爾形成一方音系之理？塗山之處，舊有數説，未知孰是。然《吕氏春秋》云："禹行功，見塗山之女，禹未之遇而巡省南土。"則塗山不在南土決矣。女之作歌，應操土音，謂爲南音，而南人祖之，難通。且《吕氏春秋》謂周公及召公取風焉，則是《詩》之《周南》、《召南》，俱爲周公、召公所作，此理之必無者也。即説爲二公所用，亦不可通。何則？召公所取以歌者，乃有《甘棠》，不嫌於自誇乎？若夫東音破斧之歌，蓋以傅會《豳風·破斧》也。然《詩》曰"既破我斧"，故可以破斧名篇；《吕氏春秋》謂"斧斬其足"則作破足之歌可矣，胡爲乃稱破斧？其作僞之迹，不昭然乎？雖然，諸儒據之，亦何嘗智不及此，特喜其新耳，喜其足濟吾之説耳。然學貴求真，殊未可逞快於一時,而以誣妄之説,疑誤後人也。

至《鼓鍾》“以雅以南”,《文王世子》“胥鼓南”,第爲二南入樂之證,而不足以徵其爲南音。鍾儀“操南音”則爲楚音,自晉人所處之地而言,謂爲南音,與《詩》之二南無涉。縱謂《鼓鍾》“以雅以南”之南,審如毛公所詁,然天下同名異實之事正多,焉得便謂周南、召南,即是南夷之樂之南?吾觀古人最嚴夷夏之防,故曰:“裔不謀夏,夷不亂華。”(《左傳》定公十年)“合歡之樂舞於堂,四夷之樂陳於門。”(《後漢書・陳禪傳》陳忠語)必謂周公、召公獨取南夷之樂,奏之房中,播之鄉國,以示天下與後世,而孔子後取之,定爲正風,則非余所敢知。

第七節 正變

《風》《雅》有正變之分,其説始見《毛詩序》,曰:“王道衰,禮義廢,政教失,國異政,家殊俗,而變風變雅作矣。”後儒有作,率據是説以推之,以爲詩之正變,繫於王道之盛衰,而王道之盛衰,可以時代定其界。周文、武、成之世,政教最美,是時之詩,謂之正經。懿、夷以後,政教陵遲,所有篇什,總爲變風變雅。鄭氏《詩譜》即本此爲書者。然自邶訖豳十三國詩,先儒悉目爲變風。夫王道衰,諸侯有變風;王道盛,諸侯何以無正風?孔穎達爲之説曰:

> 王道明盛,政出一人,太平非諸侯之力,不得有正風。(《關雎序》疏)

夫正變之文,相待爲義,苟闕其一,名不得成。安有無正而猶可稱變之理?且《詩序》明言王道衰而變風作,則盛時之詩,自是正風,不得謂無正風矣。又《二南》先儒以爲風之正經(《詩譜・周南召南譜》),而其變風無聞,何也?復有進者,《二南》諸《序》除兩言“召伯”,餘均不著年代,所謂后妃、夫人、大夫妻云者,亦第據其文以證其義，謂爲后妃、夫人、大夫妻，當如是爾，采之非一地，作之非一人，自作詩、采詩、歌詩，以至論次之時，輾轉流傳，其間不知經幾何年，幾何人，雖孔子當日，亦有不能質言者，後人奚由知之？是故凡序首未言，而續申有説者，率屬卜度之辭，不可爲典要也。然則《二南》諸篇，審爲何代之詩，殊亦難言。夫詩之年代未能定，而謂詩之正變，決於時代，詎非一大疑案乎？

抑非特風也，惟雅亦然。《出車》，先儒以爲正小雅，《常武》在變大雅中。毛以《出車》爲文王詩，《常武》爲宣王詩。然南仲《漢書古今人名表》作《南中》，與方叔、召虎同列，而文王時無南仲，是班以《出車》、《常武》二詩南仲爲一人，亦即《魯詩》不以《出車》爲文王詩，與毛異矣。又《匈奴傳》及《鹽鐵論·繇役》篇，《出車》與《六月》皆以爲宣王詩，夫同一《出車》，或以爲文王詩，或以爲宣王詩，時代將何由定？同一宣王詩，或以入正小雅，或以入變大雅，則正變果以時代爲準乎？昔人論唐詩，區爲初盛中晚，①識者譏之，謂爲"支離割剥"，②況乃有周一代，享祚數百年，封國一千餘，焉能斷取一時以爲盛衰之界？縱令盛衰有界，而謂盛世之詩，一出中和，亦論之難持者。何則？盛夏長養而靡草死，隆冬沍寒而松柏茂，蓋天有六氣，人具七情，感應隨時，初無定質，而況政教多途，賢愚萬端，世之盛衰，故難界畫，詩之正變，不容一概也。

---

① 錢謙益《有學集·唐詩英華序》曰："世之論唐詩者，必曰初盛中晚，老師宿儒，遞相傳述。揆厥所由，蓋創於宋季之嚴儀，而成於國初高棅，承譌踵謬，三百年於此矣。夫所謂初盛中晚者，論其世也，論其人也。以人論世，張燕公、曲江，世所稱初唐宗匠也。燕公自岳州以後，詩章悽惋，似得江山之助，則燕公亦初亦盛。曲江自荆州以後，同調諷詠，尤多暮年之作。則曲江亦初亦盛。以燕公繫初唐也，遡岳陽唱和之作，則孟浩然亦盛亦初。以王右丞繫盛唐也，訓春夜竹亭之贈，同左掖梨花之詠，則錢起、皇甫冉應亦中亦盛。一人之身，更歷二時，詩以人次耶？抑人以時降耶？"。

② 同上《唐詩鼓吹序》曰："唐人一代之詩，各有神髓，各有氣候，今以初盛中晚，釐爲界分，又從而判斷之，曰此爲妙悟，彼爲二乘，此爲正宗，彼爲羽翼，支離割剥，俾唐人之面目，蒙羃於千載之上；而後人之心眼，沈錮於千載之下。甚矣，詩道之窮也。"

或曰，詩之正變，信不可以時代分矣，然則正變本義云何？説詩不宜存正變之見乎？曰：近人説詩，各師成心，盡撥古義，正變之説，固所唾棄，然實非也。嘗謂學問之道，研究與創作殊科。創作以獨申己見，一空依傍爲賢；而研究則在於古人之書，融貫浹洽，得其本義。蓋研究所以總往，爲述者之事；創作所以開來，爲作者之事，二者未易軒輊，亦非絶無干涉，然用乖其宜，則足爲害。故治經之士，所貴妙悟神契，泠然與古人靈爽相通，而不宜强書就己，横作主張，用創作於研究。夫《詩》本有二南、六義、四始、正變諸義。漢人謹守其數，而不能盡通其故，於是衆説歧出，訖無定論。然正以是故，而彌覺其可貴。何者？以其義如爲漢人新創，無緣不能自暢其説，且閲時非遙，亦不應各家異執。惟其興於嬴政滅學以前，而傳於聖言乖絶之後，故諸儒雖不能明其義，亦知寶之，不敢輒棄。然則有志稽古者，顧可掉以輕心，妄加呰議，而不悉心以探其原乎？

今謂：正變是論詩之義，與作詩之時世無涉。蓋仲尼論詩，簡諸國風詩之足法者，約以爲二南，以示典則，是爲正風。餘則貞淫並録，各繫當國，總爲變風。二雅正變，理亦同此。正以要其止，變以盡其情。無正，則萬祺之準繩不立；無變，則一代之風俗不顯。正變爲論詩新意，自漢以來，已失其旨。學者誤以時代當之，繫風捕影，斷鶴續鳬，左右彌縫，而終不能暢其説。近人病其拘牽，而肆加醜詆，欲一切廢之，已過矣。

玆將風雅正經之篇目及序義，表列於左。

《周南》計十一篇		《召南》計十四篇	
篇目	序義	篇目	序義
關雎	后妃之德也	鵲巢	夫人之德也
葛覃	后妃之本也	采蘩	夫人不失職也
卷耳	后妃之志也	草蟲	大夫妻能以禮自防也
樛木	后妃逮下也	采蘋	大夫妻能循法度也

螽斯	后妃子孫衆多也	甘棠	美召伯也
桃夭	后妃之所致也	行露	召伯聽訟也
兔罝	后妃之化也	羔羊	鵲巢之功致也
芣苢	后妃之美也	殷其雷	勸以義也
漢廣	德廣所及也	摽有梅	男女及時也
汝墳	道化行也	小星	惠及下也
麟之趾	關雎之應也	江有汜	美媵也
		野有死麕	惡無禮也
		何彼襛也	美王姬也
		騶虞	鵲巢之應也
正小雅計十六篇(除六笙詩)		正大雅計十四篇(從服虔說)	
篇目	序義	篇目	序義
鹿鳴	燕群臣嘉賓也	文王	文王受命作周也
四牡	勞使臣之來也	大明	文王有明德故天復命武王也
皇皇者華	君遣使臣也	緜	文王之興本由大王也
常棣	燕兄弟也	棫樸	文王能官人也
伐木	燕朋故舊也	旱麓	受祖也
天保	下報上也	思齊	文王所以聖也
采薇	遣戍役也	皇矣	美周也
出車	勞還率也	靈臺	民始附也
杕杜	勞還役也	下武	繼文也
魚麗	美萬物盛多能備禮也	文王有聲	繼伐也
南有嘉魚	樂與賢也	生民	尊祖也
南山有臺	樂得賢也	行葦	忠厚也
蓼蕭	澤及四海也	既醉	太平也

湛露	天子燕諸侯也	鳧鷖	守成也
彤弓	天子錫有功諸侯也		
菁菁者莪	樂育材也		

案各詩篇第,誠然不能無錯亂,其序義,亦未必出自仲尼手定,然漢儒相傳,已自如此,魯齊韓三家,雖有異同,而出入甚微;則其錯亂之篇必不多,而謂序義爲仲尼弟子以來所傳,要無可疑。今觀《周南》首篇曰:"《關雎》,后妃之德也。"末篇曰:"《麟之趾》,《關雎》之應也。"《召南》首篇曰:"《鵲巢》,夫人之德也。"末篇曰:"《騶虞》,《鵲巢》之應也。"其間諸詩排列,亦莫不先後有序,各具奥義。試問二南之詩二十五篇,先儒有謂其作於一人一時一地者乎?苟非編者别有微旨,以意取捨,焉得首尾銜貫,如此完密?且復二南相映,如出一轍耶?復案《正小雅》以"燕嘉賓"始,以"樂育英才"終。《正大雅》以"文王受命作周"始,以"守成"終。詳核諸詩先後,亦皆義類次比,有倫有脊,其出於編詩者之新意,蓋可知矣。由吾之説,則《二南》有文王之詩可,有召伯之詩可,有平王之詩亦無不可,《二雅》之正經,亦不害兼有文王、武王、成王、宣王之詩,斬斷一切葛藤,豁然毫無疑滯。不由吾之説,則正變爲贅疣,而論詩之義,無可考矣。世有識者,當能辨之。

第八節 編次

《詩》三百五篇,舊第如何?其相次之義何取?年祀綿邈,文獻不足,難考其詳。然觀十五國風之要删,三頌之著録,則大義炳然,有可言者,兹申論如次。

十五國風,今《詩》次第,爲《周南》一、《召南》二、《邶》三、《鄘》四、《衛》五、《王》六、《鄭》七、《齊》八、《魏》九、《唐》十、《秦》十一、

《陳》十二、《檜》十三、《曹》十四、《豳》十五。鄭氏《詩譜》次第，爲：《周南》一、《召南》二、《邶》三、《鄘》四、《衛》五、《檜》六、《鄭》七、《齊》八、《魏》九、《唐》十、《秦》十一、《陳》十二、《曹》十三、《豳》十四、《王》十五。二書不同，當以《鄭譜》爲正。以《檜》爲鄭并，不宜雜厠；王國之風，宜階二雅。又箋《詩》作《譜》，同出一人，苟非别有確據，亦必不敢專輒更張也。至其編次先後之義，則《孔疏》就今詩次第釋之曰：

> 《周南》、《召南》風之正經，固當爲首。自衛以下，十有餘國，編次先後，舊無明説。去聖久遠，難得而知。欲言先後爲次，則齊哀先於衛頃，鄭武後於檜國。而衛在齊先，檜處鄭後，是不由作者之先後。欲以國地爲序，則鄭小於齊，魏狹於晉，而齊後於鄭，魏先於唐，是不由國之大小也。欲以采得爲次，則《雞鳴》之作，遠在《緇衣》之前，鄭國之風，必處檜詩之後，何當後作先采，先作後采乎？是不由采得先後也。二三擬議，悉皆不可。則諸國所次，别有意焉。蓋迹其先封善否，參其詩之美惡，驗其時政得失，詳其國之大小，斟酌所宜，以爲其次。（《詩·國風疏》）

案孔説《周》、《召》以正風爲首不誤。餘則所謂"中心疑者其辭枝"，非洞見本原之論。余謂，欲明國風篇次，首須知《邶》、《鄘》、《衛》即是衛詩。《檜》、《鄭》即是鄭詩。《魏》、《唐》即是晉詩。蓋風之爲體，在顯邦國之殊俗。而風俗之芳臭清濁，匪特横被一方，亦復縱貫數代，苟不别析題目，則無以著其源流，辨其氣澤，失所以爲風矣。衛有邶、鄘，處商紂畿内之地，遺風未沫，宜特崇異，故以冠變風之首。鄭伯，南也，世爲王官之長，故次之。齊、晉、秦則王室既卑，諸侯代興之伯也，故又次之。陳、曹淫昏先亡，故以殿末。豳、王二風，與諸國稍别，欲使就雅，故列衆國之後，小雅之前。此其編次先後之大略也。孔子作《春秋》曰:“其事則齊桓晉文。”(《孟子·離婁下》)子産對韓宣子曰:“今周室少卑,晉實繼之。”(《國語·晉語》)其齊、晉、秦連列之旨乎?《書》舊序《費誓》在《吕刑》前(《書·堯典》孔疏)。劉逢禄以爲《吕刑》之吕,即姜齊(《書序述聞》)。則《書》以《吕刑》、《文侯之命》、《秦誓》爲次,實與《詩》同,可爲旁證。又《史記·十二諸侯年表》亦齊、晉、秦相次,並足相發。陳侯爵,曹伯爵,《春秋》盟會,皆陳班在上,《十二諸侯年表》亦同,則陳、曹之次,亦可勿疑。《豳》爲西周畿内之詩,《王》爲東周畿内之詩。王風猶言王人、王師以屬本朝,故不稱周。至西周之風,則稱王稱周,義俱有嫌,故别題爲豳。《豳》、《王》繫聯,亦《檜》、《鄭》之比也。

《詩》録《周》、《魯》、《商》三頌,自來多不喻其意,或以《魯頌》爲變頌。① 或以《商頌》當闕,而《魯頌》可廢。② 清人抗志漢學,以今文相標榜,發皇微言大義,始據《文選》潘安仁《笙賦·注》引《樂緯動聲儀》“先魯後殷新周故宋”之文,謂與《春秋》“存三統”大義相通,且謂《商頌》即是《宋頌》③,其識洵突過前人。惟謂“存三統”猶牽秘緯之説,④不如直依《史記·孔子世家》定爲“據魯親周故殷”爲有據。蓋孔子魯人,録《魯頌》所以美宗邦,録《周頌》所以尊共主,録《商頌》則自周而推焉者也。以魯爲主,上推二代,義猶王者,立二王後。蓋自親親尊尊差差,固宜以二爲斷,再上則義絶,一如廟之有祧,服之有等,非孔子爲素王,亦非孔子託王於魯也。自辟儒不明斯義,遂以親周故殷,上推二代,爲是王者立二王後,而妄造

① 成伯璵:《毛詩指説》。

② 陳鵬飛:《詩解》見《四庫書目提要·詩疑下》引。

③ 皮錫瑞:《詩經通論》。

④ 《公羊》隱公元年《疏》引《春秋説》。

通三統之説，謂一代新王，兼用三正，於是王魯新周，端門受命①之讕言並起，重重障縛，大義全乖，甚矣，通經之不易也。抑不特《詩》録三頌，與《春秋》據魯親周故殷，大義相通，與書稱三科之條，亦復一致。故知仲尼删述六經，俱存大義，定非草草，學者宜究心焉。

或曰，尊論《詩》篇義例，縱謂得實，何關宏恉？而剌剌不休。曰：璿璣察，則無惑於衆星之順逆，司南設，則不迷於山川之回互，義例者，其諸經之璿璣司南乎？嘗謂六藝殊功，爲教一揆。語其要歸，實在仁義。親親尊尊賢賢賤不肖，造端日用，百姓與能，極詣入神，微聖莫識。故《詩》分正變，乃編録之大義。正所以立本，爲人倫之儀表；變所以趣時，實治亂之元龜。故以《二南》屬文王者，是瞽説也。以《鄭》、《衛》爲可删者，②是妄作也。變風何以首衛，重先代京畿也。次鄭，敬王官也。又次齊、晉、秦，録伯主也。終陳、曹，以亡國爲戒也。《豳》、《王》，風而近雅，故厠風雅之間。衛、鄭、晉，别題以見意。三頌並録，尊親之義盡。孔子曰："吾自衛反魯，然後樂正，《雅》《頌》各得其所。"(《論語・子罕》)夫所謂得所者，意在斯乎！意在斯乎！安得以爲無關宏恉而小之？

① 《公羊》宣公十六年何《注》："孔子以春秋當新王，上黜杞，下新周而故宋。"又哀公十四年《注》："得麟之後，天下血，書魯端門，曰'趍作法，孔聖没，周姬亡，彗東出，秦政起，胡破衛，書記散，孔不絶。'子夏明日往視之，血書飛爲赤烏，化爲白書，署曰演孔圖，中有作圖制法之狀。孔子仰推天命，俯察時變，卻觀未來，豫解無窮，知漢當繼大亂之後，故作撥亂之法以授之。"

② 王柏：《詩疑》。

第三章　書

第一節　總説

（闕一頁）

……題，布在方策，咸稱爲書。洎夫文明大啓，簡劄滋多，寖乃因事命篇，分張岐出，而舊之用以記注者，則因而弗改，仍號爲書，此書之一名，演變之大較也。

書之託始，斷在既有文字之後。古之書，猶今之史也，覈所記注，包藴實廣，初不以記言爲限。班固曰："書者，古之號令。"（《漢書·藝文志·六藝略·書》）又曰："左史記言，右史記事；事爲《春秋》，言爲《尚書》。"（《漢書·藝文志·六藝略·春秋》）殊非確論。清儒章學誠論之曰：

> "左史記言，右史記動。"其職不見於《周官》，其書不傳於後世，殆禮家之愆文歟？後儒不察，而以《尚書》分屬記言，《春秋》分屬記事，則失之甚也。夫《春秋》不能舍傳而空存其事目，則左氏所記之言，不啻千萬矣。《尚書》《典》、《謨》之篇，記事而言亦具焉；《訓》、《誥》之篇，記言而事亦見焉。古人事見於言，言以爲事，未嘗分事言爲二物也。劉知幾以二《典》、《貢》、《範》諸篇之錯出，轉譏《尚書》義例之不純，毋乃因後世之空言，而疑古人之實事乎！（《文史通義·書教上》）

案章氏謂"右史記言，左史記事"爲"禮家之愆文"，雖未必然，而謂《尚書》、《春秋》不當言事分屬，則確爲定論，足破舊説之惑。余謂《書》與《春秋》之分，在前者旨存記注，無有成法；而後者編年爲體，漸具科條。準理以言，則《書》淵源最古，而《春秋》之出差晚，二者非有輔車之勢，無緣左右分掌，言事異屬也。

書名原起，由箸於竹帛，其用也，以文字爲藉，則文字之興，即書之所由昉矣。文字制自何世？古籍淪湮，傳聞異辭。或曰："黄帝之史，倉頡造字。"(《論衡·骨相篇》、《説文解字敍》)然荀子曰："好書者衆矣，而倉頡獨傳者，壹也。"(《荀子·解蔽》)管仲曰："古者封泰山禪梁父者，七十二家，而夷吾所記者，十有二焉。昔無懷氏封泰山，禪云云；虙羲封泰山，禪云云；神農封泰山，禪云云；炎帝封泰山，禪云云；黄帝封泰山，禪亭亭；顓頊封泰山，禪云云；帝嚳封泰山，禪云云；堯封泰山，禪云云；舜封泰山，禪云云；禹封泰山，禪會稽；湯封泰山，禪云云；周成王封泰山，禪社首。"(《史記·封禪書》)則黄帝以前已有文字，書之由來尚矣。楚靈王稱左史倚相能讀《三墳》、《五典》、《八索》、《九丘》(《左傳》昭公十二年)。後人揣測紛紜，不知審爲何代之書。① 要爲人間罕見，定較今書爲古，惜乎其不傳也。

今之《書》，孔子所定，上紀唐虞之際，下至秦穆。秦時焚書，伏生壁藏之。其後兵大起，流亡。漢定，伏生求其《書》，亡數十篇，獨

---

① 賈逵曰："《三墳》，三皇之書；《五典》，五帝之典；《八索》，八王之法；《九丘》，九州亡國之戒。"延篤曰："張平子説《三墳》三禮，禮爲大防。《爾雅》曰：'墳，大防也。'《書》曰：'誰能典朕三禮。'天地人之禮也。《五典》，五帝之常道也。《八索》，《周禮》八議之刑。索，空，空設之。《九丘》，《周禮》之九刑。丘，空也，亦空設之。"馬融説："《三墳》三氣，陰陽始生，天地人之氣也。《五典》，五行也。《八索》，八卦。《九丘》，九州之數也。"《周禮》："外史掌三皇五帝之書。"鄭玄云："楚靈王所謂《三墳》、《五典》是也。"僞孔安國《尚書序》曰："伏羲、神農、黄帝之書，謂之《三墳》，言大道也。少昊、顓頊、高辛、唐、虞之書，謂之《五典》，言常道也。八卦之説，謂之《八索》，求其義也。九州之志，謂之《九丘》。丘，聚也。言九州所有土地所生，風氣所宜，皆聚此書也。"杜預曰："皆古書名。"詳見《左傳》昭公十二年《疏》。

得二十九篇,即以教於齊魯之間(《史記·孔子世家》及《儒林列傳》)。或謂舊爲百篇(《漢書·藝文志·六藝略》),臆説不足信。或謂"孔子求書,得黄帝玄孫帝魁之書,迄於秦穆公,凡三千二百四十篇,斷遠取近,定可以爲世法者百二十篇,以百二篇爲《尚書》,十八篇爲《中候》"(《書緯·璇璣鈐》見《書》疏引)。尤誕妄,非事實。經學中惟此經真僞最爲紛糾難理,計自伏生傳經以後,陸續發生轇轕六次。兹撮舉如下:

一、漢宣帝時(《書疏》引《論衡》及《後漢書》房宏等如此。《文選》李《注》引《七略》曰孝武末),河内女子發老屋,得《泰誓》三篇。

二、漢景帝時(此據《論衡》。《漢書·藝文志》謂武帝末)魯恭王壞孔子壁,得《古文尚書》。孔安國以今文讀之,以考二十九篇,得多十六篇。

三、漢成帝時,張霸僞造《百兩篇》。

四、東漢杜林在西州,得漆書《尚書》。

五、東晉初梅賾獻《尚書》五十八篇,及孔安國傳。

六、南齊建武中姚方興於大航頭,得《舜典》,比舊文多二十八字。

以上六條,除孔壁古文,及杜林漆書,久已亡佚,爲真爲僞,無從質正,可存而不論。餘則並經先儒考證,出於妄人僞撰,今亦不復鄭重。聊表列各書篇目於左,以供參考。

伏生今文篇目	孔壁古文增多篇目	梅本僞造古文篇目
(1)堯典(合梅本舜典)	(1)舜典	(1)大禹謨
(2)臯陶謨(合梅本益稷)	(2)汩作	(2)五子之歌
(3)禹貢	(3)九共	(3)胤征
(4)甘誓	(4)大禹謨	(4)仲虺之誥
(5)湯誓	(5)弃稷	(5)湯誥
(6)盤庚(合梅本三篇)	(6)五子之歌	(6)伊訓

(7)高宗肜日	(7)胤征	(7)太甲上
(8)西伯戡耆	(8)湯誥	(8)太甲中
(9)微子	(9)咸有一德	(9)太甲下
(10)牧誓	(10)典寶	(10)咸有一德
(11)洪範	(11)伊訓	(11)説命上
(12)大誥	(12)肆命	(12)説命中
(13)金縢	(13)原命	(13)説命下
(14)康誥	(14)武成	(14)泰誓上
(15)酒誥	(15)旅獒	(15)泰誓中
(16)梓材	(16)冋命(惠棟曰當作畢命)	(16)泰誓下
(17)召誥	案鄭注書序分九共爲九篇,合爲二十四篇	(17)武成
(18)洛誥		(18)旅獒
(19)多士		(19)微子之命
(20)毋劮		(20)蔡仲之命
(21)君奭		(21)周官
(22)多方		(22)君陳
(23)立政		(23)畢命
(24)顧命		(24)君牙
(25)康王之誥		(25)冏命
(26)鮮誓		梅本又分今文《尚書·堯典》之下半爲《舜典》。南齊姚方興本復加二十八字於篇首,又分《皋陶謨》之下半爲《益稷》,復分《盤庚》爲上、中、下三篇,合爲五十八篇,今通行於世。
(27)甫刑		
(28)文侯之命		

(29)秦誓		
從皮錫瑞定		

案漢博士謂二十九爲備,而習古文者則譏爲"保殘守缺",①畢竟完書爲目若干,已無可考。然《逸書》散見古書者,爲數實夥。如《尹吉》見《禮記·緇衣》,《高宗》見《禮記·坊記》,《夏訓》見《左傳》襄公四年,《伯禽》、《唐誥》見《左傳》定公四年,《相年》見《墨子·尚同》,《禹誓》見《墨子·兼愛》及《明鬼》,《武觀》、《官刑》見《墨子·非樂》,《揜誥》見《尚書大傳》,《大戊》見《史記·殷本紀》,《豐刑》見《漢書·律曆志》。又《書序》之《九共》、《帝告》、《説命》、《泰誓》、《嘉禾》、《歸命》六篇,亦見《大傳》。或不無多篇,原在孔子論定之中,未必悉行刊落。似馬遷説"亡數十篇"者近是。要之,今惟二十九篇具存,佚篇有無,不必深考,疑事勿質,姑從蓋闕可也。

《書》篇之名,概因便文,無有定準,與《三百篇》爲目略同。《詩·孔疏》曰:

> 名篇之例,義無定準,多不過五,少才取一。或偏舉兩字,或全取一句,偏舉或上或下,全取或盡或餘。亦有舍其篇首,撮章中之一言。或復都遺見文,假外理以定稱。

案移以説《書》極當。《禹貢》、《盤庚》、《微子》,偏舉之類也。《高宗肜日》、《西伯戡黎》,全取之類也。《洪範》、《金縢》、《立政》、《梓材》則撮章中之一言者也。誥誓命諸篇,文似有體,略與假外理以定稱相當,然稱名頗駁,與偏舉之例亦無悖。蓋古人命篇之達例也。僞撰《古文尚書》者,持後世之法,以格古書,以爲《堯典》完全載堯事,亦如《史記》之有本紀者然,故割取言舜之部,以爲《舜典》,殊不知古書固不爾也。《臯陶謨》亦不純記臯陶之事,其稱謨也,直

① 劉歆:《移讓太常博士》。

取"謨明弼諧"句中一字,非體然也。作僞者曾不悟此,而别出《大禹謨》焉,亦由習見後世之史有世家列傳也。此事雖小,不可不辨,故附記於此。

第二節　傳述源流

秦政焚經,唯濟南伏生傳《尚書》,授晁錯、張生。張生授千乘歐陽生。歐陽生授兒寬。寬授歐陽生之子世。傳其業至於曾孫歐陽高,是謂《尚書》歐陽氏之學。又有夏侯都尉受業於張生,以授族子始昌。始昌傳族子勝,是爲《尚書》大夏侯之學。勝授從子建,又别爲小夏侯之學。西漢之世,三家咸立於學官。然所傳之《書》,僅二十九篇,是爲《今文尚書》。東漢之世,歐陽氏世爲帝師,故歐陽氏之學於東京爲最盛。孔安國本從伏生授《書》,復得孔壁所藏"古文十六篇",以授膠東庸生。五傳而至桑欽,而劉歆亦崇信其書。及東漢時,賈逵、孔僖世傳古文之學。尹咸、周防、周磐、楊倫、張楷、孫期亦習"古文"。特古文十六篇,絶無師説,故傳其學者,咸無注釋,非晉梅賾所稱之孔氏"古文"也。又有扶風杜林得西州漆書"古文"以授衛宏、徐巡。而馬融亦傳其學。鄭玄受《書》張恭祖傳《古文尚書》。既又游馬融之門,兼通杜林漆書。馬《傳》、鄭《注》皆以漆書解今文二十九篇。此漢代《書經》傳授之大略也。

東漢之末,説《書》者咸宗鄭《注》。自魏王肅作《尚書解》,又僞作《聖證論》以攻鄭《注》。而蜀儒李譔作《尚書傳》(亦攻鄭《注》)。虞翻在吴亦攻鄭《注》之失。時孔氏《古文尚書》已亡。王肅、皇甫謐之徒,乃僞造《古文尚書》二十五篇,復僞作孔安國《書傳》,然不爲當世所崇。至晉永嘉之亂,而歐陽、大小夏侯之義亡。

當南北朝時,鄭氏《書注》行於河北。徐遵明以鄭學授李周仁,自是言《尚書》者,咸宗鄭學。惟劉芳作《尚書音》則用王肅之注(以上北學)。江左之間,當晉元帝時,梅賾奏《僞古文尚書》,自謂鄭冲、蘇愉之學。(自言鄭冲授蘇愉,愉授梁柳,柳授臧曹,曹授梅賾。)晉代君臣,信僞爲真,由是治《尚書》者,咸以《僞孔傳》爲主,立於學官。惟梁、陳二朝,鄭、孔並立。説《書》之儒,有孔子祛(《尚書義》、《尚書集注》)、梁武帝(《尚書答問》)、張譏(《尚書義》)。惟范寧篤信今文。而費甝復爲《古文尚書》作疏。姚方興並僞造《舜典·孔傳》一篇(自言得之大航頭),於經文妄有增益(以上南學)。

隋劉炫得南朝費甝《疏》,並崇信姚方興之《書》,復增益《舜典》十六字,而北方之士,始治《古文》,黜《今文》。唐孔穎達本崇鄭《注》,及爲《尚書》作《義疏》,則一以《孔傳》爲宗,排斥鄭《注》,而鄭義遂亡。惟劉子玄稍疑孔《傳》。玄宗之時,復用衛包之義,改《尚書》古本之文,使之悉從今字,而《尚書》古本復亡。此三國六朝隋唐之《尚書》學也。

宋儒治《尚書》者,始於蘇軾《書傳》,廢棄古注,惟長於論議。林之奇作《尚書全解》,鄭伯熊作《書説》,皆以史事説《尚書》。吕祖謙受業之奇,亦作《書説》,大旨與《全解》相同。而史浩(作《尚書講義》)、黄度(作《尚書説》)亦治《尚書》,皆隨文演釋,近於講章。惟夏僎(《尚書解》)、黄倫(《尚書精義》)、魏了翁(《尚書要義》)、胡士行(《尚書詳説》)之書,間存古訓,然糅雜漢、宋,悉憑臆見爲從違。朱、陸門人亦治《尚書》,楊簡(作《五誥解》)、袁燮(《絜齊家塾書鈔》)、陳經(《尚書詳解》)、陳大猷(《集注或問》)咸沿陸氏學派,間以心學釋《書》。而蔡沈述朱子之義,作《書集傳》。

元代之儒,若金履祥(《尚書表注》)、陳櫟(《尚書集傳纂疏》)、董鼎(《尚書輯録纂注》)、陳師凱(《蔡傳旁通》)、朱祖義(《尚書句注》)説《書》咸宗《蔡傳》,亦間有出入,然不復考求古義。

明代輯《書傳大全》(胡廣等選)亦以《蔡傳》爲主,頒爲功令。惟馬明衡(《尚書疑義》)、王樵(《尚書日記》)、袁仁(《尚書砭蔡編》)稍糾《蔡傳》之訛,以王夫之《書經稗疏》爲最精(王夫之作《尚書引義》亦多精語)。又朱子、吴澄(作《書纂言》)、梅鷟(作《尚書考異》)

漸疑古文之僞，而張栻則並疑今文。元人王柏復作《書疑》，妄疑《大誥》、《洛誥》不足信，移易本經，牽合附會。而明人陳第（作《尚書疏衍》）則又篤信僞古文，咸師心自用。若夫毛晃（《禹貢指南》）、程大昌（《禹貢論》）之説《禹貢》，胡瑗（《洪範口義》）、黄道周（《洪範明義》）之説《洪範》，雖疏於考古，亦足爲參考之資。

此宋元明三朝之《尚書》學也。

自吴澄、梅鷟攻《僞古文》，太原閻若璩作《古文尚書疏證》，灼見《古文孔傳》之僞，惟體例未純，不足當疏證之目。弟子宋鑒廣其義，别作《尚書考辨》。厥後惠棟作《古文尚書考》；江聲從棟受業，作《尚書集注音疏》，江南學者皆遵之。王鳴盛作《尚書後案》，孫星衍作《尚書今古文注疏》，咸崇今文，黜僞孔，以馬、鄭傳注爲宗。段玉裁作《古文尚書撰異》，亦詳於考核。惟毛奇齡崇信《僞古文》，作《古文尚書冤詞》（朱鶴齡亦信《僞古文》），厥後莊存與諸人，亦言《僞尚書》不可廢。存與作《尚書既見》以宣究微言。其甥劉逢禄亦作《書序述聞》，並作《尚書古今文集解》。及魏源作《書古微》，以馬、鄭之學出於杜林漆書，並疑杜林漆書爲僞作，乃排黜馬、鄭，上溯西漢今文家言，雖武斷穿鑿，亦間有善言。龔自珍治《尚書》，亦作《太誓答問》，以今文《太誓》爲僞書，常州學派多從之。若李光地《尚書解義》、張英《書經衷論》據理臆測，至不足觀。若夫釋《尚書》天文者，有盛百二《尚書釋天》。而胡渭《洪範正論》並闢災異五行之説（雖不守漢儒家法，然辨惑之功則甚大）。釋《尚書》地理者，有蔣廷錫《尚書地理今釋》，而胡渭《禹貢錐指》辨證尤詳。後起之儒，有朱鶴齡（《禹貢長箋》）、徐文靖（《禹貢會箋》）、焦循（《禹貢鄭注釋》）、程瑤田（《禹貢三江考》）、成蓉鏡（《禹貢班義述》）詮釋《禹貢》，咸有專書，此近儒之《尚書》學也。①

① 録劉師培《經學教科書》。

第三節　編次

孔子編定六經，俱有義例，今《書》雖非完本，然推校篇義，參酌古説，當可窺一二，兹略明如次。

鄭玄《書贊》謂："（《書》有）三科之條，五家之教。"（《書・堯典疏》引）"三科"者，虞、夏同科，商、周各爲一科。"五家"者，唐、虞、夏、商、周也。以伏生《尚書大傳》徵之，有《虞夏傳》，又有《唐傳》、《虞傳》、《夏傳》。一書題目，踳駁若此，其非絶無意義可知。余謂由伏生有《虞夏傳》，可徵《書》之舊題，虞、夏同科。由有《唐傳》、《虞傳》、《夏傳》，可徵虞、夏書中，固分三家。顧炎武曰：

> 竊疑古時有《堯典》無《舜典》，有《夏書》無《虞書》，而《堯典》亦《夏書》也。《孟子》引"二十有八載，放勳乃殂落"，而謂之《堯典》。則《序》之别爲《舜典》者非矣。《左氏傳》莊公八年引"皋陶邁種德"，僖公二十四年引"地平天成"，二十七年引"賦納以言"，文公七年引"戒之用休"，襄公五年引"成允成功"，二十一年、二十三年兩引"念兹在兹"，二十六年引"與其殺不辜，寧失不經"，哀公六年引"允出兹在兹"，十八年引"官占惟先蔽志"，《國語》周内史過引"衆非元后何戴，后非衆罔與守邦"，而皆謂之《夏書》。則後之目爲《虞書》者贅矣。（《日知録》卷二）

案有顧氏之説，而古《書》虞、夏同科，益可徵信。蓋惟虞、夏同科，故可單稱《夏書》，而不可單稱《虞書》，以稱《夏書》義可上包唐、虞，稱《唐書》、《虞書》不可下包夏也。今《書》、《堯典》、《皋陶謨》皆冠以"若稽古"，苟非區以三科，安得有此文乎？三科五家之説，自是相傳古義，賴鄭君《書贊》而存者。然則《書》分三科，其義何居？《荀子・王制》篇曰：

> 王者之制：道不過三代，法不貳後王；道過三代謂之蕩，法貳後王謂之不雅。

楊倞《注》曰：

> 論王道不過夏、殷、周之事，過則久遠難信。法不貳後王，言以當世之王爲法，不離貳而遠取之。

案楊説是也。《荀子》之語，應是孔門緒論。夫豈獨删《書》之義如斯，即《詩》存周、魯、商三頌，《春秋》據魯親周故殷，亦莫不曲與是義相會。蓋斟酌於尊親遠近之間，既以爲教，兼以示法也。故六經唯孔子能作，彼第以爲整理故籍者，過矣。

斷取五家，聿求其故，亦有可言。蓋堯、舜、禹禪推相承，與一氏嗣續者不異。録禹義不可絶堯、舜，一也。禹爲夏始受命之君，其大功在治水，實當堯、舜負扆之日，二也。堯若天，禹敷土，爲開闢以來二大奇迹，不可缺一不書，三也。有此三因，則追録唐、虞，以爲五家，義無可疑矣。

《今文尚書》二十九篇，出於煨燼之餘，非復完璧。然有《虞夏書》四篇，《商書》五篇，《周書》二十篇，校其詳略，似與原編比例，不甚相遠。何以明之？《荀子·非相》篇曰：

> 五帝之外無傳人，非無賢人也，久故也。五帝之中無傳政，非無善政也，久故也。禹、湯有傳政而不若周之察也，非無善政也，久故也。傳者久則論略，近則論詳，略則舉大，詳則舉小。

夫荀子生當秦火以前，時《書》無亡闕，而其言若是，則全經取裁，不可想乎？《春秋》之書，別三世，異外内，所見異辭，所聞異辭，所傳聞異辭，内其國而外諸夏，内諸夏而外夷狄，大抵録近略遠，書其重者，蓋揆事迹，準義理，惟此爲無憾。《尚書》之作，應亦同此。

古時蟲書鳥迹，艱於繕寫，醮漆削簡，彌益煩困，綜所載録，數定非多。抑或史無專官，聽采道路，十口相告，紕繆不免。太史公曰："百家言黄帝，其文不雅馴，《尚書》獨載堯以來。"（《史記·五帝本紀贊》）以是見孔子之慎。嘗謂孔子之《書》，經也，非史也。經史之分，在：一主爲教，一主記事。記事以網羅放失，綜輯勾密爲貴；而爲教，則在采擷精審，小大足法，蓋記事所重，爲其人其事，故務求該備。爲教所重，爲其德其政，故無嫌闊略也。《書》二十九篇，篇篇有義，而其要會，則盡七觀。《大傳略説》曰："《堯典》可以觀美，《禹貢》可以觀事，《咎繇》可以觀治，《洪範》可以觀度，《六誓》可以觀義，《五誥》可以觀仁，《甫刑》可以觀誡，通斯七觀，《書》之大義舉矣。"學者宜盡心焉。

《書》始《堯典》，其故孔子於《論語·泰伯》篇中道之，所謂"大哉，堯之爲君也！巍巍乎，唯天爲大，唯堯則之。蕩蕩乎，民無能名焉。巍巍乎，其有成功也；焕乎，其有文章！"終《秦誓》之義，與《費誓》①、《吕刑》、《文侯之命》合觀易明，蓋以志世變也。魯，周公之胤，孔子之宗邦也，故《費誓》先録。《吕刑》姜齊之事，②故次之。《文侯之命》，晉故也，故又次之。齊、晉、秦相次，於《詩》變風見之，已詳前章。由是知六經信有微言大義，曷可誣也。

第四節　若天

《堯典》記堯行迹，自讓賢外，幾乎全是曆象之事。參以《論語·泰伯》篇孔子贊堯"巍巍乎，唯天爲大，唯堯則之"之言，知此"欽若昊天"，信爲放勳爲政大務，淵源既早，影響亦鉅，允宜於此詳加研討，以葆正義而祛迷惑。兹先列經文於左，次爲申釋其義，並

① 鄭玄《書序》《費誓》在《吕刑》前，見《堯典》疏。

② 見劉逢禄《書序述聞》，謂是成親王神解之一。

引據群書以證之。《堯典》曰：

乃命羲和，欽若昊天，曆象日月星辰，敬授人時。

分命羲仲，宅嵎夷，曰暘谷。寅賓出日，平秩東作，日中星鳥，以殷仲春。厥民析，鳥獸孳尾。

申命羲叔，宅南交。平秩南訛，敬致，日永星火，以正仲夏。厥民因，鳥獸希革。

分命和仲，宅西，曰昧谷。寅餞納日，平秩西成。宵中星虛，以殷仲秋。厥民夷，鳥獸毛毨。

申命和叔，宅朔方，曰幽都。平在朔易。日短星昴，以正仲冬。厥民隩，鳥獸氄毛。

帝曰：咨，汝羲暨和！朞三百有六旬有六日，以閏月定四時成歲。允釐百工，庶績咸熙。

舊解羲和有二説：

一謂羲氏掌天歲，和氏掌地歲，四子掌四時。①

一謂羲仲等四人即是羲和。②

詳按經文，當以次説爲正。何則？以末牒前文曰“汝羲暨和”，於義不得謂斥二伯，則乃命羲和自是提攝之語，安得謂非四子？蓋行文通例，有凡有目。或先凡後目，或先目後凡。考經文“乃命羲和”至“教授人時”凡也。分命以下，至“鳥獸氄毛”目也。一總提，一分疏。四子所職，即是若天授時之事。彼謂羲氏掌天，和氏掌地

---

① 馬融説，見《釋文》。

② 孫星衍《尚書今古文注疏》曰：“案西漢諸儒，用今文説，以羲仲等四人，即是羲、和……《漢書·成帝紀》陽朔元年詔曰：‘昔在帝堯，立羲、和之官，命以四時之事，令不失其序。’《漢書·百官公卿表》云：‘《書》載唐、虞之際，命羲、和四子順天文，授民時。’《注》應劭曰：‘堯命四子，分掌四時之教化也。’張晏曰：‘四子，謂羲仲、羲叔、和仲、和叔也。’《漢書·食貨志》曰：‘堯命四子以敬授民時。’《漢書·魏相傳》云：‘明王謹於尊天，慎於養人，故立羲、和之官以乘四時，節授民事。’《論衡·是應篇》云：‘堯候四時之中，命曦、和察四星以占時氣。’是以仲、叔等四子，爲羲、和，今文説也。”

者,於經無據。旁牽《國語》,[①]適以自亂,此昧於文例之過也。

"欽",敬;"若",順;"昊天",廣大之天。"欽若昊天",即《論語》所謂"唯天爲大,唯堯則之"也。"曆"者,推步其數。"象"者,測候其狀。"星",二十八宿衆星。"辰",日月所會十二次也。經文"分命羲仲"以下,"作"、"訛"、"成"、"易",爲授人時,自餘盡屬曆象之事。嵎夷、南交、昧谷、朔方爲測候處所;分設四裔,實後世測東西里差及南北里差之祖。"日中星鳥以殷仲春"、"日永星火以正仲夏"、"宵中星虚以殷仲秋"、"日短星昴以正仲冬"爲者,晝夜及中星以正四時,實後世考歲差之祖。"寅賓出日"、"敬致"、"寅餞納日"爲測候方法。"析"、"因"、"夷"、"隩",驗之於民。"孳尾"、"希革"、"毛毨"、"氄毛",驗之於鳥獸。

"鳥"、"火"、"虚"、"昴",謂二分二至,昏時見於南方午位之中星。蓋北極爲天樞,衆星拱之,每夜人目可見者,僅爲南方諸宿,在北方者,則不之見。故言中星,皆指加臨南方者而言。天空經星二十八宿,分佈四方,各有所象。東方角、亢、氐、房、心、尾、箕七宿,象龍形;西方奎、婁、胃、昴、畢、觜、參七宿,象虎形。皆南首而北尾。南方井、鬼、柳、星、張、翼、軫七宿,象鳥形;北方斗、牛、女、虚、危、室、壁七宿,象龜形。皆西首而東尾。以方色配之,稱爲蒼龍、朱雀、白虎、玄武四象。《禮記·曲禮》所謂"前朱雀而後玄武,左青龍而右白虎"是也。十二辰者,壽星(角亢)、大火(氐房心)、析木(尾箕)、星紀(斗牛)、玄枵(女虚危)、娵訾(室壁)、降婁(奎婁胃)、大梁(昴畢)、實沈(觜參)、鶉首(井鬼)、鶉火(柳星張)、鶉尾(翼軫)。兹圖於後。[②]

① 《國語·楚語》:"南正重司天以屬神,火正黎司地以屬民。"

② 據洪震煊《夏小正疏義》天象圖。

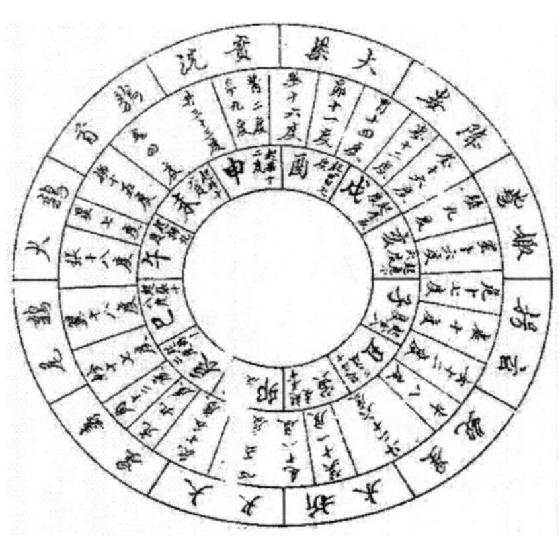

里差、歲差，清梅文鼎《曆學源流論》言之甚晰。録如左：

> 曆之最難者有二：其一里差，其二歲差。是二差者，有微有著，非積差而至於著，雖聖人不能知，而非其距之甚遠則所差甚微，非目力可至，不能入算。故古未有知歲差者，自晉虞喜，宋何承天、祖冲之，隋劉焯，唐一行始覺之。或以一年差一度，或以五十年，或以八十三年，未有定説。元郭守敬定爲六十有六年有八月，回回太西差法略似。而守敬又有上考下求，增損歲餘天周之法，則古之差遲，今之差速，是謂歲差之差，可云精到。若夫日月星辰之行度不變，而人所居有南北東西正視俯視之殊，則所見各異，謂之里差，亦曰視差。自漢及晉未有能知之者也。北齊張子信始測交道有表裏。此方不見食者，人在月外，必反見食。《宣明曆》本之爲氣刻時三差。而《大衍曆》有九服測食定晷漏法。元人四海測驗二十七所，而近世歐羅巴航海數萬里，以身所經山海之程，測北極爲南北差，測月食爲東西差，里差之説，至是而確。是蓋合數千年之積測，以定歲差，合數萬里之實驗，以定里差，距數逾遠，差績逾多，而曉然易辨。且其爲法，既推之數千年數

萬里而準,則施之近用,可以無惑。曆至今日,屢變益精以此。然余亦謂定於唐、虞之時者,何也?不能預知者,差之數。萬世不易者,求差之法。古之聖人,以日之所在,不可以目視而器窺也。故爲中星以紀之,鳥火虚昴,此萬世求歲差之根數也。又以日之出入發斂,不可以一方之所見爲定也,故爲之嵎夷、昧谷、南交、朔方之宅,以分候之,此萬世求里差之法也。嗚呼至矣!

近人有謂《堯典》爲孔門託古之書,可即所載中星以破之。夫古人固不曉所謂歲差,閲世既久,積差漸多,始爲人所發見。今觀《堯典》曰:"日永星火,以正仲夏。"《夏小正》曰:"五月初昏,大火中。"《左傳》曰:"火中寒暑乃退。"①《詩・豳風・七月》曰:"七月流火。"《禮記・月令》曰:"季夏昏火中。"是唐時五月昏火中。周時六月昏火中。唐、虞、夏三代相去未遠,故《夏小正》與《堯典》多合。周時七月初昏,火已過中,故見其西流耳。以歲差之法,考校前後,灼驗不爽。苟非當時實録,焉得如此巧合乎?孔子曰:"夏禮,吾能言之,杞不足徵也;殷禮,吾能言之,宋不足徵也。文獻不足故也,足則吾能徵之矣。"(《論語・八佾》)又曰:"吾猶及史之闕文也,有馬者借人乘之。今亡矣夫!"(《論語・衛靈公》)故孔氏之書,去取最爲矜慎,與諸子之務爲恢詭者迥殊,學者宜潛心觀之,未可輕議也。

"朞三百有六旬有六日",舉成數也。精計之約爲三百六十五日四分日之一。曆家名此曰歲實。後世虞喜、何承天、郭守敬所定歲實之數,各有差異。然皆與《堯典》所舉之成數相差不遠。即《清憲書》所定歲周爲三百六十五日二時七刻零二分四十五秒,亦本《堯典》之成數,而修正之也。今知此爲地球繞日一周所須之時數,

① 《左傳》昭公三年。杜預注:"心以季夏昏中而暑退。季冬旦中而寒退。"

古則謂之日行周天之時數。解釋雖殊,要歸一致。蓋就目見而言,固是日行而地止。亦猶乘舟之人,但見峰改,不覺舟移也。古曆推步,兼及日月。晦朔弦望,以月爲準。寒暑節氣,以年爲準。而用置閏之法,以求二者之適合,所謂"以閏月定四時成歲"者,此也。"定",《史記》作正。定正義通。"允釐百工,庶績咸熙",即所謂"唯天爲大,唯堯則之。巍巍乎其有成功,煥乎其有文章。"蓋地上生物,皆恃太陽之光與熱,而亭毒長養,苟無太陽,則肅肅至陰,漫漫長夜,一切生物,俱將不能自存。故古人之重視太陽,毋寧視爲當然。中土位於溫帶,因太陽之正射斜射,四時界限,最爲分明。果能推步精確,則寒暑節,風雨時。匪特便於種植樹藝,與一切制度文爲之計畫處理,均有莫大之裨益。故古人爲治,於此尤兢兢焉。自黄帝迎日推策(《史記·五帝本紀》),考定星曆(《史記·曆書》)。少昊氏有鳳鳥之瑞,以鳥名官,而鳳鳥司曆(《左傳》昭公十七年)。顓頊之世,南正重司天,火正黎司地(《國語·楚語》)。帝嚳序三辰(《國語·魯語》),曆日月而迎送之(《大戴禮記·五帝德》)。至堯復育重黎之後,使治舊職,欽若敬授,法象大備,遂爲朔政之開山。朔政亦名曆數。《洪範》"五紀五曰曆數"。《論語·堯曰》:"咨爾舜!天之曆數在爾躬……舜亦以命禹。"皆是物也。曆者,時曆。數,讀如《左傳》昭公三年張趯語"善哉!吾得聞此數也",《荀子·勸學》"其數則始乎誦經,終乎讀禮",《周禮·天官·小宰》"掌官常以治數"之數,謂衆事先後之次也。曆數之用,即所謂"正歲年以序事"。① 其制《管子·幼官》、《禮記·月令》、《淮南子·時則》猶存遺象。然數書所記,皆班固所謂"牽於禁忌,泥於小數,舍人事而任鬼神"(《漢書·藝文志·諸子略·陰陽家》),不如《國語·周語》所載"先王之教"及《夏令》爲近古。《洪範》曰:"王省惟歲,卿士惟月,師尹惟日……庶民惟星。"語最分曉,可以窺見古時朔政施行之崖略。

---

① 《周禮·春官·宗伯》:"正歲年以序事,頒之於官府及都鄙,頒告朔於邦國。"

所謂“王省惟歲”者，蓋古時王者身任“天之曆數”，須命官“正歲年以序事，頒十二月朔政於邦國”也。

“卿士惟月”者，古時王朝卿士，及列國諸侯，皆於每月告朔受而行之。《春秋》文公六年“閏月不告月，猶朝於廟”。又十六年“夏五月公四不視朔”。《論語・八佾》曰：“子貢欲去告朔之餼羊。”《大戴禮記・虞戴德》：“孔子曰，天子告朔於諸侯，率天道而敬行之，以示威於天下。”又《用兵》曰：“孔子曰，夏桀、商紂不告朔於諸侯。”《穀梁傳》莊公十八年：“故雖爲天子，必有尊也。貴爲諸侯，必有長也。故天子朝日，諸侯朝朔。”斯其班班可考者也。

“師尹惟日”者，蓋師尹官卑，受一日之政。《左傳》桓公十七年所謂“日御不失日，以授百官於朝”，是也。

“庶民惟星”者，蓋庶民彌卑，朔政所不及，所謂“不識不知，順帝之則”。農功土功，是所勤也，故所省惟星。《僞孔傳》曰：“星，民象，故衆民惟若星。”蔡沈《書傳》曰：“民之麗乎土，猶星之麗乎天也。”皆妄説，不可從。蓋星，二十八宿經星也。《國語・周語》虢文公曰：“農祥(房星)晨正，日月底於天廟(營室星)，土乃脈發。”又單襄公曰：“夫辰角見而雨畢，天根(亢氐之間)見而水涸，本(氐星)見而草木節解，駟(房星)見而隕霜，火(心星)見而清風戒寒。”《左傳》莊公二十九年曰：“凡土功，龍(角星)見而畢務，戒事也。火見而致用。水(營室星)昏正而栽。日至而畢。”皆省星之事。

或曰，《洪範》“庶民惟星”下，又曰：“星有好風，星有好雨。日月之行，則有冬有夏。月之從星，則以風雨。”何謂也？曰，斯正“庶民惟星”之注脚也。惜自漢以來，無人知之，沉翳二千餘年矣。兹先舉舊解，然後以吾説明之。

《漢書・天文志》曰：

箕星爲風，東北之星也。東北地事，天位也。故《易》曰“東北喪朋”。及巽在東南，爲風；風，陽中之陰，大臣之象也，其星，軫也。月去中道，移而東北入箕，若東南入軫，則多風。西方爲雨；雨，少陰之位也。月失中道，移而西入畢，則多雨。故《詩》云“月離於畢，俾滂沱矣”，言多雨也。《星傳》曰“月入畢則將相有以家犯罪者”，言陰盛也。《書》曰“星有好風，星有好雨，月之從星，則以風雨”，言失中道而東西也。

鄭玄曰：

風，土也，爲木妃。雨，木也，爲金妃。故星好焉。中央土氣爲風，東方木氣爲雨，箕屬東方木，木克土，土爲妃。尚妃之所好，故箕星好風也。西方金氣爲陰，克東方木，木爲妃。畢屬西方，尚妻之所好，故好雨也。是土十爲木八妻，木八爲金九妻，故“月離於箕風揚沙，月離於畢俾滂沱”。推此而往，南宫好暘，北宫好燠，中宫四季好寒也。是由己所克而得其妃，從其妃之所好，故也。①

《僞孔傳》曰：

日月之行，冬夏各有常度。君臣政治，大小各有常法。月經於箕則多風，離於畢則多雨。政教失常，以從民欲，亦所以亂。

孔《疏》曰：

星有好風，星有好雨，以喻民有好善，亦有好惡。日月之行，則有冬有夏，言日月之行，冬夏各有常道，喻君臣爲政，小大各有常法。

蔡沈《集傳》曰：

月行東北入於箕，則多風。月行西南入於畢，則多

① 《尚書今古文注疏》引《詩·漸漸之石》疏、《禮記·月令》疏、《周禮·大宗伯·大司徒》疏。

雨。所謂"月之從星,則以風雨"也。民不言省者,庶民之休咎,繫乎上人之得失,故但以月之從星,以見所以從民之欲者如何爾。

案諸家之説,大同小異,要皆泥於箕風畢雨之見,良無一是。蓋農功所重有二:一爲寒暑之節,一爲風雨之時。寒暑之節,於"有冬有夏"知之,而冬夏之分,則由於日月之行。日行周天而寒暑異,月行周天而朔望分,中曆推步,兼及日月,故曰"日月之行,則有冬有夏"也。風雨之時,可驗之於星。如"辰角見而雨畢,天根見而水涸"之類。然其信率,不若冬寒夏暑之大,故曰"星有好風,星有好雨"。好之爲言,難必之辭也。星見於夜,故曰"月之從星",晝則日光盛,星不可見矣。

朔政之制,創自唐堯;虞舜踵武,復增修之。故一則曰"在璿璣玉衡以齊七政",再則曰"協時月正日"。《皋陶謨》亦曰"撫於五辰,庶績其凝",又復推之曰"天工人代,天敍有典,天秩有禮,德曰天命,罪曰天討"。夏啓、商湯、周武之誓師,無不以"恭行天罰"爲辭,而紂亦曰:"我生不有命在天。"(《尚書・西伯戡黎》)則堯之流風,所被遠矣。蓋古者天子朝日頒朔,受正於天也。《禮記・郊特牲》曰:"郊之祭,大報天而主日也。"故古之王者,所謂尊事上帝,實即尊事太陽。於是乎有救日之禮。《穀梁傳》莊公二十五年曰:"天子救日置五麾,陳五兵、五鼓。諸侯置三麾,陳三鼓、三兵。大夫擊門,士擊柝。"

《禮記・曾子問》曰:

如諸侯皆在而日食,則從天子救日,各以其方色與其兵。

《左傳》文公十五年曰:

日有食之,天子不舉,伐鼓於社;諸侯用幣於社,伐鼓於朝,以昭事神,訓民事君,示有等威,古之道也。

《左傳》昭公十七年又曰：

夏六月甲戌朔，日有食之。祝史請所用幣。昭子曰："日有食之，天子不舉，伐鼓於社。諸侯用幣於社，伐鼓於朝。禮也。"平子禦之，曰："止也！唯正月朔，慝未作，日有食之，於是乎有伐鼓用幣，禮也。其餘則否。"大史曰："在此月也，日過分而未至，三辰有災，於是乎百官降物，君不舉，辟移時，樂奏鼓，祝用幣，史用辭。故《夏書》曰：'辰不集於房，瞽奏鼓，嗇夫馳，庶人走。'此月朔之謂也。當夏四月，是謂孟夏。"平子弗從。昭子退曰："夫子將有異志，不君君矣。"

《周禮·地官·鼓人》曰：

救日月，則詔王鼓。

《周禮·夏官·太僕》曰：

凡軍旅田役，贊王鼓。救日月，亦如之。

《周禮·秋官·庭氏》曰：

掌射國中之夭鳥。若不見其鳥獸，則以救日之弓與救月之矢射之。

綜校諸文，可得救日儀節之梗概，及其禮制之精意。蓋王者至尊無上，然法天爲政，故須尊而事之，爲民作則。《國語·周語》曰："古者先王既有天下，又崇立上帝、明神而敬事之，於是乎有朝日、夕月以教民事君。"《左傳》亦謂救日爲"昭事神，訓民事君，示有等威。"平子不救日，昭子謂其"不君君，將有異志"。然則王者事天之意，不可見乎？夫日，天子所敬事者也，忽爾殲亡，俾晝作夜，安得不制赴救之禮？故救日，禮也。乃今人動斥爲愚妄，爲迷信。蓋見漢世有因日食免官賜死之事，因疑及古人。初不知兩漢蔽於讖緯，惑於禨祥，而古聖之制禮，固不如是也。《禮記・郊特牲》曰："禮之所尊，尊其義也。失其義，陳其數，祝史之事也。故其數可陳也，其義難知也。"其此之謂歟？

第五節　敷土

禹治水，爲中國開闢以來第一偉績。今更四千餘年，思之猶足驚奇，甚有疑無其人者。況在當日目擊其事，身蒙其利，其崇仰之情之烈，爲何如乎？無怪"禹薦益於天，七年，禹崩。三年之喪畢，益避禹之子於箕山之陰。朝覲訟獄者不之益而之啓，曰：'吾君之子也。'謳歌者不謳歌益而謳歌啓，曰：'吾君之子也。'"(《孟子・萬章上》)而後世猶以"神禹"稱之(《莊子・齊物論》)，洵奇迹也。禹治水顛末，《禹貢》記之最悉。近人以是篇文字，視《湯誓》、《盤庚》、《多士》、《多方》易讀，疑爲東周依託之作。不悟全書俱經孔子刪定，《湯誓》、《盤庚》之等，概屬口語，故宜襲用舊文，以存厥真。《堯典》、《皋陶謨》、《禹貢》諸篇，則多爲記事，義須加以剪裁，俾趨省約。又編書之例，詳近略遠。所宜詳者，不害全録原文。其宜略者，安得無事釐革？故今文《書》二十九篇，皆伏生所傳，孔門舊物，其去取極爲務慎，斷非諸子之比，《墳》、《索》淪逸，獨此僅存，洵稽古之瓌寶，未宜輕議也。

洪水泛濫，肇自何世？堯時始然乎，抑史前已爾？學者多執前説，余謂後説近是。《吕氏春秋・愛類》篇曰：

> 昔上古龍門未開，吕梁未發，河出孟門，大溢逆流，無有丘陵沃衍、平原高阜，盡皆滅之，名曰鴻水。禹於是疏河決江，爲彭蠡之障，乾東土，所活者千八百國，此禹之功也。

《史記・河渠書》曰：

然河菑衍溢，害中國也尤甚，唯是爲務。故道河自積石，歷龍門，南到華陰，東下砥柱，及孟津、雒汭，至於大邳。於是禹以爲河所從來者高，水湍悍，難以行平地，數爲敗，乃廝二渠以引其河。北載之高地，過降水，至於大陸，播爲九河，同爲逆河，入於勃海。

夫禹之治水，在開龍門，發吕梁，廝二渠於大邳也，則當未開未發未廝之時，河固大溢逆流，不由地中行矣。且治水亦不始於禹，《國語·周語》曰：

昔共工棄此道也，虞於湛樂，淫失其身，欲壅防百川，墮高堙庳，以害天下。皇天弗福，庶民弗助，禍亂並興，共工用滅。其在有虞，有崇伯鯀，播其淫心，稱遂共工之過，堯用殛之於羽山。其後伯禹念前之非度，釐改制量，象物天地，比類百則，儀之於民，而度之於群生，共之從孫四嶽佐之，高高下下，疏川導滯，鍾水豐物，封崇九山，決汩九川，陂鄣九澤，豐殖九藪，汩越九原，宅居九隩，合通四海。

《國語·魯語》又曰：

共工氏之伯九有也，其子曰后土，能平九土，故祀以爲社。

意者洪水横流，史前已然，累世興治，大抵“壅防百川，墮高堙庳”，苟求一時之效，而旋陻旋圮，爲害彌甚。至禹而胸苞宇宙，目營八極，察其癥結，斧其髖髀，批郤導窾，謋然並解，暫勞永逸，功同再造。故《禹貢》曰：

禹敷土。

《詩·長發》曰：

洪水芒芒，禹敷下土方。外大國是疆，幅隕既長。

敷，大也。① 蓋疇昔洪水方割，壤地褊小，至是而横流俾乂，疆宇大拓。然則謂洪水爲患，始於堯日，豈其然乎？

禹敷土，自始事以訖成功，較而論之，可分三節。一、乘四載隨山刊木。二、決九川，距四海。濬甽澮，距川。三、弼成五服，至於五千。州十有二師。"外薄四海，咸建五長"（《尚書·皋陶謨》）。兹依次釋之。

一、乘四載隨山刊木

禹治水，非徼一時之功，乃欲一勞永逸。非爲一方之謀，乃在萬邦作乂。故施工之始，周覽天下山川，尋其條理，察其利害，而後隨方指授，宜鑿者鑿之，宜疏者疏之，故能行所無事，迎刃而解。八年之間，九州厎定。雖然有患，九州之廣，縱横萬里，山川大者，無慮數千，一一履勘，夫豈徒步所能濟，一也。岳阜糾錯，波濤滉瀁，"草木暢茂，禽獸繁殖"（《孟子·滕文公上》）。其道里之遠近，地勢之高低，將何以確定，以爲施工之準？二也。荒陬遐裔，人迹所絶，餱糧不給，果腹維艱，三也。禹於一患則"乘四載"。於二患，"則隨山刊木"。於三患，則"曁益奏庶，鮮食"（《尚書·皋陶謨》）。用是一一皆得解決。

禹"乘四載"，《尚書·皋陶謨》、《史記·夏本紀》《河渠書》、《漢書·溝洫志》以及《尸子》②、《吕覽》（《慎勢篇》）俱有疏記。其爲要務，可以概見。四載之制，明儒陳第辨之最晰。用迻録於下。

《孔傳》謂"水乘舟，陸乘車，泥乘輴，山乘樏"。後儒

① 孫星衍《尚書今古文注疏》云："鄭注《周禮·大司樂》云：'禹治水傅土，言其德能大中國矣。'《商頌·長發》云：'禹敷下土方。'《箋》云：'禹敷土，正四方，廣大其竟界之時，始有王天下之萌兆。'鄭意以敷爲大者，《詩傳》云：'溥，大。'《詩》《釋文》引《韓詩》'敷敦淮濆。'云：'敷，大也。'《荀子·成相篇》作溥。"

② 見《書》疏及《史記·河渠書集解》引。

皆從之。舟車不可易矣。輴,《史記·夏本紀》作橇,《史記·河渠書》作毳,《漢書·溝洫志》亦作毳,《尸子》作蕝,實一物也。孟康曰:"毳形爲箕,擿行泥上。"張守節又詳釋之曰:"橇形如船而短小,兩頭微起,人曲一腳,泥上擿進,用拾泥上之物。"孟、張之解,既得其形,又得其用。今閩越海濱皆有之,泥行之具,必不可易者也。如淳謂:"以板置泥上,以通行路。"夫置板以行泥,此拙滯之法,不可以變通轉移,彼蓋未至海濱,而睹所謂橇,特以意度之而已耳。樏,《史記·夏本紀》作檋,《河渠書》作橋,《漢書·溝洫志》作梮,實一物也。如淳曰:"梮謂以鐵如錐頭,長半寸,施之履下,不蹉跌也。"蔡氏從之。某見吴下僕夫,施鐵環於草屨下,以走沮洳之地,可免顛蹶,俗呼爲甲馬,亦呼爲腳澀,此僕傭所用,豈以禹而用之?故知如淳之説舛也。韋昭曰:"梮,木器,如今轝牀,人轝以行。"此説頗近之。某謂《史記》作橋,橋,即今之轎也。某嘗登泰岱與武當絶頂,其土人以竹兜子施皮,絆於肩,過峻陡則挾之以行,上下嶺坂如飛,山行之具,必不可易者也。豈以禹而廢之?夫曰四載,爲舟車乃可以載,惟其可載,故可以乘。若如淳之説置板於泥,施鐵於履,板鐵之類,既不可謂之載,足之所踐又豈可謂之乘乎?夫禹稱神聖,用物有宜,水乘舟,不病涉也;陸乘車,可致遠也;泥乘橇,從者曲其足也;山乘橋,僕者施其錐也;勞形而有逸形者在,逸形而有勞心者存,此所以"地平天成",爲萬世利也。或問:子謂讀書有疑則闕,今不闕四載可乎?曰:此無待於闕也。水陸而廢舟車,泥山而廢橇橋,則没世不行尋常矣。故知大禹決不能舍斯四者而别有所濟者,以理斷之也。①

① 閻若璩:《尚書古文疏證》九十三引。

案陳説極是。禹乘四載，則巡行天下無阻矣。《禹貢》分述九州，於每州之末，詳記貢道。於冀州曰“夾右碣石入于河”。於兗州曰“浮于濟、漯達于河”。於青州曰“浮于汝達于濟”。於徐州曰“浮于淮、泗達于河”。於揚州曰“沿于江、海達于淮、泗”。於荆州曰“浮于江、沱、灊、漢，逾于洛，至于南河”。於豫州曰“浮于洛達于河”。於梁州曰“浮于灊，逾于沔，入于渭，亂于河”。於雍州曰“浮于積石，至于龍門西河，會于渭汭”。益徵當時特重交通焉。

《禹貢》曰：“隨山刊木，奠高山大川。”刊，《説文解字》作栞，曰：“槎識也。”段《注》：“槎識者，衺斫以爲表志也……如孫臏斫大樹白而書之，曰：龐涓死此樹下。”案《説文》所説，正是此經之義。段《注》得之，《僞孔傳》謂“斬木通道”非是“隨山刊木”。《史記・夏本紀》作“行山表木。”表，即刊也。蓋隨山刊木，所以奠高山大川。奠，定也。高山大川既定，則已得其要領，其餘自應手而解。然是時洪水湯湯，無有丘陵沃衍，平原高阜，盡皆滅之，實亦惟高山大川可識。第恒人囿於一隅，未曉尋其條貫耳。刊木詳識其道里遠近，地勢高低，以爲施工之準。隨山者，以惟在山之木，刊之爲便也。然宇内山川，紛錯繁賾，其時生民尚寡，幽遐深阻，多非所届。夫非所届，必未立名號。則刊木之頃，將何以爲辭？於是乎制名尚焉。《吕刑》曰：“禹平水土，主名山川。”《爾雅・釋水》曰：“從釋地以下至九河，皆禹所名也。”嗚呼！豈欺我哉？

“曁，益奏庶鮮食”，馬融曰：“鮮，生也。”(《經典釋文》)蓋“益烈山澤而焚之，禽獸逃匿”(《孟子・滕文公上》)。禹及刊木之徒衆，賴此禽獸以充饑也。舊解庶爲民，亦非是。

二、决九川，距四海，濬畎澮，距川

禹治水先以“隨山刊木”，方輿大勢，瞭如指掌，然後度其大小，權其緩急，以爲施工之次。大抵大者急者先治，而小者緩者後之。

《皋陶謨》禹昌言先舉"決九川，距四海"，次言"濬畎澮，距川"。此先大後小之驗也。《禹貢》述九州，冀州居首，曰："既載壺口，治梁及岐。既修太原，至于岳陽。覃懷厎績，至于衡漳，厥土惟白壤。厥賦惟上上錯。厥田惟中中。恒衛既從，大陸既作。"次兗州曰："九河既道，雷夏既澤，灉沮會同。"次青州曰："嵎夷既略。濰淄其道。"以下仿此。皆自高而下，自京華而四裔，此先急後緩之徵也。是時興工，則"暨稷播，奏庶艱食鮮食"(《尚書·皋陶謨》)。艱，馬融作根，曰"根生之食，謂百穀"(《經典釋文》)。九川，九州之川也。畎澮之制，《周禮·考工記》言之曰："匠人爲溝洫，耜廣五寸，二耜爲耦。一耦之伐，廣尺，深尺，謂之畎。田首倍之，廣二尺，深二尺，謂之遂。九夫爲井，井間廣四尺，深四尺，謂之溝。方十里爲成，成間廣八尺，深八尺，謂之洫。方百里爲同，同間廣二尋，深二仞，謂之澮。專達於川，各載其名。"蓋是禹之遺法。《禹貢》山川，清胡渭《禹貢錐指》、成蓉鏡《禹貢班義述》疏之最詳，可參看，此不具述。至三江、九江之辨，大别、陪尾之異，岐山、梁山之疑，黑水、三危之處，先儒聚訟，莫有一是，亦從蓋闕。

三、弼成五服，至於五千。州十有二師，外薄四海，咸建五長

洪水既乂，原濕厎平。區宇擴展，視前倍蓰。經畫疆理，是所至急。《左傳》襄公四年魏絳述《虞人之箴》曰：

> 芒芒禹迹，畫爲九州。經啓九道，民有寢廟，獸有茂草。各有攸處，德用不擾。

《莊子·天下》曰：

> 昔者禹之湮洪水，決江河而通四夷九州也，名川三百，支川三千，小者無數。禹親自操橐耜，而九雜天下之

川;腓無胈,脛無毛,沐甚雨,櫛疾風,置萬國。

蓋九州之畫,權輿於禹。五服之等,亦禹所制。五服方五千里。自内而外,曰甸服,曰侯服,曰綏服,曰要服,曰荒服。圖如下:

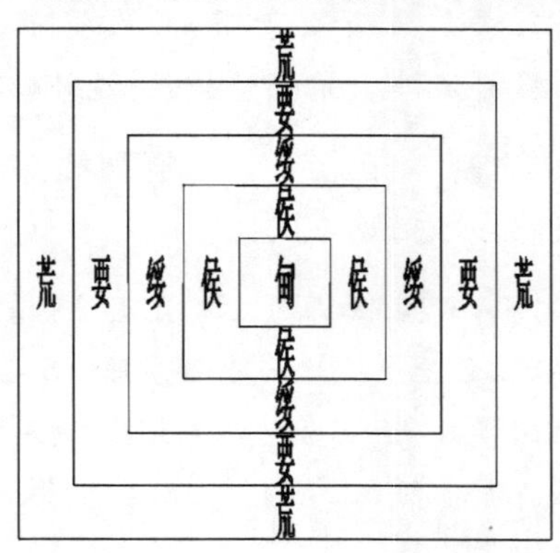

服者,事也。甸服,爲天子服治田。侯服,服斥候。綏服,服懷遠。要服,聽約束而已。荒服,荒忽若無事然。甸侯綏爲中國,亦稱諸華、諸夏,要荒爲四夷。中國四夷,皆在九州。其外則爲四海。海,晦也。①《禮記·祭義》曰:"推而放諸東海而準。推而放諸西海而準,推而放諸南海而準,推而放諸北海而準。"《左傳》僖公四年:"君處北海,寡人處南海。"《孟子·告子下》:"孫叔敖舉於海。"所謂海,皆斥邊裔,不必在波濤之間。古者天子有天下,諸侯有其國。天下之有華有海,義猶一國之有都有鄙,並以遠近文野而異其稱也。

《禹貢》曰:

中邦錫土姓,祇台德先,不距朕行。五百里甸服:百

① 《禮記·曲禮》疏引《爾雅》李巡《注》曰:"四海遠於四荒,晦冥無形,不可教誨,故云四海也。"《禮記·王制疏》引孫炎云:"海之言晦,晦闇於禮義。"《御覽》卅六引舍人云:"晦冥無識,不可教誨,故曰四海。"。

里賦納總，二百里納銍，三百里納秸服，四百里粟，五百里米。五百里侯服：百里采，二百里男邦，三百里諸侯，五百里綏服，三百里揆文教，二百里奮武衛。五百里要服：三百里夷，二百里蔡。五百里荒服：三百里蠻，二百里流。東漸於海，西被於流沙。朔南暨聲教，訖於四海。

案禹弼成五服之制，略已參此。惟詳繹經文，似有古傳竄入，讀者不察，每致疑惑。兹更定如次：

五百里甸服（百里賦納總。二百里納銍，三百里納秸服，四百里粟，五百里米）。五百里侯服（百里采，二百里男邦，三百里諸侯）。五百里綏服（三百里揆文教，二百里奮武衛）。五百里要服（三百里夷，二百里蔡）。五百里荒服（三百里蠻，二百里流）。

凡旁注小字，疑皆爲古傳之文，不知何時混入正經，諒在《史記》以前，以《夏本紀》敍此，亦不别矣。總、銍、秸、粟、米，並是甸服之事。百里、二百里、三百里、四百里、五百里，爲距王城里數，此傳總釋經文五百里甸服義也。以下采、男、邦、諸侯，爲侯服之事。揆文教、奮武衛，爲綏服之事。夷、蔡則居要服者也。蠻、流則居荒服者也。其綏、要、荒三服下，皆先言三百里，後言二百里，其三百、二百，爲各自之數，非由内邊起算，與甸服傳不同。又侯服百里、二百里，爲自内向外所計里數。三百里則各其自身里數。與上下之傳又别。迹其文例，前後舛駁，且每服之下，又雜述里數，亦嫌混淆。故知斷是肄業者所記，非尼父删定原文也。

五服之制，創自伯禹。商、周因之，並未變革。《詩・商頌・玄鳥》曰：

邦畿千里，維民所止。

《國語・周語》周襄王曰：

昔我先王之有天下也，規方千里以爲甸服，以供上帝山川百神之祀，以備百姓兆民之用，以待不庭不虞之患。其餘以均分公侯伯子男，使各有寧宇，以順及天地，無逢其災害。

又祭公謀父曰：

夫先王之制：邦内甸服，邦外侯服，侯、衛賓服，蠻、夷要服，戎、狄荒服。甸服者祭，侯服者祀，賓服者享，要服者貢，荒服者王。日祭、月祀、時享、歲貢、終王，先王之訓也。

案甸服面五百里，兩面合計之，則千里。證以《商頌》及周襄王之言，知甸服千里之事，三代所同也。又祭公謀父所稱五服與《禹貢》亦合，第綏服作賓服。然綏賓義通，實亦無舛。由是知《周禮・職方氏》王畿及侯、甸男、采衛、蠻夷、鎮藩爲一家之言，與三代之制無涉。鄭玄、韋昭諸氏，牽引之以説《禹貢》、《國語》，誤矣。

"中邦錫土姓"，《史記・夏本紀》作"中國賜土姓"。孫星衍曰："邦作國者，非避諱字，後人遇國字率改爲邦，誤矣。"(《尚書今古文注疏》)案孫説是也。錫土姓，以旌德策勳。《國語・周語》所謂"胙四岳國，命以侯伯，賜姓曰'姜'、氏曰'有吕'"，即其事。中國包甸、侯、綏三服。甸服不以封，則錫土姓者，直侯、綏二服耳。

州十有二師，外薄四海，咸建五長。師字舊有三説。一、《大傳》説曰：

古之處師：八家而爲鄰，三鄰而爲朋，三朋而爲里，五里而爲邑，十邑而爲都，十都而爲師。州十有二師焉。家不盈三口者，不朋。由命士以上，不朋。

二、鄭玄説曰：

《春秋傳》曰："禹朝群臣於會稽，執玉帛者萬國。"言執玉帛者，則九州之内諸侯也。其制特置牧，以諸侯賢者

爲之師。蓋百國一師。州十有二師，則州千二百國也。（《書》疏）

三、《僞孔傳》説曰：

一州用三萬人功，九州二十七萬庸。

案鄭説孔《疏》已斥其非。[①]《僞孔傳》用《周禮・大司馬》“二千五百人爲師”之文，亦不可從。《大傳》説最古，必有所據，宜依用之。“外薄四海”，外至四海也。“咸建五長”，猶言皆立以五等諸侯，以非一州，故言咸也。《左傳》僖公四年曰：“五侯九伯，女實征之。”服虔曰：“五侯，公侯伯子男。”[②]夫公侯伯子男，可稱五侯，則亦可稱五長矣。舊解謂“五國立長”，亦非是。

《禹貢》九州，《堯典》又有十二州之文。學者不得其解，各以臆定，綜有三説。

一、謂堯時天下分絶爲十二州，禹平水土更制九州。《漢書・地理志》是也。

二、謂禹平水土，置九州。舜分爲十二州。《僞孔傳》、《晉書・地理志》是也。

三、謂堯時九州，舜分十二州，禹平水土，還爲九州。《陳祥道禮書》是也。

案三説皆非。蓋分九州，用以治水。分十二州，用以治民。同由禹制，互不相妨。閻若璩曰：

---

① 《疏》曰：“《傳》稱‘萬，盈數也。’萬國舉盈數而言，非謂其數滿萬也。《詩・桓》曰：‘綏萬邦。’《烝民》曰：‘揉此萬邦。’豈周之建國，復有萬乎？天地之勢，平原者甚少。山川所在，不啻居半。豈以不食之地，亦封建國乎？王圻千里，封五十里之國，四百，則圻内盡以封人，王城宫室無建立之處，言不顧實，何至此也？百國一師，不出典記，自造此語，何以可從？‘禹朝群臣於會稽’，《魯語》文也。‘執玉帛者萬國’，《左傳》文也。采合二事，亦爲誤矣。”

② 洪亮吉：《春秋左傳詁》引。云見《詩疏》。

> 禹以山川，定九州之域，隨其勢。以四方之土，畫帝畿，惟其形。各有取爾也。(《尚書古文疏證》九十五)

斯言得之。以今語釋之，一爲自然區劃，一爲行政區劃。自然區劃，終古不易。行政區劃，代有不同。不然，堯都平陽，舜都蒲坂，邦畿千里，豈第局促河東一隅哉？然則所謂五服，亦祇舉其大略，非如裁帛畫紙，可以一切爲也。拘執之，則不可通矣。

第六節　四岳

唐虞之官，有四岳、十二牧。蓋牧爲州長。十二州，故十二牧，由四岳分統之。四岳各主一方。東岳又稱岱宗，位爲最尊。舜巡狩，先東岳，次南岳，次西岳，最後北岳。與堯命官授時，作訛成易之序相同。疑四岳十二牧之設亦則天一事，蓋以四岳象四時，以十二牧象十二月也。

岳爲官名，其義《白虎通義·巡狩》篇曰：

> 嶽者何謂也？嶽之爲言捔，捔功德也。

《風俗通·山澤》篇曰：

> 嶽者，捔功考德，黜陟幽明也。

案岳、嶽古今字。捔較音義同。二書所釋略同，而後者加詳。古之方岳，當皆擇一方大山而處之。其故有三：無水患，一也。易察識，於會群后便，二也。崖削谷深，高峰入雲，隱然疑有神靈，三也。《左傳》哀公七年曰：

> 禹合諸侯於塗山，執玉帛者萬國。

《國語·魯語》曰：

> 昔禹致群神於會稽之山，防風氏後至，禹殺而戮之。

夫禹會諸侯，尚於山焉行之，則堯舜四岳，其依大山必矣。《國語》伯陽父曰："夫國必依山川。"亦可爲證。夫唯四岳之居，皆依大山也，久之，人遂以其名官者，轉以名山。猶之日者，本以名太陽也，而依日之出没以計時，亦名爲日。月者，本以名太陰也，而依月之朔晦以計時，亦名爲月。兵，械也，而執兵者亦名爲兵。然當是時，山之本稱，如塗山、會稽之類，固仍在也。假令一旦岳之旌節，移駐他山，則山之號岳者，亦當隨之而移。又久之，四岳之官廢而山之以岳名者遂永冒其號。然其時岳僅有四人，猶可憶及本由方岳駐節而得稱也。既而閲世益人，五岳之説興，學者蔽於所習，第紛辨其各爲何山，而罕有知其爲四岳之官之遺迹者矣。

古有四岳無五岳。五岳之名，始見《周禮》，當在騶衍"終始五德"之説盛行以後。蓋騶衍之學，流於燕、齊海上之方士，漢儒推陰陽，言災異，實祖之。於是凡物皆湊足五數，取與五行相配。如《孟子》言仁義禮智四端，實原於《易·乾文言》之四德，而後之人以"信"益之，號爲"五常"，即其例。嘗考四岳之名，見於《書》及《國語》者，皆以名官。《左傳》隱公十一年曰："許，大岳之胤也。"大岳亦謂官也。《禹貢》歷敍天下山水，衹有大岳一山，其他無稱岳者。則四岳固爲官名而非山號，決矣。《詩·大雅·崧高》曰：

崧高維嶽，駿極於天。維嶽降神，生甫及申。

《詩》所謂嶽，猶兼官與山而言。《左傳》昭公四年曰：

四嶽三塗，陽城大室，荆山中南，九州之險也。

專以嶽言山者，應昉乎此矣。然尚無五岳之稱也。《周禮》大宗伯、大司樂皆有五嶽之文，而不著其各爲何山。言五嶽各爲何山者，當以《爾雅·釋山》爲最古。《爾雅》一書，張揖謂："《釋詁》一篇，蓋周公所作。《釋言》以下，或言仲尼所增，子夏所足，叔孫通所益，梁文所補。"[1]要之：《釋山》，五嶽之名，斷不出《周禮》以前，或是秦漢之間所作。然《爾雅》已列二説。

一、河南華、河西嶽、河東岱、河北恒、江南衡。

二、泰山爲東嶽，華山爲西嶽，霍山爲南嶽、恒山爲北嶽、嵩高爲中嶽。

自兹厥後，有謂霍山爲南嶽者，《書大傳》（《白虎通義・巡狩》引）、《説苑・辨物》、《白虎通・巡狩》、《論衡・書虚》、《説文・山部》是也。有謂衡山爲南嶽者，《史記・封禪書》、《孝經緯・鉤命決》（《詩・崧高》疏引）是也。有謂南嶽衡山一名霍者，《風俗通・山澤》篇是也。有謂周都豐、鎬，以吴嶽爲西嶽，不數嵩高者，鄭玄《雜問志》（《詩・崧高》疏引）是也。衆説紛紜。清金鶚論之曰：

> 岱、衡、華、恒、霍太，唐虞與夏之五嶽也。岱、衡、華、恒、嵩高，殷之五嶽也。岱、衡、華、恒、吴嶽，周之五嶽也。東遷以後，復用殷制，秦漢因之，至今不易也。
>
> 王者之設四嶽，所以爲巡狩朝諸侯之地也。《白虎通義》云："嶽者，桷也，桷功德也。"言天子時巡，至於方嶽，桷考諸侯之功德而行賞罰也。然則方嶽所在，必各視諸侯之便，俾不勤於行。東方諸侯會於岱，南方諸侯會於衡，西方諸侯會於華，北方諸侯會於恒，雖少有遠近之殊，而要不甚相遠，未有不便者也。此四嶽之名，唐、虞、夏、殷、周歷代所不變也。至於中嶽，非巡狩朝會之所，特爲帝都之鎮，以其在邦畿之中，謂之中嶽。中嶽之名，歷代隨帝居而移焉。
>
> 堯都平陽，舜都蒲坂，禹都晉陽，皆在冀州之域。故並以霍太山爲中嶽。殷湯都西亳，在豫州之域，故以嵩高爲

① 張揖：《上廣雅表》。

中嶽。周武王都鎬，在雍州之域，故以嶽山爲中嶽。《爾雅》九州，與《禹貢》、《職方》不同。説者皆以爲殷制。可知《釋山》篇末所載五嶽，有嵩高而無嶽山者，爲殷制矣。《漢書·地理志》："扶風汧縣，吴山在西，古文以爲汧山。"是嶽山即《禹貢》汧山也，以其爲中嶽，故專稱嶽，猶霍太山爲中嶽，得專稱嶽也。四嶽皆舉其名，不得專稱爲嶽，而中嶽獨得專稱，所以尊京師也。此山逼近西戎，附近罕有諸侯，其與古西嶽華山相去幾及千里，苟以爲西嶽，使西方諸侯畢朝於此，毋乃不便乎？且汧縣在鎬京之西，苟諸侯往朝於彼，必越過京師，此必無之事也。若仍朝於華山，而不至嶽山，是西嶽爲虚設也。《堯典》、《王制》皆言西巡狩至於西嶽，今汧縣爲巡狩所不至，何爲虚設西嶽乎？以嶽山爲西嶽，其説本於鄭《雜問志》，云："周都豐鎬，故以吴嶽爲西嶽。"果爲此説，是西嶽必在帝都之西也。然舜都蒲坂，在華山之北，何得以華山爲西嶽乎？賈公彦謂："周國在雍州，權立吴嶽爲西嶽，非常法。"夫方嶽爲朝覲之所，有聖秩之典，豈可權立乎？嶽山既不得爲西嶽，則華山不得爲中嶽矣，故知周之五嶽，仍以華山爲西嶽，朝會諸侯。特以嶽山爲中嶽，表明京都也。嵩高在虞、夏時謂之外方，其不以爲中嶽甚明。今名嵩高者，《風俗通》云："嵩者，高也。《詩》曰：'嵩高惟嶽，峻極於天。'"是嵩高之名取義於尹吉甫之詩，其在東遷以後可知也。中嶽謂之嵩高，見其特高且大，異於岱、衡、華、恒，猶霍山、吴山之專稱嶽也。嵩高一名大室，疑殷時中嶽未名嵩高，而謂之大室。明堂五室，大室在中，正如天下五嶽，嵩高在中，故名之也。《左傳》司馬侯言："四嶽三塗，陽城大室。"司馬侯是東周時人，而以大室與四嶽並數，可知東周之五嶽，有嵩高而無吴嶽也。《釋山》首尾載東西周之五嶽，其名不同，鄭君不得其説，故兩解不定也。周都鎬京,中嶽必以嶽山。迨平王東遷雒邑,與殷都同在豫州,嵩高正在畿内,又在四嶽之中,而嶽山淪於戎狄,故因殷制,以嵩高爲中嶽也。秦漢以後,古禮不同,特沿晚周之制,故五嶽之名不改。《緯書》起於周末,《孝經緯·鉤命决》有云"中嶽嵩高",語時制也。太史公《封禪書》及《尚書大傳》、《白虎通》、《風俗通》、《説文》皆無異説。蓋東周五嶽本如是,而先秦古書悉如是,不特《爾雅》有此文也。①

案此論甚辯。然周都豐鎬,謂取其東二百里之華山以爲西嶽,而取其西四百里之嶽山以爲中嶽,其説終覺難通。且嶽山逼近西戎,而去豐鎬絶遠,何表明京都之有?夫謂嶽列四方,所以爲巡狩朝諸侯也。帝都既非巡狩朝會之所,奚爲虚立嶽名哉?帝居昔號宸極,謂其至尊無上也,而立嶽爲鎮,俯同外藩,得非自貶乎?考《書》及《左傳》皆祇言四嶽,無五嶽之文。言五嶽者,書皆晚出。所謂中嶽,率以嵩高當之。夫嵩高在尹吉甫之詩,爲形容之詞,②初不謂山名也。後世乃以嵩高爲中嶽,以外方爲嵩高,附會之迹,極爲顯然。金氏之失,蓋由泥執《爾雅》,故爲調停之説,委曲以求其通。而不知古有四岳,無五岳。四岳之山,由曾設四岳之官而得名。唐虞四岳,各居何山,《書傳》無明文,難以臆定。其於海内東西南北,各取一最大之山以當之,爲所謂泰、衡、華、恒者,殆亦後世之事,恐未必即是唐虞四岳當日之故居。至增入中嶽嵩高以爲五嶽,則尤爲後起。《爾雅》之書,多出後人附益,《釋山》之文,未宜據爲典要也。

---

① 孫詒讓:《周禮·大司樂正義》引。

② 陳奂:《毛氏詩傳疏》曰:"崧,《禮記》及《韓詩外傳·初學記》引詩皆作嵩,山大而高曰嵩。《爾雅》、《釋文》崧又作嵩。嵩即崇之或體,崧俗字也。"

第七節　七政

《堯典》記舜受禪嗣位。曰：

正月上日，受終於文祖。在璿璣玉衡，以齊七政。

七政之義，舊有二解：

一、《尚書大傳》説。謂：

春、秋、冬、夏、天文、地理、人道，所以爲政也。

二、《書緯·考靈耀·七政篇》説。馬、鄭以後諸儒，悉從之。謂：

日月者，時之主也。五星者，時之紀也。日月有薄食，五星有錯聚，七者得失，在人君之政，故謂之爲政。①

案《大傳》説最古、最可信，乃傳之不久而絶。《書緯》説最陋，最不可信，竟孤行於世，幾二千年，抑足怪已！嘗試考之《大傳》之説，與《國語》觀射父之言相合，淵源有自，確然可信。而《漢書·律曆志》説"七始"曰："七者，天地四時人之始也。"《禮樂志》《安世房中歌》"七始"孟康曰："七始，天地四時人之始。"亦可資爲旁證。《國語·楚語》昭王問觀射父曰："所謂七事者何也？"對曰："天地民及四時之務，爲七事。"天地民，即天文、地理、人道。四時之務，即春秋冬夏。七事，即七政也。觀同篇昭王問曰："《周書》所謂重、黎

① 《五行大義》引。又《史記·天官書·索隱》引馬融注《尚書》曰："七政者，北斗七星各有所主：第一曰主日，法天；第二曰主月，法地；第三曰命火，謂熒惑也；第四曰煞土，謂填星也；第五曰伐水，謂辰星也。第六曰危木，謂歲星也；第七曰罰金，謂太白也。日、月、五星各異，故名曰七政也。"《史記·五帝本紀》集解引鄭玄曰："七政，日月五星也。"《僞孔傳》曰："七政，日月五星各異政，舜察天文，齊七政，以審己當天心與否。"蔡沈《集傳》曰："七政，日月五星也。七者，運行於天，有遲有速，有順有逆，猶人君之有政事也。"

寔使天地不通者，何也？若無然，民將能登天乎？"射父之對，①詳據雅致，元元本本，足補古史之闕。則射父固深於《書》者也。其所言七事，自是七政之異文，詁，爲歷代相傳之舊詁，曷可易也？又周靈王二十二年，是時孔子方周晬，前於觀射父者，約五十年。而太子晉已言：

> 王無亦鑒于黎、苗之王，下及夏、商之季，上不象天，而下不儀地，中不和民，而方不順時，不共神祇，而蔑棄五則。是以人夷其宗廟，而火焚其彝器，子孫爲隸，下夷于民。

又曰：

> 上非天刑，下非地德，中非民則，方非時動而作之者，必不節矣。作又不節，害之道也。

案此上天下地中民方時，暗用七政之文，則伏生之義，有自來矣。不可以不察也。

---

① 觀射父對曰："非此之謂也。古者民神不雜。民之精爽不攜貳者，而又能齊肅衷正，其智能上下比義，其聖能光遠宣朗，其明能光照之，其聰能聽徹之，如是則明神降之，在男曰覡，在女曰巫。是使制神之處位次主，而爲之牲器時服，而後使先聖之後之有光烈，而能知山川之號、高祖之主、宗廟之事、昭穆之世、齊敬之勤、禮節之宜、威儀之則、容貌之崇、忠信之質、禋絜之服，而敬恭明神者以爲之祝。使名姓之後，能知四時之生、犧牲之物、玉帛之類、采服之儀、彝器之量、次主之度、屏攝之位、壇場之所、上下之神、氏姓之出，而心率舊典者爲之宗。於是乎有天地神民類物之官，是謂五官，各司其序，不相亂也。民是以能有忠信，神是以能有明德。民神異業，敬而不瀆，故神降之嘉生，民以物享，禍災不至，求用不匱。及少皞之衰也，九黎亂德，民神雜糅，不可方物。夫人作享，家爲巫史，無有要質。民匱於祀，而不知其福。烝享無度，民神同位。民瀆齊盟，無有嚴威。神狎民則，不蠲其爲。嘉生不降，無物以享。禍災薦臻，莫盡其氣。顓頊受之，乃命南正重司天以屬神，命火正黎司地以屬民，使復舊常，無相侵瀆，是謂絶地天通。其後，三苗復九黎之德，堯復育重、黎之後，不忘舊者，使復典之。以至於夏、商，故重、黎氏世敘天地，而别其分主者也。其在周，程伯休父其後也，當宣王時，失其官守，而爲司馬氏。寵神其祖，以取威於民，曰：'重寔上天，黎寔下地。'遭世之亂，而莫之能禦也。不然，夫天地成而不變，何比之有？"

《臯陶謨》曰:“無曠庶官,天工人其代之。”蓋唐虞之世則天爲治,人官即是天官。安有復以日月五星行度稱爲七政之理?且古時曆象,所以正時,以爲授民之凖,故極重經星,而尠言五緯,觀堯考中星,夏察參火,①《左傳》記火中,②火出,③火伏,④而晉童謡亦稱“丙之晨,龍尾伏辰,均服振振。取虢之旂,鶉之賁賁,天策焞焞。火中成軍,虢公其奔”(《左傳》僖公六年)。其他經星之見於《國語》者,尤不可一二數也。言五緯者,大抵如“越得歲”(《左傳》昭公三十二年),“熒惑守心”(《史記·宋微子世家》),“五星聚於東井”(《史記·天官書》、《漢書·高帝紀》)之等,用於占驗,與正曆無關。孔穎達曰:“五星所行,下民不以爲候。”(《洪範·五紀》疏)其説是也。舜嗣位,“在璿璣玉衡,以齊七政”,及巡守“協時月正日”,與堯之“欽若昊天,曆象日月星辰,敬授人時”,先後一揆,其事甚明。何得説爲禨祥,曲附圖讖?馬融曰:

> 聖人謙讓不自安,視璿璣玉衡,以驗齊日月五星行度,知其政是與否,審重己之事也。(《尚書·舜典》疏)

鄭玄曰:

> 視其行度,觀受禪是非也。(《宋書·天文志》引)

夫既已“受終於文祖”,則受禪早定,何待觀審日月五星乎?日月五星遲疾盈縮,留伏掩食;曆家持籌,可以坐致千載,不與人事相干。夫然,則舜受禪之日,有無天變,未可定也。未可定而定之,非愚則誣,其不可從明矣。

且夫七政以天地人及四時之務説之,至簡易也,而人不之從。

---

① 《夏小正》:正月初昏參中。三月參則伏。五月參則見。初昏,大火中。

② 《左傳》昭公三年:“火中寒暑乃退。”

③ 《左傳》昭公四年:“火出而畢賦。”

④ 《左傳》哀公十二年曰:“火伏而後蟄者畢。”

以日月五星説之，至迂曲也，而行世最久。其故何歟？閒嘗思之，不外下列數端。

一、疑天地人與四時，不可并爲一類。

二、解璿璣玉衡爲渾天儀，不以七政爲日月五星，則於文不順。

三、後世易代之君，立不以德，多託言符命，詭稱禪讓，馬、鄭之説，足爲張目。

案：天、地、人與四時並稱七政，證以六府、三事，合稱九功（《左傳》文公七年）；賦、比、興、風、雅、頌，合稱六義。知爲古人命辭通例，可勿置疑。蓋春秋冬夏，即作訛咸易之事。天文地理人道，則所謂"司馬主天，司空主土，司徒主人"，庶乎近之。《韓詩外傳》八曰：

> 三公者何？曰：司空、司馬、司徒也。司馬主天，司空主土，司徒主人。

《白虎通・封公侯》篇曰：

> 王者受命，爲天地人之職。故分職以置三公，各主其一，以效其功。

《論衡・順鼓》篇引《書大傳》曰：

> 郊社不修，山川不祝，風雨不時，霖雪不降，責於天公。臣多弑主，孽多亂宗，五品不訓，責於人公。城郭不繕，溝池不脩，水泉不隆，水爲民害，責於地公。①

皆其證也。

以璿璣玉衡爲渾天儀，其説蓋始於馬融。融之言曰：

> 璿，美玉也。機，渾天儀，可轉旋，故曰機。衡，其中

① 《太平御覽》引《書傳》又曰："百姓不親五品，不訓則責之司徒。蠻夷猾夏，寇賊姦宄，則責之司馬。溝瀆壅遏，水爲民害，則責之司空。"

橫箫。以璿爲機，以玉爲衡，蓋貴天象也。(《史記·天官書》索隱引)

夫渾儀之制，實始漢武、宣之世，揚子雲所謂"落下閎營之，鮮于妄人度之，耿中丞象之，幾乎！幾乎！莫之能違也"(《法言·重黎》)是已。前此未聞也。今以璿璣玉衡當之，得無意必之失乎？且《大傳》曰：

旋機者何也？《傳》曰："旋者，還也。機者，幾也，微也，其變幾微而所動者大，謂之旋機。"是故旋機謂之北極。

《史記·天官書》曰：

北斗七星，所謂旋璣、玉衡，以齊七政。

《春秋緯·文耀鉤》曰：

斗者，天之喉舌，玉衡屬杓，魁爲旋璣。(《史記·天官書》索隱引)

《漢書·律曆志》曰：

其在天也，佐助旋璣，酌斟建指，以齊七政，故曰玉衡。

蓋古解璿璣玉衡，皆謂北斗。璿本作旋。旋璣，以言其旋轉。玉衡，以言其建指。旋璣，爲七星之大名。玉衡，乃杓三星之别號。魁杓對言，魁亦得稱旋璣。亦猶韜尸之冒，本有質殺之分。而質殺對言，質亦得稱冒。① 此其大較也。《史記·天官書》曰：

---

① 《儀禮·士喪禮》曰："冒，冒。緇質，長與手齊。䞓殺，掩足。"鄭《注》曰："冒，韜尸者，制如直衰，上曰質，下曰殺。《喪大記》曰：'君錦冒黼殺。綴旁七。大夫玄冒黼殺。綴旁五。士緇冒赬殺。綴旁三。'"案《喪大記》所謂冒，即《士喪禮》之質也。

> 斗爲帝車,運於中央,臨制四鄉。分陰陽,建四時,均五行,移節度,定諸紀,皆繫於斗。

案此數語可視爲璿璣玉衡之注腳。《古詩》云:"玉衡指孟冬,衆星何歷歷。"亦爲古人通稱斗杓爲玉衡之一證。蓋在者,察也。在璿璣玉衡,即察斗杓建指,以正四時。四時正,則七政分配,各當其候,而有"允釐百工,庶績咸熙"之效。所謂"天之曆數在爾躬"者,此物此志也。烏在其爲"觀受禪是非"哉?

第八節 九德

《虞夏書》今存四篇。前三篇,皆紀唐虞之盛。《堯典》詳於天文,《禹貢》詳於地理,《皋陶謨》詳於人事。堯之則天,巍巍靡逾;禹之敷土,百代歎美;皋陶頡頏其間,昌言九德,亦陶鈞一世,作範後昆,信乎聖人之徒!兹節録其文如下:

> 皋陶曰:"都!在知人,在安民。"禹曰:"吁!咸若時,惟帝其難之。知人則哲,能官人。安民則惠,黎民懷之。能哲而惠,何憂乎驩兜,何遷乎有苗,何畏乎巧言令色孔壬?"
>
> 皋陶曰:"都!亦行有九德。亦言其人有德,乃言曰,載采采。"禹曰:"何?"皋陶曰:"寬而栗,柔而立,願而恭,亂而敬,擾而毅,直而温,簡而廉,剛而塞,彊而義。彰厥有常,吉哉!日宣三德,夙夜浚明有家。日嚴祗敬六德,亮采有邦。翕受敷施,九德咸事,俊乂在官,百僚師師,百工惟時,撫于五辰,庶績其凝。"

嘗謂九德之文,命夔四德肇其端,《洪範》三德綜其緒,遺文猶見稱於《立政》與《吕刑》,有裨於政理也,甚大而久。以人多弗深考,特申論之。

舜命夔“典樂，教胄子，直而溫，寬而栗，剛而無虐，簡而無傲”。其“直而溫、寬而栗”二語，與九德之文全同。剛、簡，亦九德中之二德。所異者，一以爲教，一以掄才，一差簡，一加詳耳。《洪範》曰：

> 六，三德：一曰正直，二曰剛克，三曰柔克。平康正直，彊弗友剛克，燮友柔克，沉潛剛克，高明柔克。

案正直、剛克、柔克爲三德之目。平康正直以下，則所以修養之方。克，勝也。① “燮友柔克”，疑脱弗字，當作“燮弗友柔克”，與彊弗友剛克文勢一律。蓋謂彊者過，不宜更親剛克之人。燮者，不及，不宜更親柔克之人。與下“沈潛剛克，高明柔克”之文，反正相發。舊解友爲順，謂“國有不順孝者，則使剛能之人誅治之；其有中和之行者，則使柔能之人治之”(《尚書注疏》卷十一)。依文曲説，恐非經旨。何者？德乃個人之事，不得以國説之。又三德以中和爲貴，性行有偏，當反其所偏以濟之，曷得壹乎？

《左傳》文公五年：

> 晉陽處父聘於衛，反過寧，寧嬴從之，及溫而還。其妻問之，嬴曰：以剛。《商書》曰：“沈漸剛克，高明柔克。”夫子壹之。其不没乎。

案杜預曰：“沈漸，猶滯溺也。高明，猶亢爽也。言各當以剛柔勝己本性，乃能成全也。”其説是也。《僞孔傳》曰：“沈潛謂地雖柔，亦有剛能出金石。高明謂天。言天爲剛德，亦有柔克不干四時。喻臣當執剛以正君，君亦當執柔以納臣。”亦非。

三德檃栝九德之目，以爲一世大法。兹列表明之如下：

① 《經典釋文》引馬云：“克，勝也。”

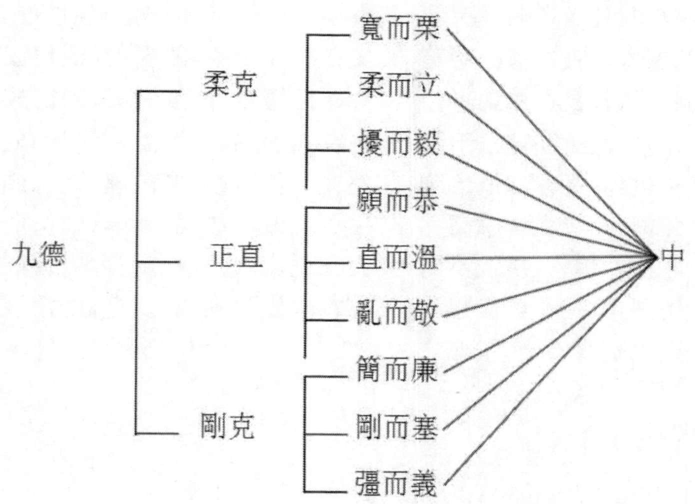

命夔四德,皋陶九德,《洪範》三德,定非一時所述。其演進先後之迹,昭然可察。命夔四德最朔,故剛簡與寬直並舉,科判未精。皋陶九德精矣,微傷碎密,不似《洪範》三德之提挈綱要,簡切易曉也。《立政》曰:

> 古之人迪惟有夏,乃有室大競,籲俊尊上帝,迪知忱恂於九德之行。

案此周公舉皋陶九德之明效,以告成王也。《吕刑》曰:

> 雖畏勿畏。雖休勿休。惟敬五刑。以成三德。

案此周穆王以《洪範》三德,勉四方司政典獄也。夫九德三德影響之大也若是,學者顧可弗考乎哉?

九德之目,顯分三科,由柔而剛,相次以漸。直最近中,願偏於柔,亂則向剛,寬爲柔之極,强爲剛之極,皆因其所失,濟之以成德。寬者寬裕,其長在大度能容,其失在疏緩後事,能密栗,則德成矣。

柔者柔順，其長在易從有親，其失在和同而流，能樹立，則德成矣。擾者馴擾，其長在情無適莫，其失在翫而少威，能嚴毅，則德成矣。願則願愨，其長在木訥近仁，其失在徑情直行，能謙恭，則德成矣。直者正直，其長在守正不阿，其失在與物多忤，能溫克，則德成矣。亂者治也，其長在理煩治劇，其失在一往察察，能敬慎，則德成矣。簡者狂簡，其長在抗志高亮，其失在玩世不恭，能廉隅，則德成矣。剛者剛決，其長在果鋭英斷，其失在色厲内荏，能塞實，則德成矣。彊者堅彊，其長在堪任艱鉅，其失在暴橫酷烈，能率義，則德成矣。德成則協於中。然九德之中，初非一概，因材而篤，各自不同。《易·睽·大象》曰：

> 君子以同而異。

《論語·子路》曰：

> 君子和而不同，小人同而不和。

《國語·鄭語》史伯曰：

> 夫和實生物，同則不繼。以他平他謂之和，故能豐長而物歸之；若以同裨同，盡乃棄矣。故先王以土與金木水火雜，以成百物。是以和五味以調口，剛四支以衛體，和六律以聰耳，正七體以役心，平八索以成人，建九紀以立純德，合十數以訓百體。出千品，具萬方，計億事，材兆物，收經入，行姟極。故王者居九畡之田，收經入以食兆民，周訓而能用之，和樂如一。夫如是，和之至也。於是乎先王聘后於異姓，求財於有方，擇臣取諫工而講以多物，務和同也。聲一無聽，色一無文，味一無果，物一不講。王將棄是類也而與剸同。天奪之明，欲無弊，得乎？

《左傳》昭公二十年曰：

> 齊侯至自田，晏子侍于遄臺，子猶馳而造焉。公曰：

"唯據與我和夫!"晏子對曰:"據亦同也,焉得爲和?"公曰:"和與同異乎?"對曰:"異。和如羹焉,水火醯醢鹽梅,以烹魚肉。燀之以薪,宰夫和之。齊之以味,濟其不及,以洩其過。君子食之,以平其心。君臣亦然。君所謂可,而有否焉,臣獻其否,以成其可。君所謂否,而有可焉,臣獻其可,以去其否。是以政平而不干,民無争心。故《詩》曰:"亦有和羹,既戒既平。鬷嘏無言,時靡有争。"先王之濟五味、和五聲也,以平其心,成其政也。聲亦如味。一氣,二體,三類,四物,五聲,六律,七音,八風,九歌,以相成也。清濁大小,短長疾徐,哀樂剛柔,遲速高下,出入周疏,以相濟也。君子聽之,以平其心,心平德和。故《詩》曰:"德音不瑕。"今據不然。君所謂可,據亦曰可,君所謂否,據亦曰否。若以水濟水,誰能食之?若琴瑟之專壹,誰能聽之?同之不可也如是。

案諸書辨和同之異至悉,是知九德之中不同一味,隨器任便,各有攸宜。《書》曰:"日宣三德,夙夜浚明有家。日嚴祗敬六德,亮采有邦。翕受敷施,九德咸事,俊乂在官,百僚師師,百工惟時,撫于五辰,庶績其凝。"職此故也。鄭玄曰:"三德、六德,皆亂而敬以下之文。"夫覆餗者恒患力弱,割雞者不煩牛刀。責大者以健爲貴,職細者以順爲正。故浚明有家,予□德已足,而庶績其凝,必資剛德,鄭氏之論殆不然矣。

先秦思想史

（本書爲金景芳先生在東北人民大學時期的講義，後經吕文郁、周粟、蘇勇整理，由天津古籍出版社於 2007 年出版。）

目　録

導　言

(一)思想史的對象和任務

思想史是專史的一種,它僅就歷史發展過程中的一個方面,即思想方面加以闡述。主要是闡述各個歷史發展階段存在哪些不同的思想、觀點和理論,這些思想、觀點和理論是怎樣發生和發展的,以及它們在歷史上的作用與它們相互間的聯繫和關係等等。

(二)本編的起止和重點

本編名《先秦思想史》,已表明以秦統一爲下限,不過先秦的"先"字含義還不够明確,有必要在這裏説明,《漢書·景十三王傳·河間獻王劉德傳》曰:"獻王所得書皆古文先秦舊書……"顔師古注曰:"先秦,猶言秦先,謂未焚書之前。"即本編將由遠古談起。當然,世代愈遠,史料愈少,其間又往往真僞雜出,疑信參半,給研究增加許多困難。但是,儘管這樣,我們還應該有信心地努力克服這些困難,不應因此就縮短中國歷史。何況科學的敍述,要求有系統性和完整性,豈得不要頭腦,從半路寫起?另一方面,遠古史料雖然問題很多,但是真實的、寶貴的東西就在這裏邊保存着,我們如果能應用新的觀點、方法,審慎地加以處理,未嘗不可以得到正確解決。以上就是本編所以由遠古談起的理由。至於重點則放在周代,特别是放在春秋、戰國時期,因爲這兩個時期是中國古代思想發展最爲繁榮的時期。

(三)關於分期問題

由於思想史所敍述的是整個歷史的一個方面,所以思想史的分期應與通史的分期相一致。關於中國古代史分期問題,目前史學家還在争論,没有解决。依我個人的淺見,認爲中國古史有兩個最明顯的分界綫,一個是夏,一個是秦。

夏傳子是家庭在與氏族的對抗中已取得决定性勝利的標誌。《禮記·禮運》首節言大同、小康,以禹爲分界。説者有的以爲"……大同之治,實孔門最高理想"。[①] 有的以爲"不獨'親其親'、'子其子'……是老聃、墨氏之論"。[②] 其實,這些論斷都是錯誤的。其所以錯誤,在於把客觀的史實看作是主觀的想象。今天大家都學習了歷史唯物主義和社會發展史,應該知道,《禮記·禮運》裏所説的"不獨親其親,不獨子其子",祇有氏族社會才會有這種情况,生在春秋時代的人,如果不是有真實史料可憑,怎能設想由一個人的腦子裏偶然地想出這樣事實來。反之,我們如認爲這是客觀的史實,它表明禹以前是原始社會,這不但與歷史發展規律符合,還可以從其他文獻裏找出很多記載和我們這個觀點互相證明。[③] 朱熹説:"《記》[④]中分裂太甚,幾以二帝三王爲有二道,此則有病。"其實,原來事實如此,並不是什麽分裂太甚,此《記》並無病,病在朱氏

---

① 吕思勉語,見《經子解題》,《禮記·禮運》條下,這個見解具有代表性,現在還有大部分人同意這種説法。

② 吕祖謙語,見《困學紀聞》卷五《禮運》條引。

③ 例如,《莊子》書裏《駢拇》、《胠篋》、《在宥》諸篇都言"自三代以下者"如何如何,顯然是把夏以後的歷史截然劃人另一階段,由今天來説,即是劃人階級社會階段,這絶不是偶然的。又,《秋水》篇説:"帝王殊禪,三代殊繼。"《孟子·萬章》篇説:"唐虞禪,夏后殷周繼……"等等,也是互相證明。餘詳第二章第一節。

④ 按:此《記》謂《禮記·禮運》。

用主觀主義來看問題罷了。

至秦則在土地制度上和政治制度上均作了根本的改革，清史學家趙翼説："蓋秦、漢間爲天地一大變局。"①這話是十分正確的。趙翼並不懂什麽是歷史發展規律，而他居然説出這話，證明這確是客觀真理。所以秦也是中國歷史上一個最明顯的分界綫。

夏、商、周三代的社會性質雖然基本上相同，但是夏代還在很大程度上具有過渡性質，殷周爲奴隸社會，到了周代才發展爲完全的階級社會的國家。最顯著的特點爲周初所實行的分封制。先儒説："殷道親親，周道尊尊。"王國維説："故夏、殷間政治與文物之變革，不似殷、周間之劇烈矣。"又説："由是天子之尊，非復諸侯之長，而爲諸侯之君。"②都足以證明這一點。

因此，本編敍述，計分三章：一、原始社會思想；二、夏、商社會思想；三、周代社會思想。至周代則更分爲西周期、春秋期、戰國期。

（四）關於史料問題

爲什麽在這裏提出史料問題呢？第一，因爲史料問題是歷史科學研究中的根本問題，對於史料的看法有錯誤，顯然根據史料所得出來的結論必然也不會正確。第二，因爲現在史學界對於史料問題還有某些不正確的看法，具體些説，即資産階級唯心主義觀點還存在，甚至可以説還具有相當大的影響。正因爲這樣，就有必要在這裏把史料問題提出來談一談。

大體説，史料有兩類：1. 文獻史料；2. 實物史料。舊日中國封建社會的史學家大都祇曉得利用文獻史料，對於實物史料的價值

① 引自《廿二史劄記》卷二《漢初布衣將相之局》。

② 按：此指周行分封制以後。以上均見《觀堂集林・殷周制度論》。

認識不足。至“五四”以來,一般資産階級唯心主義學者則又片面地强調實物史料的重要,對大部分文獻史料錯誤地予以懷疑或否定。因此,今天我們的首要任務實在於着重地指出資産階級唯心主義史學觀點的錯誤,並對上述兩類史料各給以恰當的估價。

資産階級唯心主義史學觀點應該着重批評的,首先在於它的思想上的錯誤性,其次在於它的方法上的主觀性、片面性和表面性,它提倡科學而實際做的是反科學的事情。

關於資産階級唯心主義史學觀點的錯誤性質,我想不須舉更多的事實來説明,衹看看下面所引述的幾段話就够了。

一、胡適“自述古史觀”説:

> 大概我的古史觀是:現在先把古史縮短二三千年,從《詩》三百篇做起。將來等到金石學、考古學發達上了科學軌道以後,然後用地底下掘出的史料,慢慢地拉長東周以前的古史。至於東周以下的史料,亦須嚴密評判,“寧疑古而失之,不可信古而失之。”①

二、胡適“介紹幾部新出的史學書”説:

> 崔述在18世紀的晚年,用了“考而後信”的一把大斧子,一劈就削去了幾百萬年的上古史。但崔述還留下了不少的古帝王,凡是“經”裏有名的,他都不敢推翻。頡剛現在拿了一把更大的斧頭,膽子更大了,一劈直劈到禹,把禹以前的古帝王(連堯帶舜)都送上封神臺上去!連禹和后稷都不免發生問題了。故在中國古史學上,崔述是第一次革命,顧頡剛是第二次革命,這是不需辯護的事實。②

---

① 《古史辨》第一册,第22頁。

② 《古史辨》第二册,第338頁。

三、童書業“《古史辨》第七册《自序》”説：

> 時到現在,誰都知道古代史有問題,誰都知道古代史的一部分乃是神話,並非事實。甚至有人著中國通史,不敢提到古史隻字。這樣看來,“疑古”的成績確已相當可觀了。……最近的疑古大師,誰都知道是顧頡剛先生。他自從出版了他的名著《古史辨》第一册以後,繼續努力不怠,到了今天,著述愈積愈富,發明愈來愈多,同志愈聚愈衆,聲名也已從毁譽參半到了譽多毁少的地步。

四、顧頡剛“《古史辨》第一册《自序》”説：

> 假使没有五胡、契丹、女真、蒙古的侵入,使得漢族人得到一點新血液,恐怕漢族也不能苟延到今日了。……就是漢族,它的文化雖是衰老,但托了專制時代“禮不下庶人”的福,教育没有普及,這衰老的文化並没有和民衆發生多大的關係。所以我們若單就漢族中的智識階級看,他們的思想與生活確免不了衰老的批評,但合了全中國的民族而觀,還衹可説幼稚。①

請再就以上所引這四段話,逐一加以分析：

第一段話是資産階級唯心主義者胡適在古史研究的領域内所提出來的錯誤觀點。這個錯誤觀點的内容,第一,是先把古史縮短二三千年;第二,是對東周以下的史料嚴密評判,寧疑古而失之。請問經過這樣做以後,古史還剩下什麽？實質上已經把全部古史給否定了。

第二段話是胡適爲顧頡剛《古史辨》所作的讚揚,這是因爲顧頡剛支持他的觀點,確能按照他的理論行事。請看胡適所支持的“革命勛績”是什麽？僅僅是拿了一把大斧子,拼命地對古史一劈、

① 《古史辨》第一册《自序》,第 89～90 頁。

再劈而已。那末,他們的真正目的在哪裏?難道還不能看清楚嗎?

第三段話是童書業的歡呼,是他爲他們的行爲已取得暫時的勝利而歡呼。請看他們所謂"可觀的'疑古'的成績"是什麽?不過是"有人著中國通史不敢提到古史隻字"而已。這樣的"成績"難道真的是我們所需要的嗎?

第四段話是顧頡剛自己提出的觀點。他的"漢族文化衰老論"是不正確的!他居然説,中國歷史上五胡、契丹、女真、蒙古的侵入,是漢族占了便宜,因爲漢族人得到新血液。他認爲没有五胡、契丹、女真、蒙古的侵入,漢族就不能苟延到今日。這個觀點是錯誤的!當然,我們不是在這裏提倡大漢族主義,歷史上所謂五胡、契丹、女真、蒙古,到今天已經都是我們的兄弟民族,都是我們的同胞。但顧頡剛的論點則有反對民族大團結、鼓勵帝國主義侵略之嫌。

總觀上面所引述的四段話,我們就可以充分認識到資産階級唯心主義史學觀點的錯誤性,它可導致人們否定祖國歷史文化遺産,從而"全盤西化"的後果。可惜!現在有許多善良的先生們還没有認識到它這個錯誤,還把他們的若干偏激的論點當作科學成果來繼承哩!

關於資産階級唯心主義史學方法的特徵:第一,在於它的主觀性。

這些"學者"不承認歷史的規律性和客觀性。依照他們的説法,中國古代思想家由老子、孔子一直到韓非幾乎都是騙子。他們認爲中國古代思想家可以隨意提出自己的政治主張,并且可以隨意創造若干歷史人物和歷史事實作爲自己提出政治主張的依據。他們把由他們主觀臆想的這種作法叫做"托古改制",硬套在古人的頭上。因而斷言:堯、舜、禹、稷以及伏犧、神農、黄帝等等,都是古代思想家隨意創造出來的,歷史上根本没有這些人物;許多古代思想家所稱引的文獻和史實,都是古代思想家自己捏造的,並没有客觀依據。

當然,"托古改制"這個名稱是康有爲首先提出來的,不是顧頡剛等的新"發明"。不過,應該説明,康有爲的論點,如"孔子爲制法之王"、"六經皆孔子改制所作"以及説孔子是黑帝降精爲大地教主等等,①謬誤顯然,相信者少,其影響不大,且其立論是出於政治目的,在於變法維新。不似顧頡剛等具有"尊重科學,追求真理"的理論,迷惑了很多人。不過他們有一點完全相同,即都是唯心主義者。所以,顧頡剛對康有爲《孔子改制考》的觀點,一見"傾心",推爲"卓識",把它接受過來。

我們知道,社會存在決定社會意識,任何思想都不能離開具體歷史條件而偶然産生。古代思想家的各種思想都是歷史的産物,他們不能隨意創造自己的思想。同時,古代思想家也並不是都主張"改制",即以孔子爲代表的儒家爲例,它就是保守主義者,不主張"改制"。康有爲宣傳孔子改制乃是故意附會,並非事實。恰如宋雲彬説:"其實正是他自己在托古改制。"②古代思想家確有不少主張"改制"的,也確有假借古人的言論、事迹宣傳自己論點的事例,如道家稱黄帝,許行稱神農,墨家稱禹之類。但是,這不能用"托古"來解釋。儘管各家稱引時,容有若干增飾,其基本的内容一定是真實的。因爲,純屬虚構則不能令人相信,没有號召力。關於上述這種情況,馬克思在所著《路易·波拿巴政變記》裏已經精確地總結爲一條規律並作了經典式的説明。即:

> 人們自己創造自己的歷史,但他們這種創造工作並不是隨心所欲,並不是在由他們自己選定的情況下進行的,而是在那些已直接存在着的、既有的、從過去承繼下來的情況下進行的。一切死亡先輩的傳統,好像噩夢一

① 以上均見《孔子改制考》。

② 《康有爲》,第38頁。

般，籠罩着活人的頭腦。恰好在人們彷彿是一味從事於改造自己和周圍事物，並創造前所未聞的事物時，恰好在這樣的革命危機時代，他們怯懦地運用魔法，求助於過去的亡靈，借用它們的名字、戰鬥口號和服裝，以便穿着這種古代的神聖服裝，説着這種借用的語言，來演出世界歷史的新場面。

又説：

由此可見，在這些革命中，使死人復生，是爲了贊美新鬥爭，而不是爲了勉强模仿舊鬥爭；是爲了提高某一任務在想象中的意義，而不是爲了迴避在現實中解決這個任務，是爲了再度找到革命的精神，而不是爲了讓革命的亡靈重行游蕩起來。①

可見，"人們創造前所未聞的事物時"(可理解爲所謂"改制")爲什麽"求助於過去的亡靈"(可理解爲所謂"托古")呢？是因爲"人們創造自己的歷史"，必須"在那些已直接存在着的、既有的、從過去承繼下來的情況下進行"。所以，這些"過去的亡靈"必然是現實地存在過，有重大影響，爲人所共知的，不可能憑空揑造。當然也不是"讓亡靈重行游蕩起來"，而是"爲了再度找到革命的精神"。這種情況，不但先秦諸子如此，後世王莽、王安石和康有爲也如此，不但中國歷史上有很多這樣例子，外國歷史上也有很多這樣例子。② 這是客觀存在的一條規律。祇有馬克思用歷史唯物主義和辯證唯物主義的觀點所作的解答才是正確的，哪有如康有爲、顧頡剛等所謂"托古"，古代思想家都成了騙子之事！

資産階級唯心主義史學方法的第二特徵，在於它的片面性。

① 《馬克思恩格斯文選》兩卷集，第 1 卷，第 223 頁。

② 詳《路易・波拿巴政變記》。

這一特徵與上述的主觀性特徵密切地聯繫着。請看:胡適最喜歡説:“拿證據來!”從表面上看,好像他們非常尊重科學、重視客觀事實。可是我們如仔細考察他們的觀點,是要證明一些什麽東西?就不難發現,他們所要證明的,並不是客觀真理,而是主觀成見。他們所要證明的不過是“屈原是一種複合物”和“禹出於夏鼎”一類極其錯誤的論點而已。

當然,我們研究歷史問題也特别重視證據。但是,我們重視證據的目的和方法卻與他們根本不同。除了如上所述我們重視證據的目的在揭示客觀真理,而他們重視證據的目的在宣傳主觀成見以外,還有在方法上的不同,即我們所選擇的是本質的、全面的或帶典型性的證據,而他們所選擇的則是非本質的、個别的證據,這充分反映了他們的片面性。

列寧説過:“在社會生活現象極端複雜的情形下,隨時都可以找到任何數量的例子或單個事實來證實任何一種意見。”①所以,單是重視證據並不能説明結論一定正確,更重要的,還要看所使用的是哪類證據,所要證明的是哪類問題。上述列寧的話,實深刻地指出了資産階級唯心主義使用證據魔術的秘密。

胡適又有這樣一句話,即“不信任一切没有充分證據的東西”。② 這句話從表面上看非常正確,好像真能用最嚴肅認真的態度對待問題,實際卻是錯誤的。

因爲,第一,一個人所能直接經驗到的東西是極其有限的,特别是歷史上人物和事件一去不復返,不可能直接經驗,縱令容有當時遺物留傳人間,那祇能説是偶然的,不是必然的,事實上有很多東西確實客觀地存在着或存在過,但是除了信任文字記載或口頭傳説以外,不能找到所謂“充分證據”來證明;第二,唯心主義與唯

① 《帝國主義是資本主義最高階段·序言》。

② 《胡適論學近著·介紹我自己的思想》。

物主義没有共同的語言，同是一個東西，可以有不同的名字、不同的看法。即以屈原爲例，他遺留下很多篇作品，在《史記》裏有傳，向來人都公認，他是中國歷史上杰出的大文學家，這應該是有“充分證據”了！然而，胡適卻還是“不信任”，還能够證明他是“複合物”。請問，還有什麽東西是“充分證據”能使他們信任呢？於此可見，他們衹是主觀上的充分證據，没有客觀上的充分證據。所以，他們所使用的“充分證據”這個詞，衹是具有蒙蔽性的概念而已，不能依一般的意義來解釋。

正因爲一方面由於有很多客觀存在着或存在過的事物，不能找到充分證據來證明；一方面由於他們所使用的“充分證據”一詞，衹有主觀上意義，没有客觀上意義。所以，我們可以肯定地説，胡適這句話的實質是以“没有充分證據”爲理論依據來任意地懷疑一切東西，任意地否定一切東西。

可能有人要問，爲什麽對胡適的一句話浪費這麽多的筆墨呢？

這是因爲，我們認識到胡適這句話的實質，同時也就認識到他們所大力提倡的“疑古辨僞”工作的實質了。應該指出，他們的“疑古辨僞”工作，就是任意地懷疑一切東西，任意地否定一切東西。

不可否認，中國現今流傳的古代歷史文獻，其中確有若干是後人僞造的，辨僞工作確是歷史科學工作中一項最重要的工作。但是，辨僞工作本身並不是目的，辨僞工作並不是要求某一個人能證明僞的多就算好，可以允許把真的也説成是僞的，而是要求能做得正確，不把僞的錯認爲真的，也不把真的錯認爲僞的，讓歷史科學建築在穩固的基礎之上。

現在我們來看胡適這些人所做的“疑古辨僞”工作是不是也如我們在上面所説的那樣呢？肯定説，不是！

首先，我們知道他們所遵行的原則：第一，是“不信任一切没有充分證據的東西”，這就是説把一切東西都當作懷疑的對象來處理；第二，是“寧疑古而失之，勿信古而失之”，這就是説“盡可錯殺了,不要錯放了”。請看吧! 這是什麽性質的原則? 依照這個原則行事,其結果還能正確嗎?

其次,我們知道他們應用的方法,是“大膽的假設,小心的求證”,這就是説,他們的結論並不是科學研究的成果,而是憑主觀臆想出來的,他們研究的過程,並不是真的在探求客觀真理,而衹是尋找若干具體例子來證實他們的結論的過程。請問,執行上述原則,應用這種方法來做辨僞工作,其結果如何,難道不是可想而知嗎? 其結果當然不能是别的,衹能是把絶大部分真的都説成是僞的,造成極端混亂,使歷史科學研究工作無法進行罷了。

還有應該説明的,即中國古書有幾點與後世之書不同:第一,古書多是口耳相傳,有的一傳即著於竹帛,有的數傳以後始著於竹帛,不同於後世之書都由著者本人親手編寫;第二,古書,特别是先秦諸子,多是一家之學,其著述不必由於一人,不同於後世的文集必爲一人的著述,而内容卻不專於一家;第三,古書但憑手寫,輾轉傳鈔,往往有注語誤入正文或正文誤爲注語之事,也有誤將讀者增補或附記并入本文和由讀者把原書中無謚的人名改從有謚、舊地名改從新地名等等,不同於後世由於印刷術盛行,基本上消除了上述這些情況;第四,“古人之言,所以爲公也,……”①文字不嫌蹈襲前人,不同於後世矜尚文辭,語必己出。

正由於古書有上述第一種情況,所以我們不能因爲《易傳》裏有“子曰”,便斷言《易傳》非孔子作,不能因爲《公羊傳》於漢初著於竹帛,便斷言《公羊傳》是漢人之書。同樣,由於有上述第二種情況,我們儘管看到《莊子》書有記莊子將死之言,《韓非子》書載李斯駁議,但不懷疑二書爲僞書。由於有上述第三種情況,我們儘管看到《史記·司馬相如傳》贊有揚雄語,《外戚世家》敍衛子夫得幸之處不書“今上”而書“武帝”,及《老子》書有“偏將軍”和“上將軍”,但

① 章學誠語,見《文史通義·言公》。

不懷疑二書的作者和成書的年代。由於有上述第四種情況,我們儘管看到《易傳・乾・文言》釋元、亨、利、貞四德與《左傳・襄公九年》穆姜之語略同,但不相信説《乾・文言》非孔子作。

以上,因限於篇幅,祇信手拈出眼前的,爲大家所熟悉的幾個例子作爲證明,實際這乃是一般情況,並不是個别的。我們做辨僞工作,如果不認識上述情況,或隱瞞上述情況,而把古書看作與後世之書等同,片面地抓住幾條矛盾、可疑的事例,便作出全書皆僞的結論,這是極大的錯誤。然而,胡適等所作的"疑古辨僞"工作,卻正是關注於這些地方,真的有不少人接受了他們的看法,直到今天還很相信呀!

資産階級唯心主義史學方法的第三特點,在於它的表面性。

他們習慣於形式主義地看問題,祇看問題的表面,不看問題的本質。例如,對史料的看法,他們認爲實物史料可靠,文獻史料不可靠,特别是在古史研究上,他們幾乎完全不信任文獻史料,希望單憑實物史料另建立一套體系,來説明社會一切問題(包括物質生活和精神生活)。實際這個看法和想法都是錯誤的。

因爲實物史料雖然真實可靠,但是它也有缺點:第一,它的保存或發現從整個社會生活來説,畢竟是個别的,不是一般的;是偶然的,不是必然的。不能設想所有過去的歷史,完全從地底下重新發現。第二,它多半是殘缺的、局部的、無關緊要的東西,不能反映當時社會全貌。第三,它儘管是客觀的,真實可靠的,但是我們要認識它、説明它,卻不能不通過主觀。假如我們主觀認識與客觀實際不一致,還不免要發生錯誤。應該指出,事實上資産階級唯心主義"學者"們恰好在這個地方下功夫,他們利用實物史料在認識上還存在很多問題(有的簡直不能認識),因而任意武斷,主觀上想證明什麽東西,就把客觀上説成什麽東西。另一方面,文獻史料雖然不真實可靠,但是一般説,它也有很多優點。第一,它大都是理性知識,是經過千萬人觀察、實踐,又經過專家學者抽象、概括、分析、研究的最後成果，它所反映的大都是社會上重要的問題、本質的問題。第二，它幾乎蘊藏着我們研究某一問題時所需要的各方面資料，如與實物史料相比，顯然它具有豐富、全面、完整、明確等特點。

總之，實物史料與文獻史料二者實各有所長，也各有所短。没有文獻史料，實物史料幾乎不能認識；文獻史料的錯誤和缺漏的地方，也正待實物史料加以修正、補充。二者實相輔相成，並不是對立的。對歷史科學研究來説，史料多多益善，實物史料與文獻史料都是重要的、寶貴的東西，片面地强調任何一方面而抹殺另一方面，都是錯誤的。

至於打算不要文獻史料，但憑實物史料另建古史體系的想法或做法，那更是無比錯誤。應該指出，這種做法實際是假借要求每一史料必須絶對真實可靠爲名，暗地裏在做偷天换日、塗改歷史的事情。大家知道，實物史料所能説明的歷史問題是有限的，它不能獨立地負起説明歷史全部問題的任務。現在硬要派它説明歷史全部問題，并且還有這樣想法，即硬要用它來對原來由文獻史料所建立的古史體系作全面否定，這樣，勢所必至，就不能不依靠個人的主觀想象力來填補空白，或用類比方法搬套現成的公式，結果所建成的衹能是主觀的歷史，而不能是客觀的歷史，衹能達到歪曲歷史的目的，絶不能把歷史變成科學。

其次，關於史料的使用問題，他們同樣也有一種錯誤的看法。他們認爲，古書的年代應由該書的著者或編者的年代來確定，古書的年代確定了，書内史料的年代也連帶確定了。當使用史料時，他們限制某一時代的史料衹能在説明某一時代的歷史問題時使用，而不能越出這個時代，即不能在説明前一時代的歷史問題時使用。實際史料問題是一個具體的、複雜的問題，不能采取這樣抽象的、簡單的辦法來處理。第一，編與著二者不是同一的東西。例如，揚雄是《揚子法言》的著者，而戴聖則是《小戴禮記》的編者。如從史料的角度來看，《法言》一書的年代用揚雄的年代來確定，無疑是對的。但是,《禮記》一書的年代如用戴聖的年代來確定,這就不對了。因爲,《禮記》相當於後世的叢書,裏面完全是前人的作品,戴聖僅有抄撮之功而已。第二,同是著述,歷史著述和哲學著述、文學創作也不相同。例如,《荀子》一書是荀卿所著,用以闡述荀卿個人的觀點,該書作爲史料使用時,自可用荀卿的年代來確定。至《左傳》一書雖爲左丘明所著,但作爲史料使用時,卻不能用左丘明的年代來確定,因爲它是歷史書,所記史實須有依據,不能看作是他個人的創造。還有,如《孟子》一書雖然爲孟軻所著,但書中所引述的古書和前人的言語、事迹等等,都不能看作是孟軻的憑臆虛構。又如《周禮》一書雖然應肯定是戰國人所著,但不能作戰國的史料來使用,因爲其中絕大部分都有根據,縱令不能即認爲是周初制度,至少可以作爲旁證材料。綜上所述,可見用一書的著者或編者的年代來確定該書的年代,用該書的年代來限制該書作爲史料使用的年代,這種做法是錯誤的。其錯誤在於衹看問題的表面,而不看問題的本質,衹是抽象地看問題,而不是具體地看問題。資産階級唯心主義"學者"們采取這種錯誤的方法,大力宣傳這種錯誤的方法,從根本上否定了若干重要史料的作用,使許多歷史問題無法説明,從而産生了否定祖國歷史文化遺産、全盤西化的結果。

又次,他們對於古史傳説,同樣也有不正確的看法。他們把先秦古書所談到的殷周以前的歷史人物和事迹,都看成是古史傳説,把古史傳説都看成是神話的演變。因而斷言,敍述中國歷史當從殷代有文字記録時開始,殷代以前没有史料可用,衹能用考古資料來説明。其實,中國有文字並不是自殷代才開始的,在有文字以前,人類還有很多的記事方法。《易·繫辭傳下》説:"上古結繩而治。後世聖人,易之以書契。"關於"結繩記事",前蘇聯人文志學家柯斯文在所著《原始文化史綱》中曾有如下説明:

"所謂'結繩記事',是創造記載和報導手段的另一嘗試。本來用以記數的打結的小繩,在許多族人民中間,特别是在北美印第安人、若干黑人部落和密克羅尼西亞人中間，發展成爲'記載'事件和傳遞消息的手段。在古代秘魯，結繩記事或魁普達到技術嫻熟的地步。秘魯的魁普是有着不同長短和不同顔色的一些細繩，相隔不同的距離打着不同形式的結子，而這些細繩又都拴緊在一條主繩上。魁普有不同的用途：從經濟經營的核算、人口調查等等直到作爲大事發生年代的整個'記載'。"①

可見，没有文字以前，用另一種方法記下若干重要人物和事迹也並不是不可能的。何況口耳相傳，累世不絶，直到今天也並不是没有這樣例子。即以實例爲證，如《左傳》昭公十七年郯子因述"鳥官"而及"雲師"、"火師"、"水師"、"龍師"，與古代圖騰之制相符。《國語·晉語四》司空季子説："……凡黄帝之子，二十五宗，其得姓者十四人爲十二姓。……"這種情況衹能用氏族制來解釋，也非後世行個體婚制時所能臆造。還有，"五帝三王是一家；都是黄帝的子孫"。② 不但近人認爲"事理之所必無"，③即宋人歐陽修已極言其謬。④ 但是，古人、今人智慧相差並不甚遠，上述之事，如果出於古人僞造，爲什麽偏偏造得這樣不合情理呢？又，此事略載在《史記·三代世表》。我們知道，《三代世表》中的殷帝系已由殷墟出土甲骨卜辭證實確有依據。其他現在不能證實的東西，當然不能説其不僞，但是，又怎能決其必僞呢？在今天看來，爲不合情理之事，焉知在古代不是很合情理之事呢？以上三個問題實應深思，不應輕率地便下結論。依我的看法：這份史料經歷世代過多，其中細節

---

① 人民出版社，1955年，第199頁。

② 郭沫若語，見《中國古代社會研究·導論》。

③ 繆鳳林語，見《中國通史要略》第二章《傳疑時代》。

④ 詳見《歐陽文忠公集·居士集卷四十三·帝王世次圖序》。原文略云："堯、舜、夏、商、周皆同出於黄帝。堯之崩也，下傳其四世孫舜；舜之崩也，復上傳其四世祖禹；而舜、禹皆壽百歲。稷、契於高辛爲子，乃同父異母之兄弟。今以其世次而下之，湯與王季同世。湯下傳十六世而爲紂，王季下傳一世而爲文王，二世而爲武王。是文王以十五世祖臣事十五世孫紂，而武王以十四世祖伐十四世孫而代之王。何其謬哉？"

難免有訛誤之處,總的説來,應該是可信的。所謂"五帝三王是一家,都是黄帝的子孫",實際是説明什麼問題呢?實際是説明氏族起源於共同祖先。這個問題又有什麼奇怪呢?這個問題不但在中國有,在西歐也有。當然,不但是中國的資産階級學者所不能解決的,同樣也是西歐的資産階級學者所不能解決的。但是,偉大的無産階級革命導師馬克思和恩格斯卻早已把這個問題給解決了。在這裏請把恩格斯著《家庭、私有制和國家的起源》講《希臘人的氏族》部分,摘録兩段文字。即:

"氏族的起源於共同祖先,已成了'學究俗物'(馬克思語)絞盡腦汁而不能解決的難題目了。不消説,由於他們認爲這種祖先是純粹的神話,因此,他們便不能解釋氏族是怎樣從許多分離的、甚至起初不是相互有親族關係的家庭發生出來的,但光是爲了要説明氏族的存在,他們也非把這個問題解決不可。於是他們兜了一個空談的圈子,仍舊不能超出這樣一個論題:系譜的確是一種虚構,但氏族卻是在現實上存在着的,因之,格羅脱最後便説(括弧内的話是馬克思説的):'我們僅僅間或聽到這種系譜,因爲僅在非常的場合之下,特别是在典禮場合之下才公開説到它的。可是不大出名的氏族也有其共同的宗教儀式(這是非常奇特之事,格羅脱先生!),有共同的超人的祖先,有共同的系譜,正與有名的氏族一樣(格羅脱先生,這是多麼奇特的一回事呵,在不大出名的氏族中!);根本的計劃與觀念的基礎(親愛的先生!不是觀念的而是現實的,簡單説是肉慾的!)在一切氏族中間都是相同的。'"

"馬克思把摩爾根對這個問題的答案總括如下:'適應於原始氏族——希臘人像其他民族一樣也曾有過這種形式——的血緣親族制度,保存了氏族一切成員的相互親族關係的知識。他們從孩兒時代起,就在實踐上熟悉這種對他們非常重要的知識。隨着一夫一妻制的家庭的發生,這就被遺忘了。氏族名稱創造了一個系譜,相形之下,個體家庭的系譜便失掉意義了。這種氏族名稱,現在便成了冠這名稱的人有共同血統的證據:但是氏族的系譜已經十分湮遠,以致氏族的成員,除了有比較近些的共同祖先的少數場合以外,已經不能證明他們之間確實有相互的親族關係了。名稱本身曾經是共同血統的證據,而且除了養子的情形以外,也是不可争辯的證據。反之,像格羅脱及尼布爾所作的(他們把氏族變爲純粹虚構與想像的産物),對氏族成員間任何親族關係的事實上的否認,卻衹有'觀念的'、亦即純粹的書齋學者才能幹得出來。世代的連索(尤其是一夫一妻制發生後)已經湮遠,而過去的現實仿佛反映在神話的想像中,於是善良的老俗物便作出了而且還在繼續作着一種結論,認爲幻想的系譜創造了現實的氏族。'"①

由上述兩段文字看來,我們可以毫不懷疑"五帝三王是一家,都是黄帝的子孫"並不是什麽神話、幻想,而是實有其事。這個黄帝不是别的,就是氏族起源的共同祖先;黄帝以下的系譜,特别是不合情理那一部分,基本上可以説就是氏族名稱創造的系譜。在今天看來,覺得不合情理,哪知在古代卻是很合情理的呵!

王國維説:"上古之事,傳説與史實混而不分,史實之中固不免有所緣飾與傳説無異,而傳説之中亦往往有史實爲之素地,二者不易區别,此世界各國之所同也。"

又説:"吾輩生於今日,幸於紙上之材料外更得地下之新材料。由此種材料,我輩固得據以補正紙上之材料,亦得證明古書之某部分全爲實録。即百家不雅馴之言,亦不無表示一面之事實。此二重證據法惟在今日始得爲之。雖古書之未得證明者不能加以否定,而其已得證明者,不能不加以肯定,可斷言也。"②

王國維這段話非常正確,故引來以作本問題討論最後的結語。

---

① 人民出版社,1954年,第98～99頁。

② 《古史新證》第一章《總論》,第1～3頁。

第一章　古代傳説中關於原始公社時代思想的反映

人類從脱離動物界到建立了階級制度和國家，所經歷的漫長時間都屬原始時代。如果説人類在地球上存在有一百萬年左右，那末，從開始産生國家到現在，頂多也不過四五千年，占人類史上絶大部分年代的是原始時代。但是，由於原始時代没有文字記載，僅僅依靠口耳相傳或它種方法，如實物的、打結的、繪圖的或畫書的等先期文字的幫助保存下來一些東西，反映於古史傳説中。這樣，古史傳説所反映的東西，雖然不無若干客觀事實爲根據，終難免有殘缺、模糊和錯誤或增飾之處，因爲口耳相傳等傳遞知識、經驗的方法遠不如文字記載的精確和完備。因此，我們居今日而要瞭解原始時代的情況，特别是思想情況，不可否認，是有莫大困難的。

但是，因爲有困難，是不是我們研究思想史可以略去原始社會不談呢？我認爲，不可以。理由：第一，原始時代是晚近一切進化的基礎；第二，古史傳説中包含着一部分實在的、歷史的因素；第三，現在有以下兩個有利的條件，使我們有可能進行這方面研究：1. 馬克思主義關於原始社會的科學理論，首先是恩格斯的經典著作《家庭、私有制和國家的起源》中所提供的關於原始社會的科學資料與科學論斷，其次是前蘇聯科學界以上述科學理論爲指導進行研究所獲得的科學成果；2. 馬克思主義的辯證唯物主義與歷史唯物主義的科學觀點與科學方法。以上，第一條理由説明系統地闡述思想史從原始社會談起是必要的；第二、三兩條理由説明從原始社會談起是可能的。

上述第一個條件對於我們研究中國原始社會思想的好處在哪裏呢？好處在於，它科學地提供了原始社會的一般情況。我們經過學習以後，至少知道原始社會的一般發展規律；至少知道原始社會是經過原始人群、氏族制兩個時期。氏族制又細分爲兩個時期，即母權制或母系氏族制時期及父權制或父系氏族制時期。關於思想發展，我們至少知道原始人群時期已經有了思維和語言，没有宗教。氏族制時期有原始宗教。原始宗教早期的表現形式爲圖騰主義和魔術，以後發展爲自然崇拜和祖先崇拜。所有這些對於我們研究中國原始社會思想具有極其重要的指導意義，因爲中國的原始社會史也不能違反一般發展規律。

上述第二個條件之所以重要，在於衹有它才能使歷史變成真正的科學。這個道理是大家都知道的，不必細説，現在衹着重地提出兩點來談談：

1. 社會存在決定社會意識，這是歷史唯物主義一條重要原理。它告訴我們，社會意識永遠不可能是什麽别的東西，而衹能是社會存在的反映。甚至人們的模糊的、荒誕的宗教觀念，雖然是被歪曲了的反映，但畢竟也是社會物質生活條件的反映。依據這條原理的指示，我們不難看出，有若干古史傳説都是有事實根據的，不是後人憑臆虚構的。以爲在後世的歷史條件下不可能有早已消失的古代歷史條件在觀念上的反映。爲了把這個道理説得更清楚，可以舉出兩個最顯著的例子：

第一是《尚書》"九族"的解釋，今文《尚書》説："九族者，父族四，母族三，妻族二。"古文《尚書》説："九族者，從高祖至玄孫。"後世多從古文《尚書》説，認爲九族包括異姓在内，其説難通。豈知古今社會不同，後人認爲難通的事情，有很多由古人看來，卻正是很平常的；相反，後人認爲平常的事情，有很多由古人看來，倒是不可想象的。唐堯之時，無可懷疑，是處在氏族社會階段，在氏族社會裏説有從高祖至玄孫的"九族"，難道是可以想象的嗎？且"族"本是血緣集團的名稱,從高祖至玄孫,祇能説是“九世”,又怎能叫做“九族”呢? 可見,古文《尚書》説是錯誤的。因爲這種説法不符合當時社會的情況。今文《尚書》説雖然可能有某些附會的地方(如四、三、二等數目字),可以説,基本上是正確的。因爲這種説法是符合當時社會的情況。但是,今文説雖然正確,並不能説明今文經師如何高明,而祇是由於他們有師承,不敢輕改舊説,西漢劉歆即認爲今文經學“信口説而背傳記,是末師而非往古……”(《漢書·楚元王傳》)古文説的錯誤,也不能説明古文經師如何不高明,而祇是由於他們不相信相傳舊説,祇相信他們自己的主觀臆測。

第二是《尚書》“七政”的解釋,今文伏生《大傳》説:“七政謂春、秋、冬、夏、天文、地理、人道,所以爲政也。”(《史記·天官書》索隱引)古文馬融説:“日月五星各異政,曰七政。”①後世古文説孤行,今文説幾乎在若存若亡之間,很少有人予以注意。其實,“在璿璣(當依《大傳》作“旋機”)玉衡,以齊七政。”祇是觀象授時之意。“旋機玉衡”指北斗七星而言,②並不是什麽“渾天儀”;“七政”是“春、秋、冬、夏、天文、地理、人道”,並不是什麽“日月五星”。且虞舜時不可能有渾天儀,③日月五星有什麽政治可言? 所以,古文説從表面上看,雖似明白易解,而實質是荒謬的、錯誤的;今文説從表面上看,雖不易理解,而實質是正確的,我們可以從文獻裏找出很多事實來證明它是先秦古義,確實是有根據的。

《國語·楚語下》説:“……天、地、民及四時之務爲七事。”(觀射父語)這裏所説的“七事”,即是《尚書》裏所説的“七政”,“天、地、

---

① 《史記·天官書》説:“日、月、五星各異,故曰七政也。”

② 《史記·天官書》説:“北斗七星,所謂旋璣玉衡以齊七政。”又説:“用昏建者杓,……夜半建者衡,……平旦建者魁,……斗爲帝車,運於中央,臨制四鄉,分陰陽,建四時,均五行,移節度,定諸紀,皆繫於斗。”

③ 事實上,西漢武、宣時,才開始創造此物。《法言·重黎篇》所謂:“落下閎營之,鮮于妄人度之,耿中丞象之,幾乎! 幾乎! 莫之能違也。”

民及四時之務”即是“春、秋、冬、夏、天文、地理、人道”。難道還有什麽可以懷疑的地方嗎?

又《周語下》説:“……唯不帥天地之度,不順四時之序,不度民神之義,不儀生物之則……”又説:“……度於天地而順於時動,和於民神而儀於物則……”又説:“……上不象天,而下不儀地,中不和民,而方不順時……”又説:“……度之天神,則非祥也。比之地物,則非義也。類之民則,則非仁也。方之時動,則非順也。……”又説:“……上非天刑,下非地德,中非民則,方非時動而作之者,必不節矣。……”(太子晉語)總觀上引五段文字,僅一、二兩段增多“物則”一事,其餘都全部與今文家所解“七政”的内容相符,這絶不是偶然的,衹有一種典故被人們知道的非常爛熟之後,才能象這樣暗中引用,不必標明出處。由上述這幾段文字,也足以證明今文家解釋“七政”是正確的、有根據的。

又《漢書·律曆志上》引《尚書》“七始詠”,隨後即加以解釋,説:“七者,天地四時人之始也。”此外,《漢書·禮樂志》載唐山夫人《安世房中歌》内有“七始華始”之句,孟康注:“七始,天地四時人之始也。”《漢書·敘傳下》有“八音七始”之句,劉德注:“七始,天地四方人之始也。”説並相同。[①] 顯然,諸家也是依據“七政”古義作解。

以上所舉關於“九族”、“七政”的解釋這兩個例子,説明什麽問題呢?正説明社會意識是社會存在的反映。許多早已過去的古代的觀念、制度,儘管還在傳説或文獻中完好地保存着,但是,由於世代變遷,今昔物質生活條件不同,竟不爲人們所理解、所信任,反爲妄人所臆造的、荒謬的,但適合於當時社會見解的——新的解釋所代替,當然,不能設想後人在新的歷史條件下會僞造出來反映遠古歷史條件的觀念、制度了。解決了這一問題對於我們識别古史料的真僞,實有很大好處,我們有充分理由可以確定這樣一個標準,

① “四方”與“四時”義同,檢上引《周語》便知。

即在古史傳説中,凡是後人認爲不合理的東西,我們應該特别注意,如果它與我們所知道的一般遠古歷史條件下所反映的東西相符,那末,就可以肯定它决不是後人僞造的,而可以看作是真實可靠的史料。

2. 馬克思主義的原理還告訴我們,思想落後於實際和歷史有繼承性。所以,不但在古史傳説中保存着實在的、歷史的因素,在後世的禮俗、制度和意識中也保留着古代社會若干遺迹,特别是在禮俗中所保留的遺迹尤多。《禮記·禮器》説:"禮也者,反本、修古,不忘其初者也。故凶事不詔,朝事以樂;醴酒之用,玄酒之尚;割刀之用,鸞刀之貴;莞簟之安,而稾鞂之設。"又説:"君子曰:禮之近人情者,非其至者也。郊血,大饗腥,三獻爓,一獻孰。"又《禮運》説:"故玄酒在室,醴、醆在户,粢醍在堂,澄酒在下。"都可作爲證明。因此,在中國古禮中也有若干由原始時代遺留下來的痕迹可作史料使用,以説明原始時代的問題。

依據上述觀點來考察中國古史傳説和其他有關材料,可以相信完全有可能證實並説明下面這兩個問題:一、圖騰主義;二、自然崇拜和祖先崇拜。

第一節　圖騰主義

根據現代科學家關於原始社會的研究,我們知道:"早期的宗教意識實質上不過是人與自然渾然一體、自然具有活力這樣一個一般的並且是頗不明晰的概念。表現這種一般的概念的形式之一,也就是最早的宗教形式之一,是被人稱爲圖騰主義的一種複雜的現象。圖騰主義相信,人與某種動物或植物之間(主要地是人與動物之間),有時也相信人與無生氣的物體之間,或甚而人與自然現象之間,存在着特殊關係。圖騰主義的基本的、也是最普遍的因素,顯然是認爲:一個氏族集團的一切成員都起源於某種動物或植物或其他物體或現象,這種動物或植物或其他物體或現象就成爲他們的圖騰。圖騰主義是和氏族社會一道發生的,從而圖騰成爲氏族的不可或缺的附屬物……圖騰主義也導致其他一些概念,如認爲生育是由於圖騰入居婦女體内,死亡就是人返回於自己的氏族圖騰。"①那末,中國古史傳説中有没有反映這種思想的呢?肯定説,是有的。兹略述如下:

一、少皞氏鳥名官

《左傳》昭公十七年有這樣一段記載:

> 秋,郯子來朝,公與之宴。昭子問焉,曰:"少皞氏鳥名官,何故也?"郯子曰:"吾祖也,我知之。昔者黄帝氏以雲紀,故爲雲師而雲名;炎帝氏以火紀,故爲火師而火名;共工氏以水紀,故爲水師而水名;大皞氏以龍紀,故爲龍師而龍名。我高祖少皞摯之立也,鳳鳥適至,故紀於鳥,爲鳥師而鳥名;鳳鳥氏,曆正也;玄鳥氏,司分者也;伯趙氏,司至者也;青鳥氏,司啓者也;丹鳥氏,司閉者也。祝鳩氏,司徒也;鴡鳩氏,司馬也;鳲鳩氏,司空也;爽鳩氏,司寇也;鶻鳩氏,司事也。五鳩,鳩民者也。五雉爲五工正,利器用、正度量,夷民者也。九扈爲九農正,扈民無淫者也。自顓頊以來,不能紀遠,乃紀於近。爲民師而命以民事,則不能故也。"

當然,郯子所稱述的這些事實難免有虚飾的成分。因爲,世代湮遠,肯定説,當時還没有文字,衹憑口耳相傳,似不能如此詳盡。

---

① (前蘇聯)柯斯文著,張錫彤譯:《原始文化史綱》,人民出版社,1953年,第171頁。

特别是關於各官的名稱、職掌和分工,一一可與後世職官比況,顯然有穿鑿附會之嫌。不過,這倒不是主要的,最主要的是,用雲、火、水、龍、鳥等動物或其他物體名官這一點,毫無疑義,它是中國原始社會曾有一個時期實行圖騰主義的確證。如果有人還認爲郯子所説的這一點不可信,那末,請問:爲什麽魯叔孫昭子也知道這樁事?爲什麽在東周的歷史條件下所説的謊言,恰恰符合於原始社會歷史條件的反映?這難道是可以想象的嗎?衹有唯心主義者才胡説一切事都是偶然的,人們可以隨意創造歷史;唯物主義則不然,總認爲歷史是按照客觀規律向前發展,社會意識是社會存在的反映,因而,郯子所説的這一點實斷然可信,不容懷疑的。

在郯子所稱述的這段話裏面邊,還有一點應該予以注意,即實行圖騰主義年代的大致輪廓。大體説,他説圖騰主義是從太皞氏開始,到顓頊止。如果把這份材料同《尚書·吕刑》"乃命重、黎絶地天通……"及《楚語下》"顓頊受之,乃命南正重司天以屬神,命火正黎司地以屬民……"等語互證,不難看出,郯子所説的這一點也不是没有根據的。我們注意這一點有什麽意義呢?實質上,它是説明了中國原始社會的氏族制時期從太皞氏時已經開始,到顓頊時則爲母系氏族制向父系氏族制的過渡階段。因爲,現代原始社會學家説:"圖騰主義是和氏族社會一道發生的。"(見前)又説:"由於對偶家庭的出現以及關於父爲生親的思想的發生,於是野獸或植物的'祖先'(圖騰)爲人類的祖先的想法乃漸受排斥了。"①

關於郯子所稱少皞諸官,依據近人李玄伯的解釋,"……鳳鳥氏等皆係圖騰團,團而兼充官職,這正是政權等差化的現象。以前各團皆平等,無所謂尊卑,迨後政權逐漸集中而且等差化,首領及百官皆由選任,有些部落將首領被選舉權衹限在某一團人所獨有,

---

① (前蘇聯)B. K. 尼科爾斯基著,龐龍譯:《原始社會史》,作家書屋,1954 年,第 123 頁。

以及某官亦皆然，這即少皞諸官的現象。如曆正永由鳳鳥團人充任，司分永由玄鳥團人充任，其餘各官皆然。近代初民社會亦有此例，若北美温内巴哥人即係若此。羅威《初民社會》説：‘例如警察職務是落在熊氏族人身上的，部落酋長是必須從雷鳥氏族中選出來的，公共傳呼人是一定屬於水牛氏族的。’”①這個解説很有道理，可能符合於當時實際情況。

二、高禖

關於“高禖”之事，雜見於《詩經·商頌·玄鳥》、《魯頌·閟宫》、《大雅·生民》傳、《禮記·月令·仲春令》和《王居明堂禮》。兹具引如下：

> 《詩經·商頌·玄鳥》説：“天命玄鳥，降而生商。”毛傳：“玄鳥，鳦也。春分，玄鳥降。湯之先祖有娀氏女簡狄配高辛氏帝，帝率與之祈於郊禖而生契，②故本其爲天所命，以玄鳥至而生焉。”
>
> 又《魯頌·閟宫》説：“閟宫有侐。”毛傳引“孟仲子曰：‘是禖宫也。’”
>
> 又《大雅·生民》説：“生民如何？克禋克祀，以弗無子。”毛傳：“……古者必立郊禖焉，玄鳥至之日，以大牢祠於郊禖，天子親往，后妃率九嬪御，乃禮天子所御，帶以弓韣，授以弓矢，於郊禖之前。”
>
> 《禮記·月令》：“仲春之月，……是月也，玄鳥至。至之日，以大牢祠於高禖，天子親往，后妃帥九嬪御。乃禮天子所御，帶以弓韣，授以弓矢，於高禖之前。”鄭注引《王

① 李玄伯著：《中國古代社會新研》，開明書店版，第229～230頁。

② 《經典釋文》云：“‘郊’本或作‘高禖’。”

居明堂禮》説："帶以弓韣，禮之禖下，其子必得天材。"

綜上所述，可見"高禖"之禮甚古，而其儀節殊怪。爲什麽求子必到禖宫？所謂"乃禮天子所御，帶以弓韣，授以弓矢，於高禖之前"，以及"禮之禖下，其子必得天材"到底是怎麽一回事？《詩》傳、《禮記》雖傳於漢人，但是如果説這是漢人杜撰的，難道是可以想象的嗎？

據近人李玄伯解釋説："近代原始人常在固定時期，令婦人與圖騰配合以生子。據埃及晚期記載，泄漏出埃及古代亦有這種典禮，且遵行甚久。於是我們明白了高禖的最初意義。玄鳥乃商人的圖騰，須與同圖騰的婦人配合，所以后妃皆往。最初不衹首領的婦人如此，凡玄鳥團的婦人皆如此。因爲非與玄鳥配合不生子（子彼時仍舊是他的最初義，即玄鳥之子），玄鳥是必須的，至少是男女間必須的中間者，故以後更將高禖引申到男女結婚必須的中間人——媒妁。然則媒之稱亦係玄鳥團——商人——所始創。"①

李氏又説："圖騰按時與團中婦女配合，俟首領出現後，他尤喜歡同首領的婦人配合。這種禮節，原始社會間常有，而據較晚記載，以前埃及亦行過這禮節，不過甚秘密，不使外人知道罷了。上文講玄鳥圖騰團時，已講過祀高禖，亦即此禮。……最初閟宫亦與高禖相似，乃圖騰與團中婦人配合而生團員的地方。"②

我認爲，李玄伯的解釋是正確的。在高禖這個典禮上，毫無疑義，還保留着中國原始社會圖騰主義的遺迹。

第二節　自然崇拜和祖先崇拜

爲了幫助讀者對自然崇拜和祖先崇拜這兩個概念有一般的瞭解，

① 《中國古代社會新研》，第 120 頁。

② 同上，第 161 頁。

現在還從前蘇聯柯斯文著《原始文化史綱》中摘録幾段文字如下：

……宗教在其最早的形式中，特别是在魔術中，就已經有兩個方面：首先是某種信念；其次是從這種信念生出並與之符合的動作。隨着宗教的發展，這兩方面也各自發展，信念變成信仰，動作有了不同的、複雜的形式，變成崇拜。

原始人依賴着自然環境從事於勞動實踐及經濟生産活動，這一事實在很早的時候就决定了他的關於自然和自然力的觀念是帶有兩重性的。這種帶有兩重性的觀念是：自然力分爲有益的和有害的、便利於人的和不便利於人的、好的和壞的兩類，而且同一的自然力可能便利於人，也可能爲人帶來災害。尤其是在原始人開始覺察出來自己在某些場合的軟弱時，覺察出來自己不能應付那些對於人的生活及經濟活動具有重大意義的自然力時，這種帶有兩重性的觀念就更加發展。

人們既然把自然力區分爲好的和壞的兩類，也把這些自然力的作用區分爲好的和壞的兩類，並對於壞的力量感覺恐怖，於是人們設想保持一切自然力對自己的同情，不去"冒犯"它們，博取它們的歡心，把它們吸引到自己這方面來。這樣便發生了對於好的和壞的力量的敬畏，對於它們的崇拜。這種崇拜的最簡單的形式是各種各樣的供獻，即犧牲。最初供獻的犧牲完全是實物，後來差不多都變作象徵性的。

新的宗教形式——自然崇拜發展了起來。不過這時候還没有抽象的對於整個大自然的崇拜，這衹是膜拜人所認爲最有勢力、最同情於人的、個别的自然因素和自然力。當然，在自然崇拜中，那些具有最巨大的生産意義的自然因素和自然力會占居特殊地位。因此，在自然崇拜中,對於地、太陽、水、火、樹以及個別動物的崇拜得到比較顯著的發展和傳播。

原始宗教之在自然崇拜方面的進一步的發展,表現在萬物有靈信念的發展上。起初認爲人和自然都有生氣或者説都是有靈的一個混沌不分的觀念,到這時候開始分化了。人們有了靈魂和肉體的觀念,有了靈魂和肉體可以分離的觀念,有了靈魂可能單獨存在的觀念。

正在發展中以萬物有靈論爲基礎的宗教,把魔術、圖騰主義和自然崇拜交織在一起,認爲所有有形的以及無形的自然因素、自然力以及自然現象都具有靈魂。同時,也産生了認爲這些自然力和自然現象各有獨自的"靈魂"的觀念。這些靈魂被轉化爲無形的"精靈"。這種代表着自然界的"精靈"是非常多的。地、森林、水、山、房屋等等都有精靈。人們的想象力賦予這些精靈以人的、擬人的、時常是怪異的形狀。人們蓄意使這些精靈親近自己,爲他們創造了具體的形象——附托體,并且相信精靈正附托在這些形象以内。偶像或靈物就是這樣出現的。從這裏發生了廣泛傳佈的、對於精靈之各種不同的物質附托體的崇拜,即靈物崇拜。對於個别地點的崇拜也是很普遍的,這類地點,如叢林、林中空地、山嶽以及其他,被認爲是某種精靈所喜歡居住的處所。

萬物有靈信念的發展,改變了人們對死亡和對死者的看法和態度。起初死亡被認作是不醒的睡眠,生者要對於自己的"入睡的親人"加以照顧。但屍體的腐爛是擺在原始人面前一個不能解決的問題,而對"睡眠的"人逐漸消滅的事實,他最初有着茫然失措的感覺。由於産生了從最初的到最後的對待死者的非常多樣的辦法。……隨着靈魂概念的出現,人們對待死者的態度複雜化了。

肉體雖因腐爛而消滅,但靈魂還是不滅的,靈魂仍然存在着並需要適當的照顧。從這裏産生了死後生活的觀念。

在這以後,死亡被認作是肉體存在的終結,但是靈魂存在的持續。這又引起一系列的觀念、禮節和儀式:地下鬼魂世界的觀念,靈魂不死的觀念,靈魂遭受報應、"祭奠靈魂"的觀念,也促成靈魂轉移及附體觀念的繼續發展,並生出靈魂停留於死者的個人所有物以内、也可以附托於他的造像以内等信念。在發展較高的氏族制下,從這些觀念出發形成了對於那些曾對社會作過重大貢獻的氏族已故成員,如氏族首腦、勇士等的繁雜的崇拜——祖先崇拜。……祖先是他的還生存着的親屬的庇護者和保衛者。

在發展的母權制下,宗教是沿着自然崇拜的路綫發展的。同時,個别的自然力和自然因素被賦予以婦女的形象,它們的精靈也都是女性的稱號。在農業發展的基礎上,對於地母的崇拜特别突出,月的崇拜也占居顯著地位。婦女們基於自己的經濟及社會地位在崇拜中起着主導作用。隨着向父權制的過渡,婦女在宗教中的主導作用被男子排擠掉了,女性的精靈變爲男性的精靈。婦女轉到丈夫家中居住以後,起初還保存着自己的崇拜和節慶,後來則改奉她的丈夫的崇拜和宗教。與父權制和自然崇拜相伴隨,發展起來祖先崇拜,而與家族公社的發展相聯繫,也發展起來家竈崇拜。①

以上這幾段文字全面地系統地介紹了自然崇拜和祖先崇拜發生、發展的一般情況。無疑,對於我們瞭解中國有關這方面的問題

① 柯斯文:《原始文化史綱》,第174～181頁。

是有很大幫助的。下面即進一步就中國原始時代的自然崇拜和祖先崇拜談一談。

一、蜡

古有蜡祭，在《禮記·郊特牲》、《明堂位》、《禮運》、《雜記》、《周禮·春官·籥章》、《夏官·羅氏》和鄭玄《周禮·地官·黨正》、《春官·大宗伯》《春官·大司樂》、《禮記·月令·孟冬》注俱有記載。兹具引如下：

《郊特牲》説："天子大蜡八。伊耆氏始爲蜡。蜡也者，索也，歲十二月，合聚萬物而索饗之也。蜡之祭也，主先嗇而祭司嗇也，祭百種以報嗇也。饗農及郵表畷、禽獸，仁之至、義之盡也。古之君子，使之必報之：迎貓，爲其食田鼠也，迎虎，爲其食田豕也，迎而祭之也。祭坊與水庸，事也。曰：'土反其宅，水歸其壑。昆蟲毋作，草木歸其澤。'皮弁、素服而祭。素服，以送終也。葛帶、榛杖，喪殺也。蜡之祭，仁之至，義之盡也。"又説："八蜡以記四方。四方年不順成，八蜡不通，以謹民財也。順成之方，其蜡乃通，以移民也。既蜡而收，民息已。故既蜡，君子不興功。"

《明堂位》説："是故夏礿、秋嘗、冬烝，春社、秋省（獮）而遂大蜡，天子之祭也。"

《禮運》説："昔者仲尼與於蜡賓……"

《雜記下》説："子貢觀於蜡，孔子曰：'賜也樂乎？'對曰：'一國之人皆若狂，賜未知其樂也。'子曰：'百日之蜡，一日之澤，非爾所知也。張而不弛，文武弗能也。弛而不張，文武弗爲也。一張一弛，文武之道也。'"

《周禮·春官·籥章》説："國祭蜡，則歈《豳頌》，擊土鼓，以息老物。"

又《夏官·羅氏》説："蜡，則作羅襦。"

又《地官·黨正》:"國索鬼神而祭祀,則以禮屬民而飲酒於序,以正齒位。"鄭玄注:"國索鬼神而祭祀,謂歲十二月大蜡之時,建亥之月也。"

又《春官·大宗伯》:"……以疈辜祭四方百物……"鄭玄注:"疈,疈牲胸也。疈而磔之,謂磔禳及蜡祭。《郊特牲》曰:'八蜡以記四方,四方年不順成,八蜡不通,以謹民財也。'又曰:'蜡之祭也,主先嗇而祭司嗇也,祭百種以報嗇也。饗農及郵表畷、禽獸,仁之至,義之盡也。'"

又《春官·大司樂》:"凡六樂者,一變而致羽物及川澤之示,再變而致贏物及山林之示,三變而致鱗物及丘陵之示,四變而致毛物及墳衍之示,五變而致介物及土示,六變而致象物及天神。"鄭玄注:"變猶更也。樂成則更奏也。此謂大蜡索鬼神而致百物,六奏樂而禮畢。"

《禮記·月令·孟冬》說:"是月也,大飲烝。"鄭玄注:"《黨正職》曰:'國索鬼神而祭祀,則以禮屬民,而飲酒於序,以正齒位。'亦謂此時也。《詩》云:'十月滌場,朋酒斯饗。曰殺羔羊,躋彼公堂。稱彼兕觥,受福無疆。'是頌大飲之詩。"

又《月令·孟冬》於"大飲烝"下,又說:"天子乃祈來年於天宗,大割祠於公社及門閭,蜡先祖五祀。"鄭玄注:"此《周禮》所謂蜡祭也。天宗,謂日月星辰也。大割,大殺群牲割之也。蜡,謂以田獵所得禽祭也。五祀:門、户、中霤、竈、行也。或言祈年,或言大割,或言臘,互文。"

從以上所引述的這一大堆材料裏可以看出,蜡祭是非常古老的一種祀典。《郊特牲》說:"伊耆氏始爲蜡。"伊耆氏的確切年代雖不可知,但據《明堂位》說:"土鼓、蕢桴、葦籥,伊耆氏之樂也。"及《禮運》說:"夫禮之初,始諸飲食,其燔黍捭豚,污尊而抔飲,蕢桴而土鼓,猶若可以致其敬於鬼神。"可以斷言,其時代必甚久遠。蜡祭,大概是農業出現不久,爲紀念創興農業的功績,兼以禳災、祈年所舉行的一種祭禮。觀天子之大蜡八，有先嗇、司嗇、農、郵表畷、貓虎、坊、水庸、昆蟲。① 鄭玄説：“先嗇，若神農也。司嗇，后稷是也。農，田畯也。郵表畷，謂田畯所以督約百姓於井間之處也。水庸，溝也。”是大蜡所祭的對象，不但有人神，而且有動物之神；不但有動物之神，而且有無生物之神。這種祀典同上述高禖一樣，歷代相沿，直到明亡始廢，顯然不是後世某朝所創造的，而是在禮俗裏邊保存着的原始時代自然崇拜的遺迹。

二、爟

《周禮》有司爟之官，專掌火之政令，中國古代對火非常重視，在文獻上能找到很多有關這方面的材料，可以確信，它是中國原始時代自然崇拜的遺迹。兹先把材料擺出來看看。

《周禮・夏官・司爟》：“司爟掌行火之政令，四時變國火，以救時疾。季春出火，民咸從之；季秋内火，民亦如之。時則施火令。凡祭祀，則祭爟。”鄭玄注：“行猶用也，變猶易也。鄭司農説以《鄹子》曰：‘春取榆柳之火，夏取棗杏之火，季夏取桑柘之火，秋取柞楢之火，冬取槐檀之火。”

《吕氏春秋・本味》篇：“湯得伊尹，祓之於廟，爝以爟火，釁以犧猳。明日，設朝而見之，……”又《贊能》篇：“……桓公使人以朝車迎之(迎管仲)，祓以爟火，釁以犧猳焉，……”

《史記・封禪書》説：“通權火。”又説：“權火舉而祠，若光輝然屬天焉。”(《漢書・郊祀志》同)惠士奇説：“通權火，蓋燔柴之遺法。”《史記會注考證》説：“權讀爲爟，索隱一音是。”②

---

① 此鄭玄説。王肅分貓虎爲二，無昆蟲。陳祥道禮書數八神有百種、禽獸，無貓虎、昆蟲。

② 案《史記》索隱説：“權如字解，……一音爟。”

《論語·陽貨》:"宰我問:'三年之喪,期已久矣。君子三年不爲禮,禮必壞;三年不爲樂,樂必崩。舊穀既没,新穀既升,鑽燧改火,期可已矣。'"馬融説:"《周書·月令》有更火之文:'春取榆柳之火,夏取棗杏之火,季夏取桑柘之火,秋取柞楢之火,冬取槐檀之火。'一年之中,鑽火各異木,故曰改火也。"

《管子·禁藏》説:"當春三月,萩室熯造,鑽燧易火,杼井易水,所以去兹毒也。"

《淮南子·時則訓》:春,"爨萁燧火";夏、秋,"爨柘燧火";冬,"爨松燧火"。

《隋書·王劭傳》:"劭以古有鑽燧改火之義,近代廢絶,於是上表請變火。曰:'臣謹案《周官》四時變火,以救時疾。明火不數變,時疾必興。聖人作法,豈徒然也?在晉時,有以洛陽火渡江者,代代事之,相續不滅,火色變青。昔師曠食飯,云是勞薪所爨。晉平公使視之,果然車輞。今温酒及炙肉,用石炭、柴火、竹火、草火、麻荄火,氣味各不同。以此推之,新火舊火,理應有異。伏願遠遵先聖,於五時取五木以變火,用功甚少,救益方大。縱使百姓習久,未能頓同,尚食内厨及東宫諸主食厨,不可不依古法。'上從之。"

周柄中《四書典故辨正》説:"鑽燧之法,書傳不載。揭子宣《璇璣遺述》云:'如榆剛取心一段爲鑽,柳剛取心方尺爲盤,中鑿眼,鑽頭大,旁開寸許,用繩力牽如車,鑽則火星飛爆出竇,薄煤成火矣。此即《莊子》所謂木與木相摩則燃者。古人鑽燧之法,意亦如此。'今案揭説頗近理。若然,則'春取榆柳'者,正用兩木,一爲鑽,一爲燧也。其棗杏桑柘,意亦然矣。"①

徐頲"改火"解:"改火之典,昉於上古,行於三代,迄於漢,廢於魏、晉以後,復於隋而仍廢。其制則四時異木,其名則見《周書》、《鄹子》,其器則燧,其用則有常,其官則漢以上皆有,其義則或信或

① 劉寶楠:《論語正義》引。

不信。曷言之？《尸子》曰：‘燧人上觀星辰，察五木以爲火。’故曰昉於上古也。唐虞尚矣！周監二代，《周禮》有司爟行火之政令，故曰行於三代也。秦棄古制，漢武帝時別置火令、丞，中興省之，然《續漢志》曰：‘冬至鑽燧改火。’故曰迄於漢。隋王劭以改火之義近代廢絶，引東晉時有以洛陽火渡江者，世世事之，非見絀於魏、晉後乎？隋文從劭請而復之，然其後不見踵行者，蓋視爲具文而已，故曰復於隋而仍廢者也。其制若何？所謂春取榆柳之火，夏取棗杏之火，季夏取桑柘之火，秋取柞楢之火，冬取槐檀之火也。《周書》，《鄹子》亡矣。《司爟》注鄭司農引《鄹子》以説焉。《論語》鑽燧改火，馬南郡引《周書·月令》焉。引異語符則可信。《時則訓》其燧、松燧等，傳聞異辭耳，不得據以相難。故曰見《周書》及《鄹子》。其器與用若何？夫燧取明火於日，木燧則以鑽火，木與木相摩則然，五行之正。《内則》：‘子事父母，右佩玦、捍、管、遰、大觿、木燧。’蓋不可一日缺者，非有常乎？其官若何？顓頊有子曰犂，爲高辛氏祝融，昭顯天下之光明，生柔嘉材。堯時有火正閼伯，居商邱。舜使益掌火，《夏小正》有三夫出火。相土因商邱，商邱主火，祀大火，而以火紀時焉。周則屬夏官，下士二人。《漢書·百官公卿表》以別火主改火事、屬典客。非漢以上皆有乎？至其義則皇侃諸儒以爲配五方之色，賈公彦致疑於榆柳不青，槐檀不黑；又或不得其説，則曰此據時所宜用而已，依違膚淺，俱不足信也。惟先師半農先生據《管子·幼官》篇及《春秋》賈誼書以槐檀爲東方木，榆柳爲南方木。其説曰：‘春取榆柳，取之南方也，夏取棗杏，取之西方也，秋取柞楢，取之北方也，冬取槐檀，取之東方也。’則與《淮南王書》所云‘冬至甲子受制，木用事，火煙青，七十二日’者合。古人取火，皆於分至，先師灼然見三代制，故獨可信也。抑聞之天官，心爲大火，咮爲鶉火，既並懸象於上，出火、内火，以之爲節，而炊爨烹飪則別著改火之令，古先聖王，法天地，揆陰陽，順四時，理百姓，不一定也。是故民無夭札，物無害生，革故取新，去沴而蒙福，不其神乎？後世不知其重而忽之。吁！三代以上之政，其廢於後者，何可勝道，蓋有大於是者，學者亦講明其義，以待上之人用之而已。”①

綜上所述：可以充分看出我國古代對於火是何等重視。近人李玄伯利用西方民族志材料與中國固有文獻結合研究，又有新的理解，能發前人所不發，解決了以前很多不能解決的問題，值得重視。兹引述如下：

在極古時代，希臘、意大利及印度皆曾有“火”的崇祀。每家在他的裏院或屋門旁，皆有永燃不息的火。這種火多用炭或煤燃燒。家人每天早晚必祭祀他，在飯前亦必祭告。不祇各家如此，即每個演司（每族）、每區、每邦，亦莫不有“火”的祭祀。據西歐學者的研究，家火當即代表祖先，因古人言語中，祖先與家火，常常互相混用，演司火似乎就是代表始祖。因爲相隔極遠的地方，東至印度，西至地中海，皆有同類禮節，遂使吾人相信禮節的創始，必在希臘、意大利、印度人以前。大約在亞利安族——希臘、意大利、印度各族的共祖——尚未離開中央亞細亞以前，這種禮節已經存在。厥後亞利安各族遷徙至各處時，乃將這種習俗帶至各地。

據現存的希臘、拉丁、印度各書中，尚能略知這種禮節的一二細目。但這些書皆較“祀火”的極盛時代爲晚近，故祇能略知其禮節，而無法深知。然就現在可以知道的，與我國古制相較，頗有能吻合者。本篇所欲研究者，亦即在此。

我國所用以代表祖先，而受祭享者，習慣皆用木制的牌位：“主”。按《説文·丶部》：“主，燈中火柱也。”主明明

① 程樹德：《論語集釋》引。

是燈中火柱，而偏用他叫木頭做的牌位，這是何種理由？蓋我國極古亦曾有“祀火”的制度，用火以代表祖先，與希臘、羅馬、印度等處相同，因爲是火焰，故名爲主。後不知在何時，有人制木主以代火。但主這個名稱已用過不知幾千年，習慣已久，故相仍而不改。於是木質的牌位亦名爲主矣。

木主的制度，在我國起自何時，現在頗難臆斷。《論語·八佾》篇：“哀公問社於宰我，宰我對曰：‘夏后氏以松，殷人以柏，周人以栗。’”問社，《正義》謂《魯論》原作問主。即問社亦以鄭康成解作問社主爲長。宰我所言古制若果確實，則木主之制，似已起自夏時。“祀火”的制度，更在夏以前矣。《淮南·齊俗訓》有有虞氏社用土，夏后氏社用松，殷人社用石，周人社用栗之説，更上推至有虞，但《淮南》漢人書，更不敢相信。

不論如何，從文字上觀察，我國在木主以前，曾祀火則確切也。不衹如此，希臘、意大利等處祀火細節以及祀火的位置，與我國古制亦甚相合。希臘每家所祀的火，每年須止熄一次，重燃新火。燃新火的月日，各家不同，各邦不同。燃時不准用鐵石相敲，如我國鄉間的用火鏈取火，衹准取太陽火，或兩木相摩擦所生的火。木質亦有限制，有准用的木頭，有不准用的木頭，錯用認爲瀆神。這些細節，亦與我國古制相同。每年重燃新火，即我國古代所謂“改火”。《論語·陽貨》篇，宰我説：“鑽燧改火。”上邊兩句説“舊穀既没，新穀既升。”下邊又説：“期可已矣。”這明明説鑽燧改火亦是每年的。因爲改火，新者不與舊者相見，所以中須停若干時候（當然不能出一天）。這停火的時間與改火的時間，各家各邦不一定相同，其中之一即寒食的起因。

介子推,《左傳》祇説晉文公求之不獲。及至《楚辭·九章》始有"介子忠而立枯兮,文公寤而追求。"《莊子·盜跖》篇始説:"介子推至忠也,自割其股,以食文公。文公後背之,子推怒而去,抱木燔而死。"可見子推被焚之説起始甚晚。後人對寒食之説,去古已遠,不能瞭解,遂附會到介子推身上。其實改火、寒食的制度,較古不知若干年也。

不祇改火的制度,希臘與中國相同,即燃火的方法亦同。前邊説過,取火祇准用太陽火,或兩木相摩生的火,且木質亦須用合禮的。按《周禮》司爟氏掌以夫遂取明火於日。鄭康成注:"夫遂,陽遂也。"以夫遂取火於日,即以銅凹鏡向太陽以引火。這不與希臘的取太陽火相同麼?《周禮》這部書,當然非周公所制,并且決非西周的書。觀其中有整齊劃一各國的思想,如甸衛等整齊的規劃,禄制的統一等等,當係厭惡戰國的割據而理想統一的時代所作,其時代當在戰國。但有些條理間或保存着古制度。這是著者或抄自古書,或傳自習俗,不自覺的寫上的。我以爲明火就是其中的一條。至於以木取火,馬融注《論語》改火亦説:"《周書·月令》有更火之文:春取榆柳之火,夏取棗杏之火,季夏取桑柘之火,秋取柞楢之火,冬取槐檀之火。"鄭康成注《周禮·司爟》引鄭司農以《鄹子》説,與此同。由此可見取火的木質須用一種固定的、合禮的,亦與希臘風俗相同,并且摩取的方法亦同。鑽燧的解釋,漢儒已經不甚明瞭,惟周柄中所引揭子宣説,頗爲近理,兹鈔録如下:(文已見前,兹從略)

蓋每季兩種木,正一種做鑽,一種做盤。上邊已經説過,各家各邦的改火時候並不一定相同,所以有五季取火用木的不同。如改火在春間者用榆柳,改火在夏者則用棗杏。其餘各季各有用木,並非每季改火也。後人不懂改火與祀祖有關,見有春用何木、夏用何木之説,遂以爲四時改火。故編《周禮》者,遂在司爟職掌中,寫上:四時變國火。不知《月令》説"五季"者,當如上邊的解釋,而非四時變火。

與明火有關者,尚有明水。《逸周書·克殷解》:"毛叔鄭奉明水。"彼時武王方祭社,明水當然亦與禮有關。《周禮》司爟氏:"以鑒取明水於月。"鄭注:"鑒,鏡屬,取水者,世謂之方諸。"《説文》金部:"鑑,大盆也,一曰鑑諸,可以取明水於月。"以鑑盛水,固然不錯,但兩君皆未説怎麽樣取明水於月。高誘注《淮南子·天文訓》:"方諸見月則津而爲水。"與前説又不同。他説:"方諸,陰燧,大蛤也。熟摩令熱,月盛時,以向月下,則水生。以銅盤受之,下水數滴。"高説甚怪,但我亦不敢輕信古人所謂明水準像他所説的那樣曲折。編《周禮》的人,大約已不知明水爲何物,以爲明火既取自日,明水當亦取自月。但我想明水的解釋並不如此。現在我們禮失而求諸"夷"罷。希羅古代皆有一種洗水,重要幾與他們敬祀的火相等。古代書中常提起"火及水"。火就是家火、邦火,水就是洗水。因爲祓洗禮中用他,所以我譯做"洗水"。取洗水的方法,是用祭臺上火所燃着的炭,浸入水中。因爲炭有神性,故水亦有神性。我以爲古代所謂明水,取法與此相同,明火所以燃祭臺上的火,明水乃浸入炭的水。因有神性,故曰明;明者,神明的意思。

因爲邦中亦有祀火,邦火亦就是邦的代表。古時滅人國者,必"毀其宗廟",毀他的邦火,所以滅人國曰"滅",與滅火相似。若非古時有"祀火"的制度,這個滅字就無法解釋了。

……

由火而説到與火有關的祭肉。希羅古代祭祀，必燔肉於祭臺上的火，祭後大家分食，以取因人神相感而人人相感的意思。若拒絶一個人加入團體時，可以燔肉不分給他吃，即表示不與他共事神。因此分食燔肉，尚有友誼的表示。希羅如此，再返觀我國古代。據各書所記載，古代祭肉有兩種名稱：一種叫做脤，一種叫做膰。《左傳》成十三年："公及諸侯朝王。遂從劉康公、成肅公，會晉侯伐秦。成子受脤於社，不敬。劉子曰：國之大事，在祀與戎。祀有執膰，戎有受脤，神之大節也。"閔二年："梁餘子養曰：帥師者，受命於廟，受脤於社。"《國語》卷十一《晉語》："（張侯曰：）受命於廟，受脤於社。"據此則祭宗廟的肉曰膰，祭社的肉曰脤。祭宗廟的肉亦曰胙。《左傳》僖九年："王使宰孔賜齊侯胙，曰：天子有事於文武，使孔賜伯舅胙。"既曰有事於文武，當然是祭宗廟，故胙即是膰。歸胙當是分食膰肉的變通辦法，亦是共與神相感的意思。同祭則分肉，不同祭則送肉，用意相同。《春秋》定十四年尚有"天王使石尚來歸脤"。《左傳》尚有"太子（申生）祭於曲沃，歸胙於公"。（《僖四年》）及子產所說："孔張爲嗣大夫，喪祭有職，受脤歸脤。"（《昭十六年》）"進胙者莫不謗令尹。"（《昭廿七年》）可見古代凡祭必分送肉，君祭則賜胙歸脤，臣祭則歸胙歸脤。而《論語》亦說："朋友之饋，雖車馬，非祭肉，不拜。"（《鄉黨》）由這條可見朋友亦互相送祭肉，并且足證對送祭肉的重視。古人在物質上，非常重視馬。公子重耳在齊，"有馬二十乘，公子安之"，就不想走。送禮亦常送馬，足見對於馬的重視。但不拜饋車馬，而拜饋祭肉，分肉習俗之來自遠古而深爲人所重視可知。魯祭膰俎不至，孔子行。有人説孔子以小事爲藉口，實在膰俎不至，即非友誼的意思，故甚重視，非小事也。

《説文》有祳無脤，有胙無祚，膰則作鐇：“祳，社肉盛之以蜃，故謂之祳。天子所以親饋同姓。從示，辰聲。”（示部）“胙，祭福肉也，從肉，乍聲。”（肉部）“鐇，宗廟火熟肉，天子所以饋同姓。從炙，番聲。”（炙部）其實祳與脤，胙與祚，膰與鐇，仍皆相同。説天子所以親饋同姓，饋同姓，亦不錯。最初分肉衹能在同姓人内，或同邦人内。但周初大事封建以後，幾乎將各邦皆變成同姓，或變成親戚，界限擴充無限，所以分肉亦不衹限於同姓。上邊賜齊侯胙以外，宋對周亦“天子有事膰焉”（《僖二十四年》）。齊宋在周皆異姓，而孔子於魯亦異姓，足證歸胙之禮在東周時已由同姓而擴充至異姓。

在文字上從祭肉亦引出兩個字，一個是祚字，《左傳》載踐土之盟的要言説：“皆獎王室，無相害也。有渝此盟，明神殛之，俾隊其師，無克祚國，及其玄孫，無有老幼。”（《僖廿八年》）《國語》卷三《周語》：“皇天嘉之，胙（禹）以天下。……胙四岳國，命爲侯伯。”做天子，做侯伯皆曰祚國，就因爲祭祀必有胙肉，能祭祀就能保有國家。祚國實在同享國一樣，享亦祭祀也。

另一個是宥字。《左傳》莊十八年：“虢公、晉侯朝王，王饗醴，命之宥。皆賜玉五瑴，馬三匹。”又僖廿五年：“晉侯朝王，王饗醴，命之宥。”又僖廿八年：“晉侯獻楚俘於王，王饗醴，命晉侯宥。”又《國語》卷十《晉語》：“王饗醴，命公胙侑。”（此與《左傳》記同年的事）韋昭、杜預皆解侑爲既食以束帛侑助。王引之始解侑爲與王相酬酢。王國維從其説，更引鄂侯馭方鼎爲證。鼎有“馭方𠭯王”，王謂𠭯即宥侑二字，亦即《説文》友之古文㕛的本字（見《觀堂别集補遺·釋宥》）。我以宥就是祭後分祭肉，所以《國語》説命公胙侑。胙侑連文，尤爲明瞭。有當是宥、侑最初的字。金文中皆從手(又)執肉。《説文解字》説他從月又聲，實在不對。我以爲享是古代一種極隆重的請客禮。先祭神後與客分食神餘。因爲享是祭神，所以這種禮亦曰享。祭後同分食祭肉，或者亦同飲祭酒，就是宥。若不同祭祀，祭後送肉至家者，則曰歸胙，因参加祭祀或否而名稱不同。因爲同食祭肉，與神共感，故亦稱其人曰友，即朋友字的起因。①

以上所引李氏關於主、改火、寒食、明水、脤、膰、胙、宥等等一系列的解釋，雖然現在未必即爲大家所公認，但我認爲這樣解釋是正確的。衹有這樣解釋，方覺觸途皆通，毫無疑滯。因此，故不怕絮煩，引了這麽多的原文，以備參考。

三、爨

祭爨是家竈的崇拜。

《儀禮·特牲饋食禮》記："尸卒食，而祭饎爨、雍爨。"鄭玄注："以尸享祭，竈有功也。"

《禮記·禮器》："孔子曰：'臧文仲安知禮？……燔柴於奥。夫奥者，老婦之祭也。盛於盆，尊於瓶。'"鄭玄注："奥當爲爨，字之誤也。……老婦，先炊者也。盆、瓶，炊器也。明此祭先炊，非火神，燔柴似失之。"

觀上述孔子批評臧文仲燔柴於爨爲不知禮，證明家竈崇拜到了春秋時期已經歷很長一段歷史，所以雖以臧文仲之智還在這個禮節上犯了錯誤。

① 《中國古代社會新研·釋主》，開明書店版，第15～24頁。

四、孫爲王父尸

古時宗廟之祭,“孫爲王父尸”這個制度無疑是很奇特的。要想瞭解爲什麽會有這個制度,首先需要瞭解“昭穆”的制度。要想瞭解什麽是昭穆制度,首先需要瞭解原始氏族的“婚級”。既然宗廟之祭,孫爲王父尸與原始氏族的婚級有關聯,因而,可以斷言,中國歷史上的祖先崇拜起源很早。《國語·楚語下》觀射父説少皞氏時已有宗、祝之職,祝知道“高祖之主、宗廟之事、昭穆之世”,宗知道“氏姓之出”。看來這話不盡無稽,裏邊包含着實在的、歷史的因素。以下更引證據詳細加以説明。

《禮記·曲禮上》説:“禮曰:‘君子抱孫不抱子。’此言孫可以爲王父尸,子不可以爲父尸。”鄭注:“以孫與祖昭穆同。”

又《曾子問》:“孔子曰:‘祭成喪者必有尸,尸必以孫,孫幼則使人抱之,無孫則取於同姓可也……”

又《祭統》:“夫祭之道,孫爲王父尸,所使爲尸者,於祭者子行也。父北面而事之,所以明子事父之道也。此父子之倫也。”鄭注:“子行猶子列也。祭祖則用孫列,皆取於同姓之嫡孫也。天子、諸侯之祭,朝事延尸於户外,是以有北面事尸之禮。”

以上,古文獻上記載關於孫爲王父尸之事。

《周禮·春官·小宗伯》:“辨廟祧之昭穆。”

《國語·魯語上》:“夏父弗忌爲宗,蒸將躋僖公。宗有司曰:‘非昭穆也。’曰:‘我爲宗伯,明者爲昭,其次爲穆,何常之有!’有司曰:‘夫宗廟之有昭穆也,以次世之長幼,而等胄之親疏也。夫祀,昭孝也。各致齊敬於其皇祖,昭孝之至也。故工史書世,宗祝書昭穆,猶恐其踰也。今將先明而後祖,自玄王以及主癸莫若湯,自稷以及王季莫若文、武,商、周之蒸也,未嘗躋湯與文、武,爲不踰也。魯未若商、周而改其常,無乃不可乎?’”

以上是古文獻裏關於廟祭辨昭穆的記載。

《禮記·祭統》:"夫祭有昭穆,昭穆者,所以别父子、遠近、長幼、親疏之序而無亂也。是故有事於大廟,則群昭群穆咸在而不失其倫。此之謂親疏之殺也。"又説:"凡賜爵,昭爲一,穆爲一,昭與昭齒,穆與穆齒。凡群有司皆以齒。此之謂長幼有序。"

《左傳·僖公五年》:"大伯、虞仲,大王之昭也……虢仲、虢叔,王季之穆也……"(宫之奇對虞公語)

又《僖公二十四年》:"管、蔡、郕、霍、魯、衛、毛、聃、郜、雍、曹、滕、畢、原、酆、郇,文之昭也。邘、晉、應、韓,武之穆也。"

又《定公四年》:"曹,文之昭也;晉,武之穆也。"

《尚書·酒誥》:"乃穆考文王,肇國在西土。"

以上是古文獻上關於祭時及平日以昭穆别遠近、親疏的記載。

《周禮·春官·冢人》:"冢人掌公墓之地,辨其兆域而爲之圖,先王之葬居中,以昭穆爲左右。"鄭玄注:"昭居左,穆居右,……"

以上是古文獻上關於墓葬按昭穆次序排列的記載。

宋人何洵直説:"古者,葬祔以其班,袷以其班,爲尸及賜爵以其班,故昭常爲昭,穆常爲穆,廟次雖遷,昭穆之班,一定不移。"這話是對的。但是,昭穆之制,是什麼時候産生的?怎麼産生的呢?在文獻上找不到説明。李玄伯利用民族志材料,認爲昭穆是原始時代"婚級"的遺迹,這個説法很有道理。兹引述如下:

> 近代原始社會每一部落,更自分爲左右兩部。部並自有其圖騰。部中且常再分爲若干團。兩部可以互通婚姻,但同部婚姻,則絶對禁止。每部又自分爲若干級,普通衹兩級,間或有四級者。級數的分别,同部落中左右兩部必須相同,如兩級皆須兩級,四級皆須四級是。每部人民皆分屬於某一級,但必須父子異級,祖孫同級。假使某人屬於甲級,某子則屬於乙級,其孫則又屬於甲級。至於婚姻,左部甲級之男子亦祇能與右部甲級之女子結婚,而

不能與乙級者。據杜爾干的研究,這種分級的目的完全爲婚姻,所以分别行輩,至於祖孫同級者,則祖孫年歲相去常五六十歲,決不至行輩紊亂而有婚姻之嫌。

……分級之説,我以爲即古代的"昭穆"……

方母系社會時,子女皆從其母的圖騰,兩部之第一代若各從其圖騰,則第二代必互换圖騰,至第三代復如第一

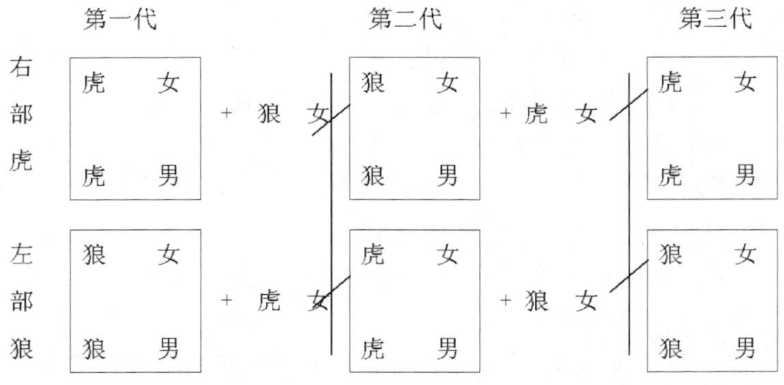

代。茲假設"狼"、"虎"兩部,列表如下:

因此祖孫同圖騰(姓),而父子則否。①

第三節　魔術和魔法師

柯斯文説:"圖騰主義以外,原始宗教的另一表現形式是魔術。魔術是一套歪曲的、虚妄的信念,相信自然界中普遍存在着或可能存在着不可見的聯繫和影響;個别的自然現象可能對人發生不可見的影響,反過來人也可能對自然發生不可見的影響;最後,人對人也可能發生不可見的影響。在這種信念的基礎上,產生了各種各樣的關於個别物體及現象之相互關係、關於現象之起因、關於超

① 《中國古代社會新研》,第37～41頁。

自然力等等的虚妄的概念。在這種信念的基礎上,原始人也確信,衹要采用相應的方法和手段,就有可能按照自己的意願或循着自己所希冀的方向去影響自然或影響他人。狹義的魔術,或稱妖術,就是這樣發展起來的。"①

又説:"在原始人對於自己、對於自己的'知識'和能力還保有信心的時候,一般人都運用妖術,親自作法。例如澳大利亞人就認爲人人可以作法。以後,人們開始覺察自己的法術不靈,自己施術的能力有限,有些力量不受自己的控制。從這時候起,隨着人們對於新的、更'可靠的'法術的尋求,出現了一些特殊的人物,他們似乎'知曉'新的、更可靠的法術,似乎和相應的不可見的力量有着這種或那種聯繫,和它們特别接近。從此出現了一種專門人物—魔法師。魔法師在原始宗教的發展和實踐上起了巨大的作用,也在原始社會中占居有勢力的地位。隨着時間的推移,他們構成一個特殊的等級,逐漸發展爲包括弱的和强的、小的和大的、乃至'偉大的'徒弟與師傅的階梯制度。"②

關於魔術和魔法師的發生、發展一般情況,已由上面所引的柯斯文這兩段話闡述得十分清楚,下面應即談談中國原始時代的魔術和魔法師。

一、巫、覡

巫、覡實即中國原始時代的魔法師。

《國語・楚語下》記觀射父對楚昭王問《周書》"重黎絶地天通"説:"古者民神不雜。民之精爽不携貳者,而又能齊肅衷正,其智能上下比義,其聖能光遠宣朗,其明能光照之,其聰能聽徹之,如是則

① 《原始文化史綱》,第172頁。

② 同上,第175頁。

明神降之,在男曰覡,在女曰巫。"

觀射父所描述的巫、覡,毫無疑問,正是柯斯文所説"他們似乎'知曉'新的、更可靠的法術,似乎和相應的不可見的力量有着這種或那種聯繫,和它們特别接近"的人物,即魔法師。

什麽是"重黎絶地天通"呢?觀射父解爲"南正重司天以屬神,火正黎司地以屬民",這樣解釋當然是正確的。它説明當時是"民神異業"改變了先前"民神雜糅"的現象。但是,由我們看來,不管"民神雜糅"也好,"民神異業"也好,都説明了一個問題,即魔法師——巫、覡在當時社會中確"占居有勢力的地位"。

關於魔法師——巫覡在當時都做哪些事情,現在從文獻裹不易找到完整的、確切的説明。但是,《周禮·春官》有司巫、男巫、女巫等職,還能反映一個大概輪廓,因爲巫覡在周代社會中雖已退居不重要的地位,但這些官職可以斷言是從久遠的前代沿襲下來的,它不能不保存着舊日的痕迹。兹即將《周禮》里司巫、男巫、女巫三職所掌,照録如下,以供參考。

《周禮·春官·司巫》:"司巫掌群巫之政令。若國大旱,則帥巫而舞雩。國有大災,則帥巫而造巫恒。祭祀,則共匰主及道布及蒩館。凡祭事,守瘗。凡喪事,掌巫降之禮。"

又《周禮·春官·男巫》:"男巫掌望祀望衍授號,旁招以茅。冬堂贈,無方無算。春招弭,以除疾病。王弔,則與祝前。"

又《周禮·春官·女巫》:"女巫掌歲時祓除、釁浴。旱暵,則舞雩。若王后弔,則與祝前。凡邦之大災,歌哭而請。"

二、儺、雩、禜、酺

用儺、雩、禜、酺的辦法來對待水旱疾疫,雖然最早衹見於周代文獻,但不能即認爲是周人創始,它也應有長遠的歷史,在這裹保存着原始時代"魔術"的遺迹。

1. 儺

《論語・鄉黨》:"鄉人儺,朝服而立於阼階。"

《禮記・郊特牲》:"鄉人禓,孔子朝服立於阼,存室神也。"注:"禓,强鬼也。謂時儺,索室驅疫,逐强鬼也。""禓,或爲獻,或爲儺。"

以上是春秋時鄉人儺之事。

《周禮・夏官・方相氏》:"掌蒙熊皮,黄金四目,玄衣朱裳,執戈揚盾,帥百隸而時難,以索室驅疫。"

又《春官・占夢》:"……遂令始難驅疫。"

以上是儺的官守及儺時狀況。

《禮記・月令・季春》:"命國難,九門磔攘,以畢春氣。"注:"此難,難陰氣也。陰寒至此不止,害將及人……《王居明堂禮》曰:'季春出疫於郊,以攘春氣。'"

又《仲秋》:"天子乃難,以達秋氣。"注:"此難,難陽氣也。陽暑至此不衰,害亦將及人……《王居明堂禮》曰:'仲秋,九門磔禳,以發陳氣,御止疾疫。'"

又《季冬》:"命有司大難,旁磔,出土牛,以送寒氣。"注:"此難,難陰氣也。……旁磔於四方之門。磔,攘也。"

以上是關於儺的種類及時節的記載。

2. 雩

《春秋》書大雩者,共二十有一。《公羊傳・桓公五年》説:"大雩者何? 旱祭也。"何注:"雩,旱請雨祭名……使童男女各八人,舞而呼雩,故謂之雩。"

《禮記・月令・仲夏》:"命有司爲民祈祀山川百源。大雩帝,用盛樂。乃命百縣雩祀百辟卿士有益於民者,以祈谷實。"注:"雩,吁嗟求雨之祭也。……天子雩上帝,諸侯以下雩上公……"

《周禮・春官・司巫》:"若國大旱,則帥巫而舞雩。"

又《地官·舞師》:“教皇舞,帥而舞旱暵之事。”注:“旱暵之事,謂雩也。”

又《地官·稻人》:“旱暵,共其雩斂。”

《禮記·祭法》:“雩宗,祭水旱也。”

以上是文獻上關於雩祭的記載。

3. **禜**

《左傳·昭公元年》:“山川之神,則水旱癘疫之災於是乎禜之;日月星辰之神,則雪霜風雨之不時,於是乎禜之。”(子産語)

又《哀公六年》:“是歲也,有雲如衆赤鳥,夾日以飛三日。楚子使問諸周大史,周大史曰:‘其當王身乎!若禜之,可移於令尹、司馬。’王曰:‘除腹心之疾,而置諸股肱,何益?不穀不有大過,天其夭諸?有罪受罰,又焉移之?’遂弗禜。”(楚昭王語)杜注:“禜,禳祭。”

《周禮·地官·黨正》:“春秋祭禜,亦如之。”注:“禜,謂雩禜水旱之神。蓋亦爲壇位,如祭社稷云。”

又《春官·大祝》:“掌六祈,以同鬼神示……四曰禜……”

《禮記·祭法》:“幽宗,祭星也。雩宗,祭水旱也。”注:“宗,皆當爲禜,字之誤也。幽禜,亦謂星壇也,星以昏始見,禜之言營也。雩禜,亦謂水旱壇也。雩之言吁嗟也。”

以上是文獻上關於禜祭的記載。

4. **酺**

《周禮·族師》:“春秋祭酺,亦如之。”注:“酺者,爲人物災害之神也。故書酺或爲步。杜子春云:‘當爲酺。’玄謂《校人職》又有冬祭馬步,則未知此世所云,蝝螟之酺與?人鬼之步與?蓋亦爲壇位如雩禜云。”

以上是文獻上關於祭酺的記載。

第二章　夏商時代思想

第一節　夏商時代思想的特點

中國社會到夏商時，出現了階級，科學已萌芽，但是傳統的自然崇拜和祖先崇拜還有很大勢力。這時社會反映過渡的性質，政權與神權交織在一起，科學還與宗教緊密聯繫着。主要表現在下列幾方面：

1. 母權制的殘餘

殷商王位繼承多傳弟，先儒説爲"殷道親親"。顯然，這是氏族社會母權制殘餘的反映。①

2. 地方神和統一的、最高的神的出現

原始社會没有階級，所崇拜的神互相間也没有統屬關係。至夏商時進入階級社會，這時所崇拜的神們也反映着世俗的階梯制度。

首先説，夏商都祭社（包括稷）和山川，社和山川有地域性並有等級。

如夏社、亳社（商社，亳字也作薄、蒲）都是夏商兩國的地方神。

---

① 參看拙著《易論上》，見《東北人民大學人文科學學報》1955 年第 2 期，第 130～134 頁。

湯勝夏，欲遷夏社。① 周勝殷，對亳社進行破壞。② 表明當時征服者對於被征服者，不但改變其政權，還改變其宗教。但是，改變宗教不是一件容易的事。所以《書》序稱："湯既勝夏，欲遷其社，不可，作夏社……"《左傳·定公六年》説："陽虎又盟公及三桓於周社，盟國人於亳社，……"證明直到春秋末葉，在魯地，周社神還不能代替亳社神。

《左傳·哀公六年》記楚昭王不祭河説："初，昭王有疾，卜曰：'河爲祟。'王弗祭。大夫請祭諸郊。王曰：'三代命祀，祭不越望，江、漢、睢、漳，楚之望也。禍福之至，不是過也。不穀雖不德，河非所獲罪也。'遂弗祭。"《公羊傳·僖公三十一年》："諸侯山川有不在其封内者，則不祭也。"證明三代時，山川是地方神。不過，社在當時地方神中地位最高，它是地方的代表神。這一事實，可由當時爲國君叫做"主社稷"；保衛國家叫做"衛社稷"，滅人國叫做"泯其社稷"等等，得到充分證明。

高踞於地方神之上的統一的、最高的神，則是天（或稱上帝）。這個神的出現是世俗的階梯制度的反映。大概當原始社會末期即唐堯之時，這一觀念已萌芽。當時雖然還是部落聯盟，但是所聯繫的範圍已非常廣泛。③《論語·堯曰》篇記："堯曰：'咨！爾舜，天之曆數在爾躬，……'"又《泰伯》篇："子曰：'大哉！堯之爲君也。巍巍乎！唯天爲大，唯堯則之。'"（亦見《孟子·滕文公》）古文獻於述説堯時，着重提出天字，決不是偶然。到了夏商以後，這個統一

① 見《書》序，《史記·夏本紀》和《封禪書》。

② 《春秋·哀公四年》："亳社災。"《公羊傳》：蒲社者何？亡國之社也。……亡國之社蓋揜之，揜其上而柴其下。"《禮記·郊特牲》："是故喪國之社屋之，不受天陽也。亳社北牖，使陰明也。"。

③ 可由《尚書·堯典》的暘谷、南交、昧谷、幽都和《墨子·節用》"古者堯治天下，南撫交阯，北降幽都，東西至日所出入"及《大戴禮記·少閑》、《韓非子·十過》、《荀子·王霸篇》楊注引尸子、賈誼《新書·修政語上》、《淮南子·修務訓》等得到證明。

的、最高的神—天或上帝,遂完全確立。最顯著的例子,如夏征有扈作《甘誓》説:"天用剿絶其命。今予惟恭行天之罰。"①湯伐夏作《湯誓》説:"……天命殛之……予畏上帝,不敢不正。"《左傳·哀公元年》伍員述少康説:"……復禹之績,祀夏配天……"《論語·堯曰》記湯禱辭説:"予小子履敢用玄牡,敢昭告於皇皇后帝……"②《商書·盤庚》、《高宗肜日》、《西伯戡黎》、《微子》及《周書》五誥此類例子更多。《詩經·大雅·文王》説:"殷之未喪師,克配上帝。"也是一例。總之夏商時,這統一的、最高的神—天或上帝,確實已出現在人們的觀念中及祀典中。

3. 帝王和諸侯在當時是政治的代表人物,也是宗教的代表人物。帝王自稱爲天子,諸侯自稱爲社稷主,很明顯地表現出其二重性。

《墨子·明鬼》説:"……且惟昔者虞夏商周三代之聖王,其始建國營都日,必擇國之正壇,置以爲宗廟;必擇木之修茂者,立以爲菆位……"《周禮·考工記·匠人》:"匠人營國,方九里……左祖右社……"《春官·小宗伯》:"……掌建國之神位,右社稷,左宗廟。"

《荀子·禮論》:"郊止乎天子,而社止於諸侯,"……《禮記·喪服小記》:"禮,不王不禘(注,禘謂祭天)。"《祭義》:"郊之祭,大報天而主日,配以月。夏后氏祭其暗,殷人祭其陽,周人祭日以朝及暗。"《禮運》:"魯之郊、禘,非禮也。③ 周公其衰矣!杞之郊也,禹也;宋之郊也,契也。是天子之事守也。故天子祭天地,諸侯祭社稷。"《公羊傳·僖公三十一年》:"魯郊,非禮也。魯郊何以非禮?天子祭天,諸侯祭土。"④

---

① 《墨子·明鬼》篇引《書》作《禹誓》。

② 《墨子·兼愛》篇引作"告於上天后"。

③ 此郊禘與《國語·周語中》"禘郊之事,則有全烝"、《楚語下》"郊禘不過繭栗,……天子親舂禘郊之盛……"一例,都指祭天。舊以禘嘗説之,殊誤。

④ 土謂社也,諸侯所祭,莫重於社。

《禮記・禮器》説:"三代之禮一也,民共由之,或素或青,夏造殷因。"郊社宗廟之制,當也是夏造,祇是不但殷因,直到清末還相承未改。今日到北京還可以看到清朝的天壇、社稷壇、太廟故址。人們但見後世空存形式,不知古初卻有實際意義。

郊社宗廟之制,不但古天子、諸侯(諸侯無郊)平日不可闕,出師、出行也必須尊禮。如《尚書・甘誓》:"用命,賞於祖;弗用命,戮於社。"(亦見《墨子・明鬼》)《左傳・閔公二年》:"帥師者,受命於廟,受脤於社……"(亦見《成公十三年》)《禮記・王制》:"天子將出,類乎上帝,宜乎社,造乎禰。諸侯將出,宜乎社,造乎禰。"

又關於古帝王出征伐以齊車載遷廟之主及社主以行的例證:《周禮・夏官・大司馬》:"……帥執事涖釁主及軍器[①]……若師不功,則厭而奉主車。"[②]《春官・小宗伯》:"若大師,則帥有司而立軍社,奉主車。"[③]《春官・肆師》:"凡師甸用牲於社宗,則爲位……"[④]《春官・大祝》:"大師,宜於社,造於祖,設軍社,類上帝……"《左傳・定公四年》:"君以軍行,祓社、釁鼓,祝奉以從。"《禮記・曾子問》:"孔子曰:'天子巡守,以遷廟主行,載於齊車,言必有尊也。'"又"曾子問曰:'古者師行無遷主,則何主?'孔子曰:'主命。'問曰:'何謂也?'孔子曰:'天子諸侯將出,必以幣、帛、皮、圭告於祖、禰,遂奉以出,載於齊車以行。每舍,奠焉而後就舍……'"《史記・周本紀》:"九年,武王上祭於畢,東觀兵,至於盟津。爲文王木主,載以車中軍。"(事又見《伯夷列傳》)《左傳・成公十六年》晉楚鄢陵之戰,楚子登巢車以望晉軍,記楚子與伯州犂問答説:"張幕矣。曰:'虔卜於先君也。'徹幕矣。曰:'將發命也。'"所有這些都是夏商之禮流傳後世而可考見者。

---

① 主謂遷廟之主及社主在軍者也。

② 送主歸於廟於社。

③ 王出軍,必先有事於社及遷廟而以其主行,社主曰軍社,遷主曰祖。

④ 社,軍社也;宗,遷主也。

《論語·八佾》:“或問禘之説。子曰:‘不知也;知其説者之於天下也,其如示諸斯乎!’指其掌。”又《中庸》:“子曰:‘……郊社之禮,所以事上帝也。宗廟之禮,所以祀乎其先也。明乎郊社之禮,禘嘗之義,治國其如示諸掌乎!’”(亦見《仲尼燕居》)爲什麼明乎郊社之禮,禘嘗之義,治國其如示諸掌呢?正可看出當時政權與神權的密切關係。《左傳·襄公二十六年》記衛獻公的諾言説:“苟反,政由寧氏,祭則寡人。”政祭分開,更可以看出古時天子、諸侯是政治的代表人物,同時也是宗教的代表人物。

正因爲天子代表天,諸侯代表社稷、山川,所以,遇有災變,他們要負責。《吕氏春秋·順民》:“昔者湯克夏而正天下,天大旱,五年不收。湯乃以身禱於桑林,曰:‘余一人有罪,無及萬夫,萬夫有罪,在余一人。無以一人之不敏,使上帝鬼神傷民之命。’於是翦其髮,磨其手,以身爲犧牲,用祈福於上帝……”《左傳·成公五年》:“國主山川,故山崩川竭,君爲之不舉、降服、乘縵、徹樂、出次,祝幣,史辭以禮焉。”(亦見《國語·晉語五》)

4. 巫史宗祝是當時的宗教家,同時也是哲學家和科學家。

5. 卜筮和人牲人殉的盛行。

第二節 《夏時》

《夏時》是夏代的重要文獻,春秋末,孔子由杞國得到它。《禮運》説:“孔子曰:‘我欲觀夏道,是故之杞,而不足徵也,吾得《夏時》焉……’”

這個《夏時》的重要性如何?在上述引文結尾,曾説到:“《夏時》之等,吾以是觀之。”這就是説根據這一作品,可以觀夏道。

鄭玄注《夏時》説:“其書存者有《小正》。”《史記·夏本紀》説:“孔子正夏時,學者多傳《夏小正》云。”《論語·衛靈公》篇顔淵問爲邦,孔子首先告以“行夏之時”。《國語·周語中》單襄公述古制曾引夏令。今《大戴禮記》中有《夏小政》。與《夏小政》同一類型的作品，又有《月令》，於《逸周書》(已逸)、《吕氏春秋》、《小戴禮記》中均有記録。《淮南子·時則訓》篇也是月令一類。總之，關於《夏時》的性質、形制和用途，於古文獻裏都不難考見。

《夏時》從本質説是科學的、實用的東西。它是應用當時天文曆算的知識以指導農業、畜牧業生産並支配其他有關的工作。但是，在當時它兼具有政治意義並具有極濃厚的宗教色彩。

《夏時》與後世所謂"朔政"，是一種東西。《春秋·文公六年》説："閏月不告月，猶朝於廟。"《公羊傳》："不告月者何？不告朔也。"何休注："禮，諸侯受十二月朔政於天子，藏於大祖廟，每月朔朝廟，使大夫南面奉天子命，君北面而受之，比時使有司先告朔，慎之至也。受於廟者，孝子歸美先君，不敢自專也。"又《春秋》於《文公十六年》記"公四不視朔"。《論語·八佾》記："子貢欲去告朔之餼羊。子曰：'賜也！爾愛其羊，我愛其禮。'"由上述材料證明告朔之制，確曾實行於古代，不過，到春秋時，此制不但已不復行，即痕迹亦難保存。

《大戴禮記·用兵》篇説："夏桀、商紂羸暴於天下，……曆失制，攝提失方，鄒大無紀，不告朔於諸侯……"《虞戴德》："天子告朔於諸侯，率天道而敬行之，以示威於天下也。"證明夏商有告朔之制。大概這個制度應萌芽於原始社會末期。《論語·堯曰》篇説："堯曰：'咨！爾舜，天之曆數在爾躬……'舜亦以命禹。"《尚書·堯典》述堯事有"乃命羲、和，欽若昊天，曆象日月星辰，敬授人時"。述舜事有"在璿璣玉衡，以齊七政"。① 是其證。至周幽厲而後，朔政已不實行。《禮運》："孔子曰：'於呼哀哉！吾觀周道，幽、厲傷之……'"《史記·曆書》説："天下有道，則不失紀序；無道，則正朔不

① 璿璣當作旋機，旋機玉衡應從《史記·天官書》解爲北斗七星。七政應從伏生大傳解爲春、秋、冬、夏、天文、地理、人道。

行於諸侯。幽厲之後,周室微,陪臣執政,史不記時,君不告朔。"是其事。《周禮·春官·大史》:"正歲年以序事,頒之於官府及都鄙,頒告朔於邦國。"《左傳·桓公十七年》:"天子有日官,諸侯有日御。日官居卿以厎日,禮也。日御不失日,以授百官於朝。"《文公元年》:"先王之正時也,履端於始,舉正於中,歸餘於終。履端於始,序則不愆,舉正於中,民則不惑,歸餘於終,事則不悖。"又《文公六年》:"閏月不告朔,非禮也。閏以正時,時以作事,事以厚生,生民之道於是乎在矣。不告閏朔,棄時政也,何以爲民?"以上都是朔政遺制之可考者。從知後世言明堂、月令者,實非無據。《月令》之文,雖雜見於《吕氏春秋》、《尚書》及《小戴禮記》等,然所述實非當時之制亦非出於虛構,定係采獲古制而成的。欲知《夏時》,固捨此莫由。《漢書·藝文志》説:"陰陽家者流,蓋出於羲和之官,敬順昊天,曆象日月星辰,敬授民時,此其所長也。及拘者爲之,則牽於禁忌,泥於小數,舍人事而任鬼神。"這個説法是對的。後世陰陽家正繼承這個傳統,特别是繼承并發展了糟粕的一面。漢儒如賈誼、董仲舒等都言"改正朔"(《史記·屈原賈生列傳》、《春秋繁露·三代改制質文》)。改正朔從漢代來説,自是拘墟之見,無裨實用。但是,在夏商周三代卻有實際意義。因此,我們衹能説賈、董諸人是食古不化而不能説他們托古售欺。

總之,《夏時》是告朔之書,後世《月令》實其遺象。當時天子郊天、頒朔,一方面他披着宗教外衣,這樣做能更增加其神秘氣氛;一方面他是真實的統治者,借此以行使其政權;另一方面,這個辦法在當時確有實際意義,是農業生産所最需要的東西。所以,它是宗教的、政治的,同時也是科學的。

第三節 《坤乾》

《坤乾》是商代傳世的重要文獻。《禮記·禮運》説:"孔子曰:

‘我欲觀夏道，是故之杞，而不足徵也，吾得《夏時》焉。我欲觀殷道，是故之宋，而不足徵也，吾得《坤乾》焉，《坤乾》之義，《夏時》之等，吾以是觀之。’”孔子把《坤乾》與《夏時》並提，認爲“殷道”可根據“《坤乾》之義”去瞭解，足見其書之重要。

《坤乾》既是卜筮之書，也是哲學書。今傳世的《周易》，即是《坤乾》的進一步發展。鄭玄注《坤乾》説：“其書存者有《歸藏》。”孔疏引熊氏説：“《殷易》以坤爲首，故先坤後乾。”《周禮・春官・大卜》：“掌《三易》之法：一曰《連山》，二曰《歸藏》，三曰《周易》。”賈疏：“此《歸藏易》以純坤爲首。”黄以周説：“……《歸藏》首坤，即《説卦傳》坤以藏之之義……”以上諸説，基本相同，即都認爲《坤乾》與《歸藏》異名同實，其書以坤爲首，先坤後乾。如與《周易》合看，不難發現這先坤後乾正是《坤乾》一書的重要特點之一，這個特點不是偶然的，是當時政治制度的反映，歸根到底，是當時經濟制度的反映。

先坤後乾，跟先儒所謂“殷道親親”相一致。“殷道親親”最明顯的表現在王位繼承制上，《史記・梁孝王世家》所謂“殷道親親者，立弟。”（見褚補）這是母權制的殘餘，它反映當時社會氏族制度還未完全解體。

第四節　《洪範》

《洪範》是殷舊臣箕子因周武王的訪問而陳述的。它是中國歷史上重要文獻之一，對前代文化來説，它真是一個簡單的、全面的總結。

《洪範》的内容共分九部分，即所謂“九疇”。九疇目次：“初一曰五行，次二曰敬用五事，次三曰農用八政，次四曰協用五紀，次五曰建用皇極，次六曰乂用三德，次七曰明用稽疑，次八曰念用庶徵，次九曰嚮用五福，威用六極。”

一、五行

“一曰水，二曰火，三曰木，四曰金，五曰土。水曰潤下，火曰炎上，木曰曲直，金曰從革，土爰稼穡。潤下作鹹，炎上作苦，曲直作酸，從革作辛，稼穡作甘。”

二、五事

“一曰貌，二曰言，三曰視，四曰聽，五曰思。貌曰恭，言曰從，視曰明，聽曰聰，思曰睿。恭曰肅，從作乂，明作哲，聰作謀，睿作聖。”

三、八政

“一曰食，二曰貨，三曰祀，四曰司空，五曰司徒，六曰司寇，七曰賓，八曰師。”

四、五紀

“一曰歲，二曰月，三曰日，四曰星辰，五曰曆數。”

五、皇極

“皇建其有極。斂時五福，用敷錫厥庶民，惟時厥庶民於汝極。錫汝保極。凡厥庶民，無有淫朋，人無有比德，惟皇作極。凡厥庶民，有猷有爲有守，汝則念之。不協於極，不罹於咎，皇則受之；而康而色，曰：‘予攸好德。’汝則錫之福，時人斯其惟皇之極。無虐惸獨而畏高明,人之有能有爲,使羞其行,而邦其昌。凡厥正人,既富方谷,汝弗能使有好於而家,時人斯其辜。於其無好德,汝雖錫之福:其作汝用咎。無偏無陂,遵王之義;無有作好,遵王之道;無有作惡,遵王之路;無偏無黨,王道蕩蕩;無黨無偏,王道平平;無反無側,王道正直。會其有極,歸其有極。曰:皇極之敷言,是彝是訓,於帝其訓。凡厥庶民,極之敷言,是訓是行,以近天子之光。曰:天子作民父母,以爲天下王。”

六、三德

“一曰正直,二曰剛克,三曰柔克。平康正直,强弗友剛克,燮友柔克。沉潛剛克,高明柔克……”

七、稽疑

“擇建立卜筮人,乃命卜筮。曰雨,曰霽,曰蒙,曰驛,曰克,曰貞,曰悔,凡七。卜五,占用二,衍忒。立時人作卜筮,三人占,則從二人之言。汝則有大疑,謀及乃心,謀及卿士,謀及庶人,謀及卜筮。汝則從,龜從,筮從,卿士從,庶民從,是之謂大同,身其康强,子孫其逢,吉。汝則從,龜從,筮從,卿士逆,庶民逆,吉。卿士從,龜從,筮從,汝則逆,庶民逆,吉。庶民從,龜從,筮從,汝則逆,卿士逆,吉。汝則從,龜從,筮逆,卿士逆,庶民逆,作内吉,作外凶。龜筮共違於人,用静吉,用作凶。”

八、庶徵

“曰雨,曰暘,曰燠,曰寒,曰風。曰時五者來備,各以其敘,庶草蕃廡。一極備,凶。一極無,凶。曰休徵:曰肅,時雨若;曰乂,時暘若;曰哲,時燠若;曰謀,時寒若;曰聖,時風若。曰咎徵:曰狂,恒雨若;曰僭,恒暘若,曰豫,恒燠若;曰急,恒寒若,曰蒙,恒風若……”

九、五福

“一曰壽,二曰富,三曰康寧,四曰攸好德,五曰考終命。”

十、六極

“一曰凶、短、折,二曰疾,三曰憂,四曰貧,五曰惡,六曰弱。”

九疇排列先後的意義,《書》疏説:“五行諸事之本,故爲初。發見於人爲五事,故爲二。正身而後及人,乃名爲政,故爲三。施人之政,用天之道,故五紀爲四。順天布政,則得大中,故皇極爲五。欲求大中,隨德是任,故三德爲六。政雖在德,事必有疑,故稽疑爲七,行事在於政,得失應於天,故庶徵爲八。天監在下,善惡必報,故福極爲九。皇極居中者,總包上下也。福極處末者,顧氏(彪)云:‘前八事俱得,五福歸之,八事俱失,六極臻之,故處末也。’”這個説法,大體不誤。總之,《洪範》的結構確實具有完整性和系統性,反映當時的思想水平是把宇宙(包括自然現象和社會現象)當做一個整體來加以考察,已能初步運用分析,綜合進行抽象和概括,根據事物的屬性分成若干門類,並説明其間的聯繫。當然,它還未擺脱宗教羈絆,它所認識的事物的聯繫,多半是荒謬的。但是,不可忽視,其中已含有科學因素,并且也有若干正確部分——儘管是原始的、粗疏的。

近人有認爲《洪範》是戰國時的儒者所依託,並有認爲是子思、孟軻一派的人所作的,這種見解是不正確的。

1.《洪範》文在《左傳》文公五年、成公六年、襄公三年引用,均稱《商書》;《荀子·修身篇》、《天論篇》兩篇引均稱《書》;《吕氏春秋·貴公》、《君守》兩篇引均作《鴻範》。

2.五行之説見於《尚書·甘誓》①、《逸周書·小開武》②、《國語·鄭語》③、《左傳》襄公二十七年④、昭公元年⑤、昭公十五年⑥、昭公二十九年⑦、昭公三十二年⑧,都在戰國以前。

3.古人喜用三和九形容多數,用五作一般概括,這與原始人的數字觀念有聯繫。前蘇聯柯斯文著《原始文化史綱》説:"最落後的部落從事計數時,往往衹能到三爲止。三以上的數目,就都用'多'字代表了。安達曼人和其他一些落後的部落能够計數到十,十以上的數目就一概稱之爲'多'或'很多'。"⑨(我意中國原始人可能有一個很長時期,數字衹能計算到九,到知道十,則已經是很大的進步了,這由古人稱"十爲數之小成",十月爲"良月"可以看到)又説:"在很多語言中,'五'和'手'由同一個字來表示。"劉師培説:"上古之數,衹有奇偶,奇偶相加,其數爲三,故記數止於三。厥後以指計數,指止於五,故數亦止於五。"⑩可見,用三、五、九等數字以作同類事物的括辭,實有長遠的歷史,不能衹據《荀子·非十二

① 原文"有扈氏威侮五行"。

② 原文"五行:'一黑位水,二赤位火,三蒼位木,四白位金,五黄位土'"。

③ 原文"故先王以土與金木水火雜,以成百物,是以和五味以調口……"。

④ 原文"天生五材,民並用之,廢一不可,誰能去兵"。杜注五材説:"金木水火土也。"

⑤ 原文"天有六氣,降生五味,發爲五色,徵爲五聲"。

⑥ 原文"用其五行,氣爲五味,發爲五色,章爲五聲"。

⑦ 原文"故有五行之官,是謂五官……木正曰句芒,火正曰祝融,金正曰蓐收,水正曰玄冥,土正曰后土"。

⑧ 原文"天有三辰,地有五行"。

⑨ (前蘇聯)柯斯文著,張錫彤譯:《原始文化史綱》,人民出版社,1955年,第164～165頁。

⑩ 《中國歷史教科書》第一册第二十二課,實用學條。原文此下有自注:"故中國之字,五字以下有古文,五字以上無古文,則古文無六七八九諸字矣。"。

子篇》有“案入舊造説,謂之五行”這個單辭,便斷言五行之説是子思、孟軻所造。至以此爲根據,推出《洪範》爲思孟一派的人所作,更不能使人信服。《孟子》中固然説過“四端”,但是這怎能證明“五行系統的演化確實存在着”呢?以仁、義、禮、智、信爲五常,始見於董仲舒對策,以前没人説過,看來,實不應指四爲五,硬加在孟子身上。

五行説的實質及其影響怎樣呢?

五行也稱五部(見《漢書·律曆志》),原來是古人對自然界物質的一種分類,其意義同今天區分物質爲固體、液體、氣體一樣。《左傳》説:“有五行之官,是謂五官。”可見五行之名並不是某一個人偶然地衹憑臆想制造出來的,而是在一定歷史條件下的具體生活實踐中所産生的概括。這個概括真實地反映了當時的認識水平。這時人對於五行有一種虚幻的觀念,認爲五行是宇宙事物最大的概括,五行之間確實存在着某種聯繫,因此,應用五行作爲公式就可以解釋一切事物的聯繫,説明一切難以解決的問題。當然,這是不科學的、荒謬的,但是科學卻已經在這裏萌芽。應該肯定,基本上它是唯物的,它已經比較先前相信什麽精靈、魔術,進步得多了,它是没有科學時的科學,它在當時是有實際意義並起過積極作用的。

五行説在中國歷史上影響很大,最突出的是術數、方技兩部門。其他如陰陽家著《終始五德之運》及歷代史《五行志》中所載一些言論,則是五行論的直接繼承者。但是,在上述這些派别中,祇有極小一部分,如天文、醫藥已發展成爲科學,其餘則誠如鄭樵所説是“妖學”(《通志·災祥略序》),始終停留在原始階段,都是落後的東西,甚至也可以説是反動的東西,毫無積極意義可言。

第三章　西周至春秋時期的思想界

第一節　周代社會的幾個主要方面的考察

瞭解周代社會，有必要對下列幾個主要方面進行考察：一、井田制；二、分封制和宗法制；三、尊尊、親親的思想。

一、井田制

1. 井田制的重要史料

《孟子・滕文公上》（“滕文公問爲國”）、《萬章下》（“北宫錡問周室班爵禄”）、《左傳》襄公十年（“子駟爲田洫”）、襄公三十年（“田有封洫，廬井有伍”）、襄公二十五年（“井衍沃”）、成公二年（“先王疆理天下”一段）、《穀梁傳》宣公十五年（“初税畝傳”）、《公羊傳》宣公十五年（“初税畝傳注”）、《周禮・地官・小司徒》（“乃經土地而井牧其田野”）、《遂人》（“凡治野以下劑致甿”和“凡治野夫間有遂”兩段）、《考工記・匠人》（“爲溝洫”段），又《地官・大司徒》（“凡造都鄙……制其地域而封溝”之段）、《載師》（“以廛里任國中之地”段）、《旅師》（“以地之□惡爲之等”）、《夏官・司勛》（“掌賞地之政令唯加田無國正”）、《國語・魯語下》（“季康子欲以田賦”）、《禮記・王制》、《韓詩外傳》卷四（“古者八家而井田”）、《荀子・王霸篇》（“百畝一守，事業窮無所移之也。”又“傳曰農分田而耕”）、《大略篇》（“故家無畝宅，百畝田”）《史記・商君列傳》（“爲田開阡陌封疆")、《蔡澤列傳》("決裂阡陌")、《漢書·食貨志上》等。

2. 井田制應如何理解

孟子所述的"方里而井,井九百畝,其中爲公田,八家皆私百畝,同養公田",和《周禮·地官·遂人》、《匠人》所述溝洫之制都是舉出一個典型的例子,並不是叫人機械地照這樣實行。證據:《孟子》:"若夫潤澤之,則在君與子矣。"《匠人》:"凡溝必因水勢,防必因地勢。"《左傳》成公二年:"先王疆理天下,物土之宜而布其利,故《詩》曰:'我疆我理,南東其畝。'"《漢書·食貨志》:"此謂平土可以爲法者也。"《地官·載師》注:"地之形實不方平如圖,受田邑者遠近不得盡如制,其所生育賦貢,取正於是爾。"《地官·遂人》注:"此皆設法耳,非於萬夫之外,必有大川繞之,且川者流水,不得方折而匝之也。"《左傳》桓公二年疏:"禮設法耳,土地之形,不可方平如圖,未必每服皆如其數也。"焦循《孟子正義》:"或云,方是法不是形。古九數,一曰方田,若其田本方,安用算?山水之性,皆以曲而善走,即廣野平疇,其脈必自山出,大約中出者必中高,邊出者必邊高,斷無百十里直如繩,平如砥者。孟子方里云云,亦舉一方者以爲例耳。"

《孟子·滕文公上》説:"夫仁政必自經界始。經界不正,井地不鈞,穀禄不平……經界既正,分田制禄,可坐而定也。"《史記·商君列傳》説:"爲田開阡陌封疆。"上述這兩份材料對於瞭解井田有重要意義。"經界"實包括領地間和耕地間兩種限界,"封疆"是大小領主領地的限界,阡陌是領地内耕地的限界。《左傳》成公二年:"疆理天下。"成公四年:"疆許田。"襄公八年:"疆鄫田。"襄公二十六年:"疆戚田。"又成公三年:"以修封疆。"昭公二十三年:"正其疆埸,修其土田。"《詩·大雅·崧高》:"徹申伯土田。"《江漢》:"徹我疆土。"《小雅·信南山》:"我疆我理。"都是對領主封疆的經界工作。至耕地間的經界工作,則《左傳》襄公三十年:"田有封洫,廬井有伍"應屬於這一種。① 總之,井地的目的在於制禄,而不在於養民。分田而耕,主要適應當時生產力的發展水平。

3. 井田制的特點

土地爲大小領主所有,人民没有土地所有權。人民衹能在所分與的一小塊土地上耕種。這個耕種,與其説是一種權利,毋寧説是一種義務,因爲耕種所得的一部分須給領主享用,自領主看來,土地能產生地租比它能保障農民的生活更重要些。在這個制度下,人民固然永遠不用擔心會有"無立錐之地"的貧,但也不可能有"田連阡陌"的富,實質上,農民是爲領主產生地租而生活着,這樣就使當時分封制和宗法制的長期存在得到了物質上的保證。

二、分封制和宗法制

1. 分封制的主要史料

①天子諸侯封地。《國語·周語中》記晉文公請隧,周襄王不許,説:"昔我先王之有天下也,規方千里以爲甸服,以供上帝山川百神之祀,以備百姓兆民之用,以待不庭不虞之患;其餘以均分公侯伯子男,使各有寧宇,以順及天地,無逢其災害。"《左傳》襄公二十五年鄭子產追述舊制説:"昔天子之地一圻,列國一同,自是以衰。"②

②卿大夫采地。《左傳》桓公二年師服述封建之制:"吾聞國家之立也,本大而末小,是以能固。故天子建國,諸侯立家,卿置側室,大夫有貳宗,士有隸子弟,庶人工商各有分親,皆有等衰。是以民服事其上,而下無覬覦。"《禮記·禮運》説:"故天子有田以處其

---

① 正因爲這樣"開阡陌封疆",井田即被破壞。

② 餘見《孟子·告子下》魯欲使慎子爲將軍條及《禮記·王制》。至《周禮·地官·大司徒》、《夏官·職方氏》則不可用。

子孫，諸侯有國以處其子孫，大夫有采以處其子孫，是謂制度。”《國語・晉語四》記晉文公治績説：“公食貢，大夫食邑，士食田，庶人食力。”《荀子・禮論篇》説：“有天下者事七世，有一國者事五世，有五乘之地者事三世，有三乘之地者事二世，持手而食者不得立宗廟。”《儀禮・喪服》傳説：“君，謂有地者也。”鄭玄注補充説：“天子諸侯及卿大夫有地者，皆曰君。”

③卿大夫采地等差。《國語・晉語八》記叔向爲太傅掌賦禄説：“大國之卿，一旅之田，上大夫，一卒之田。”《左傳》襄公二十七年記衛獻公與免餘邑六十，免餘不受説：“唯卿備百邑，臣六十矣。下有上禄，亂也……”又襄公二十六年鄭伯賞人陳功，賜子展八邑，賜子産六邑，子産辭邑説：“自上以下，隆殺以兩，禮也。臣之位在四，且子展之功也，臣不敢及賞禮，請辭邑。”又，襄公二十二年：“鄭公孫黑肱有疾，歸邑於公，召室老、宗人立段，而使黜官、薄祭，祭以特羊，殷以少牢，足以共祀，盡歸其餘邑。”①

2. 分封制是周代所特有的一種政治制度

①殷商没有分封制。王國維説：“商人兄弟相及，凡一帝之子，無嫡庶長幼，皆爲未來之儲貳，故自開國之初，已無封建之事，矧在後世？惟商末之微子、箕子，先儒以微、箕爲二國名，然比干亦王子而無封，則微、箕之爲國名，亦未可遽定也。是以殷之亡，僅有一微子以存商祀，而中原除宋以外，更無一子姓之國。以商人兄弟相及之制推之，其效固應如是也。”②

②秦廢除分封制，漢以後的分封制與周分封制有本質上不同。趙翼《廿二史札記》卷二《漢初布衣將相之局》條，論到分封制問題，

① 餘見《孟子・萬章下》周室班爵禄及《禮記・王制》。

② 《觀堂集林》卷十《殷周制度論》。

極有見地,可參閱。①

3. 宗法制的主要史料

①宗法。《禮記・大傳》:"别子爲祖,繼别爲宗,繼禰者爲小宗。有百世不遷之宗,有五世則遷之宗。百世不遷者,别子之後也。宗其繼别子者,百世不遷者也。宗其繼高祖者,五世則遷者也。"(亦見《禮記・喪服小記》)

②宗子、庶子在服制與祭法上的不同。《儀禮・喪服》齊衰三月章:"丈夫、婦人爲宗子、宗子之母、妻。傳曰:何以服齊衰三月也? 尊祖也。尊祖故敬宗。敬宗者,尊祖之義也。宗子之母在,則不爲宗子之妻服也。"又:"大夫爲宗子。傳曰:何以服齊衰三月? 大夫不敢降其宗也。"《禮記・喪服小記》:"庶子不爲長子斬,不繼祖與禰故也。"(《禮記・大傳》略同)

《禮記・曲禮下》:"支子不祭,祭必告於宗子。"《禮記・大傳》:"庶子不祭,明其宗也。"

4. 分封制與宗法制的聯繫區别

①分封制與宗法制的聯繫。王國維説:"周人制度之大異於商者:一曰,立子立嫡之制,由是而生宗法及喪服之制,並由是而有封建子弟之制、君天子臣諸侯之制。"又説:"周人既立嫡長,則天位素定,其餘嫡子、庶子皆視其貴賤賢否,疇以國邑。開國之初,建兄弟之國十五,姬姓之國四十,大抵在邦畿之外;后王之子弟,亦皆使食畿内之邑。故殷之諸侯皆異姓,而周則同姓、異姓各半。此與政治文物之施行甚有關係,而天子諸侯君臣之分,亦由是而確定者

---

① 原文略謂:"秦漢間爲天地一大變局,自古皆封建諸侯,各君其國,卿大夫亦世其官,成例相沿,視爲固然。其後積弊日甚……其勢不得不變。"以下撮述"變"的過程中的一些曲折,結處説:"迨至七國反後,又嚴諸侯王禁制,除吏皆自天朝,諸侯王惟得食租衣税,又多以事失侯,於是三代世侯世卿之遺法,始蕩然净盡,而成後世徵辟選舉科目雜流之天下矣。"

也。”①

②宗法制與分封制的區别。《周禮·天官·大宰》以九兩繫邦國之民,“五曰宗以族得民”。② 宗以族得民,表明宗法衹行於族内,與政權之通於一般人民者不同,這是宗法制與分封制的重要區别之點。

更具體些説,在分封制裏依名位不同有世位、世禄兩種範疇。世位的掌握政權,世禄的但食故采,不掌握政權。宗法制衹行於世禄的範疇之内。如略加以分析:政權令行於臣民,是階級關係;宗法統限於本族,是血緣關係。二者所行使的範圍及其性質都不同。

《禮記·王制》:“天子之縣内諸侯,禄也。外諸侯,嗣也。”禄即是世禄,嗣即是世位。

《白虎通義》:“諸侯世位,大夫不世。”“不世”即是不世位。

《春秋》譏世卿(《公羊傳》隱公三年、宣公十年)、孟子述文王治岐説:“仕者世禄。”(《孟子·梁惠王下》)《公羊傳》昭公三十一年:“大夫之義不得世。”《五經異義》左氏説:“卿大夫得世禄,不得世位。父爲大夫死,子得食其故采,而有賢才則復升父故位。故傳曰:‘官有世功,則有官族。’”(《詩經·大雅·文王》疏引)以上都是大夫世禄不世位之證。

因此,《荀子·禮論篇》説:“大夫士有常宗。”證明大夫士行宗法,天子諸侯世位不行宗法。因爲宗法須服從於政權,不能與政權對抗。《白虎通義》:“諸侯奪宗,明尊者宜之。大夫不得奪宗何?曰諸侯世世子孫,故奪宗,大夫不傳子孫,故不奪宗也。”③《穀梁傳》隱公七年:“諸侯之尊,弟兄不得以屬通。”《禮記·大傳》:“君有合族之道,族人不得以其戚戚君位也。”以上都是證明諸侯不行宗

① 均見《殷周制度論》。

② 《大戴禮記·文王官人》,七屬:“五曰族則任宗。”

③ “諸侯奪宗”亦見《漢書·梅福傳》。

法。

5. 小結

周代的分封制是由宗法制産生的,反過來分封制又促進宗法制的發展。所以在周代社會,分封制與宗法制實交織着,呈錯綜複雜之觀。反映於思想上,"尊尊親親"的理論遂成了天經地義。

三、"尊尊親親"的思想

以"尊尊親親"理論爲天經地義是周代社會的正統思想。這個思想具體表現在當時的禮制裏,①以孔子爲首的儒家學説是這個思想的典型代表。

王國維説:"古人言周制尚文者,蓋兼綜數義而不專主一義之謂。商人繼統之法不合尊尊之義,其祭法又無遠邇尊卑之分,則於親親、尊尊二義皆無當也。周人以尊尊之義經親親之義而立嫡庶之制,又以親親之義經尊尊之義而立廟制,此其所以爲文也。"②這個説法基本上是正確的。

古人説:"殷道親親,周道尊尊。"或説:"殷道質,周道文。"實深刻地揭示出殷周二代不同社會制度的基本特點。尊尊與親親比較,尊尊是進步的,因爲尊尊代表新的、進步的社會關係(階級關係),而親親則代表舊的、落後的社會關係(血緣關係)。③

如從周代社會思想本身看,戰國初期墨家提出"兼愛"、"尚賢"

---

① 《禮記·大傳》:"立權、度、量,考文章,改正朔,易服色,殊徽號,異器械,別衣服,此其所得與民變革者也。其不可得變革者則有矣。親親也,尊尊也,長長也,男女有別,此其不可得與民變革者也。"又《中庸》:"仁者,人也,親親爲大;義者,宜也,尊賢爲大。親親之殺,尊賢之等,禮所生也。"尤以喪服中表現得最爲詳密具體。

② 《殷周制度論》。

③ 可參閲拙著《易論》上,《東北人民大學人文科學學報》1995 年第 2 期,第 130～134 頁。

的口號,反對儒家,實際是對周代社會的正統思想——尊尊親親,特别是親親進行攻擊,反映當時社會士民階層與世襲的封建貴族的鬥争頗爲劇烈。

法家"不别親疏,不殊貴賤,一斷以法",代表新的、進步的思想——地主階級的思想。這時尊尊親親思想已成了過時的東西,將隨着它的基礎的破壞而一齊破壞。

總之,社會是統一的整體,周代社會是以井田制爲基礎,分封制、宗法制和尊尊親親思想都是這個基礎的上層建築物,它們互相緊密聯繫着。我們必須全面考察才能瞭解這個社會的實質與特點。

第二節　周代思想的分期

周代所占歷史時期很長,史學家敍述時通常分爲三期:一、西周期;二、春秋期;三、戰國期。這三期實代表三個不同的發展階段。

西周期,從武王滅殷到幽王被殺,周室東遷(公元前 1027—前 771 年),共 257 年。這個時期,基本上是周室興盛時期。孔子説:"我觀周道,幽、厲傷之。"(《禮記·禮運》)《史記·儒林列傳》説:"夫周室衰而《關雎》作,幽厲微而禮樂壞,諸侯恣行,政由强國。故孔子閔王路廢而邪道興,於是論次《詩》、《書》,修起禮樂。"《淮南子·要略》説:"孔子修成、康之道,述周公之訓,以教七十子,使服其衣冠,修其篇籍,故儒者之學生焉。"證明周室至幽厲時,禮樂始壞,幽厲以前,則是孔子所謂"天下有道,則禮樂征伐自天子出"(《論語·季氏》)的時期。儒家所述的禮義制度,基本上都是這一時期的東西。

春秋時期,孔子著《春秋》,起魯隱公元年(公元前 722 年),終魯哀公十四年(公元前 481 年),史家通稱這一時期爲春秋時代。

其實,如按歷史的發展階段來説,則這一時期應上包周平王元年(公元前 770 年)以來四十八年,下括至韓趙魏三家分晉(公元前 453 年)中間二十八年,共爲 318 年。這個時期是周室衰頽的時期。孔子説:“天下無道,則禮樂征伐自諸侯出。自諸侯出,蓋十世希不失矣! 自大夫出,五世希不失矣;陪臣執國命,三世希不失矣。”(《論語·季氏》)正是這一時期的實際情況。周室政權仿佛是一座巨大的建築物,在這個時期内已從最上層加速地一層一層向下傾倒,最後不能不爲戰國。先前世襲貴族握有物質生産資料,同時也握有精神生産資料,到這時,士也有權分享,因此,孔子得以布衣爲當世大師。降至戰國,士遂得以大大活躍起來。

戰國時期,從三家分晉起到秦統一止(公元前 453 年—前 221 年),包括周亡後三十五年,共 233 年。這個時期是宗周微弱、七國争雄時期,社會急劇變化,階級鬥争益烈,反映於思想上爲“百家争鳴”,是中國歷史中學術最繁榮的時代。

第三節　西周期思想的特點

《禮記·表記》説:“殷人尊神,率民以事神,先鬼而後禮……周人尊禮尚事鬼敬神而遠之。”由這幾句話也可以看出殷周二代思想的特點。

關於西周思想的特點,大體説可以舉出下列幾點:

一、尊禮,即特别重視等級制度。這個等級制度包括親親、尊尊兩方面,反映當時政治制度的本質。

二、對鬼神持懷疑態度。“事鬼敬神而遠之”即一方面懷疑鬼神的存在,一方面又“齋明盛服,以承祭祀”(《中庸》)。實際這尊事鬼神是含有政治意義的,是利用宗教迷信爲政治服務。

三、鬼神術數之學占統治地位。(夏曾佑説:“春秋以前,鬼神術數之外無他學。”①這個説法基本上是正確的。)但是,素樸的辯證唯物主義的哲學已經誕生在這個母胎中,具體説即是《周易》。

至西周社會思想所以有這些特點,所以與殷商不同,也與春秋不同,衹能用社會發展來解釋,不能用種族或民族的不同來解釋。

“殷人尊神”,從殷墓葬和卜辭中的人犧、人殉以及祭祀的頻繁、凡事都先占卜等來看,這個説法是有根據的,是符合實際情況的。但是,《史記·殷本紀》有武乙射天的記載,《尚書·微子》也説:“今殷民乃攘竊神祇之犧牷牲。”表明到殷朝末葉,隨着社會發展,人的認識水平提高,宗教迷信已漸失去統治勢力,並開始有無神論者起來(如武乙)對它作猛烈的攻擊。

關於周初史料,我們看到一方面有“白魚入於舟中”、“有火自上復於下,至於王屋,流爲烏”(今文《尚書·泰誓》)和“王出郊,天乃雨,反風,禾則盡起”(《尚書·金縢》)等神話記載,一方面又有如《召誥》、《無逸》等篇“惟不敬厥德,乃早墜厥命”,“生則逸,不知稼穡之艱難,不聞小人之勞,惟耽樂之從。自時厥後,亦罔或克壽”等記載,純把國家和個人的命運歸結爲由於人事的關係。特别是武王伐紂,據《荀子·儒效篇》説:“行之日以兵忌,東面而迎太歲,至汜而汎,至懷而壞,至共頭而山墜。霍叔懼曰:‘出三日而五災至,無乃不可乎?’周公曰:‘刳比干而囚箕子,飛廉、惡來知政,夫又惡有不可焉?’遂選馬而進,朝食於戚,暮宿於百泉,厭旦於牧之野,鼓之而紂卒易鄉,遂乘殷人而誅紂。”《史記·齊太公世家》説:“武王將伐紂,卜龜兆,不吉,風雨暴至。群公盡懼,唯太公强之勸武王,武王於是遂行。”《説苑·權謀》説:“武王伐紂,遇隧斬岸,過水折舟,過谷發梁,過山焚萊,示民無返志也。至於有戎之隧,大風折旆,散宜生諫曰:‘此其妖與?’武王曰:‘非也,天落兵也。’風霽而乘以大雨,水平地而嗇,散宜生又諫曰:‘此其妖與?’武王曰:‘非也,

① 夏曾佑:《中國古代史》第二章第四節。

天灑兵也。'卜而龜熸,散宜生又諫曰:'此其妖與?'武王曰:'不利以禱祠,利以擊衆,是熸之已。'"《韓詩外傳》説:"武王伐紂,到於邢丘,楯折爲三,天雨三日不休。武王心懼,召太公而問曰:'意者,紂未可伐乎?'太公對曰:'不然!楯折爲三者,軍當分爲三也,天雨三日不休,欲灑吾兵也。'"《通典》第一百六十二卷《推人事破災異》條説:"周武王伐紂,師至汜水牛頭山,風甚雷疾,鼓旗毁折,王之驂乘惶震而死。太公曰:'用兵者,順天之道未必吉,逆之不必凶,若失人事,則三軍敗亡。且天道鬼神,視之不見,聽之不聞,智將不法,而愚將拘之,若乃好賢而能用,舉事而得時,此則不看時日而事利,不假卜筮而事吉,不待禱祀而福從。'遂命驅之前進。周公曰,'今時逆太歲,龜灼告凶,卜筮不吉,星變爲災,請還師。'太公怒曰:'今紂刳比干,囚箕子,以飛廉爲政,伐之有何不可,枯草朽骨,安所知乎?'乃焚龜折蓍,援枹而鼓,率衆先涉河,武王從之,遂滅紂。"以上五書所記互有出入,而其基本内容相同,即都説武王伐紂時,不惑於鬼神災異之説,這個基本内容是可信的,是符合歷史發展情況的。因爲歷史上凡是代表革命的、進步的勢力的人物,必然是唯物主義者。所以西周思想是與殷商思想有聯繫的,它在殷商思想的基礎上前進了一大步。但是,因爲歷史條件的限制,決定它不可能完全拋棄鬼神之見,而祇能是"事鬼敬神而遠之",即在舊的外殼下面發展新的、進一步的思想。

第四節　《周易》

《周易》的形式,不可否認,是舊的卜筮的形式,而其内容,卻是新的哲學的内容。《周易》的内容與其形式這一矛盾,正反映了當時歷史發展的水平,它標誌着認識的歷史正發展到這樣階段,即將由卜筮向哲學過渡的階段。

《周易》是殷易《坤乾》進一步發展的結果,它不同於《坤乾》的地方，在於：1. 六十四卦的排列順序。[①] 2. 占法。[②] 3. 繇辭三方面。而這些方面反映了《周易》的正確性與進步性。

《周易》是中國歷史上流傳下來的最重要一部古書，它對後世影響很大。《左傳》昭公二年記韓宣子聘魯，"觀書於大史氏，見《易象》與《魯春秋》，曰：'周禮盡在魯矣，吾乃今知周公之德與周之所以王也。'"《史記·孔子世家》説："孔子晚而喜《易》，……讀《易》韋編三絶。"《莊子·天下》説："《易》以道陰陽，《春秋》以道名分。"《史記·司馬相如列傳》贊説："《春秋》推見至隱，《易》本隱之以顯。"《史記·滑稽列傳》説："《易》以神化，《春秋》以義。"[③]我們暫撇開《春秋》不談，由上述隨便舉出的這幾個材料中，已可以看出《周易》的重要性，特别是韓宣子見《易象》，就"知周公之德與周之所以王"，顯然《周易》不同於一般的卜筮之書，而是與《坤乾》一樣，是能反映當時歷史情況的。兹就下列幾個方面，簡要地介紹如下：

一、《周易》的名稱

《周易》一書，原來衹單稱《易》，"周"字是朝代冠詞，稱《周易》跟稱《周禮》、《周書》一樣。例如上引《左傳》、《莊子》、《史記》以及《論語》、《荀子》諸書，凡是提到《周易》時，都單稱《易》，不加"周"字，獨有《左傳》襄公九年説"是於《周易》"和《國語·晉語》説"是在《周易》"，都是與别種筮書相對立而言，特加冠詞，以示區别。鄭玄稱爲"易道周普，無所不備"（《周易》疏引），望文生義，不可從。

《易》之名，本取於變易。鄭玄説："《易》一名而含三義：易簡一也；變易二也；不易三也。"宋儒又增入"交易"一義。其實變易之義

① 《坤乾》是坤在乾前，《周易》是乾在坤前。

② 《坤乾》占七八不變爻，《周易》占九六變爻。

③ 《史記·太史公自序》作"《易》以道化"。

是本義,其餘諸義都是由變易一義推演的。孔穎達說:“易者變化之總名,改换之殊稱。”程頤説:“易,變易也,隨時變易以從道也。”都是正確的解釋。我們單從《周易》的名稱上看,就可以看到《周易》作者的觀點是認爲宇宙現象是變動不居的,而不是一成不變的。

二、《周易》的内容

《周易》的内容包括蓍和卦兩個組成部分。

1. 蓍也叫策或筴,意思同籌碼一樣。初時用竹,後來改用蓍草。用蓍草的意思應如《論衡·卜筮》所説:“蓋取其名也。夫蓍之爲蓍也,龜之爲舊也,明狐疑之事當問蓍舊也。”實際這樣做,是又加上一層神秘氣氛。

筮法:用蓍草五十五枚。五十五叫做“大衍之數”。大衍之數,是怎麽構成的呢?《易傳》説:“天一,地二;天三,地四;天五,地六;天七,地八;天九,地十。天數五,地數五,五位相得而各有合,天數二十有五,地數三十,凡天地之數五十五,此所以成變化而行鬼神也。”天數是奇數,地數是偶數。天數地數是大衍之數構成的基本細胞。蓍數的稱天地,跟卦畫的稱陰陽一樣。如果把大衍之數看做是一個機體,那麽這個機體包括兩個發展階段:第一個發展階段由天一地二開始,到天九地十結束,完成了大衍之數機體的低級組織。由此低級組織更向上發展,則爲“五位相得而各有合”。五位相得是説天數五位與地數五位相得,即天一與地二相得,天三和地四相得,以下類推。相得的意思,如用辯證法來解釋,就是矛盾的統一——天地是矛盾,相得是統一。五位相得,各成一矛盾統一體,而“各有合”,是説五位天數——一、三、五、七、九,合爲二十有五,五位地數——二、四、六、八、十,合爲三十。“凡天地之數五十有五”是天數二十五與地數三十所組成,所以它也是個矛盾統一體。大衍之數是發展完成的高級組織，卜筮時應用它來求卦占事，所以説“此所以成變化而行鬼神”。

關於大衍之數的應用，《易傳》説：

“大衍之數五十（應作五十有五），其用四十有九；分而爲二以象兩，挂一以象三，揲之以四以象四時，歸奇於扐以象閏，五歲再閏故再扐而後挂。是故，四營而成易，十有八變而成卦。”

爲什麽大衍之數不全用，而衹用四十九呢？這是因爲五十五全用，則分二、卦一、揲四、歸奇的結果，不能得出七、八、九、六之數，不能定爻成卦，無以達成卜筮所預期之目的。

“分而爲二以象兩”，是應用蓍以進行卜筮的第一個步驟（一營）。分而爲二，是信手把四十九策分爲兩部分。以象兩，是象兩儀，即矛盾兩個方面。當四十九策未分時則象太極。

“挂一以象三”，是應用蓍以進行卜筮的第二個步驟（二營）。挂一，象造分天地之後又生了人。象三，象天地人三才。

“揲之以四，以象四時”是應用蓍以進行卜筮的第三個步驟（三營）。前此分而爲二已將四十九策分成左右兩部分（左象天，右象地）。挂一，復由其一部分中（疏：“於天數之中，分挂其一。”）抽出一策挂之。現在又把左右兩部分的每一部分從頭到尾四個四個地數，一策象一時，四策象春、夏、秋、冬四時。

“歸奇於扐以象閏”，五歲再閏，故“再扐而後挂”是應用蓍以進行卜筮的第四個步驟（四營）。奇是“揲四”的餘數。這個餘數的多寡雖不能預知（因爲分二是信手分的），但是可以斷定其僅有幾個可能。因爲總數四十九策，去挂一則餘四十八，此四十八分在左右，如左方揲四之餘爲一，則右定餘三。同理，左餘三，右餘一；左餘二，右餘二；左餘四，右餘四。把餘數提出另置於扐，就叫做“歸奇於扐”，扐是數之餘。扐、奇之分，以曆法言，則奇象餘分，扐象閏月，所以説“歸奇於扐以象閏”。“五歲再閏故再扐而後挂”謂四營之中，挂一次、扐二次，象曆法五歲再閏。“而後挂”，謂一易四營完結，二易四營開始，把四十九策重新合攏起來，又分二、挂一、揲四、歸奇，言挂是略語。三易（即三變）成一爻。

“四營而成易，十有八變而成卦”，這是總述成卦的全部過程。

2. 卦。卦的本義是畫，《玉篇》部引劉瓛説“卦之言畫也，謂圖畫之也。”（古逸叢書本《玉篇》）是其證。

卦的構成，基本上跟蓍的構成的原則是一致的。⚋（陰，柔），⚊（陽，剛），是基本細胞，相當於大衍之數之有天、地。曰⚊、⚋發展到八卦而小成，完成了卦的低級組織。八卦乾☰、坤☷、震☳、巽☴、坎☵、離☲、艮☶、兑☱，相當於大衍之數的天一、地二、天三、地四、天五、地六、天七、地八、天九、地十。八卦由於其所含⚋、⚊兩種元素的多寡及其構造形式的不同，規定了八種不同的性質，即《説卦》所謂：“乾，健也；坤，順也；震，動也；巽，入也；坎，陷也；離，麗也；艮，止也；兑，説（悦）也。”由低級的八卦“因而重之”，則爲六十四卦，完成了卦的高級組織。至此，已可用以“開物成務，冒天下之道”（《易傳》），跟大衍之數的可用以“成變化而行鬼神”亦復相同。

3.《周易》六十四卦的結構

《周易》六十四卦的結構，既不是如邵雍《先天圖六十四卦》機械的順序，也不是偶然的堆積，而是按照一定的規律排列的。

《易傳》説：“乾之策，二百一十有六；坤之策，百四十有四。凡三百有六十，當期之日。二篇之策，萬有一千五百二十，當萬物之數也。”這是從蓍一方面指出《周易》六十四卦結構的意義。

乾、坤兩卦之策共三百六十，相當於一歲的日數，這句話很容易被人誤會爲牽强附會，而忽略其中所包藴的深刻意義。應當指出，這句話實鮮明地表述了乾、坤兩卦在六十四卦中的重要地位與意義，説明乾、坤兩卦既不是跟其餘諸卦等同，又不是孤獨地立於其餘諸卦之外，而是一方面跟其餘諸卦有内在聯繫，共爲統一的整體，一方面卻是矛盾的開始，自成一獨立環節。其餘諸卦不是别的，衹是乾、坤兩卦變化發展的過程。乾、坤之策“凡三百六十，當期之日”表明乾坤兩卦在其發展過程中是一個獨立的環節。“當期之日”的内容包括“日月運行，一寒一暑”，其具體表現於乾、坤兩卦，即乾《彖》的“元、亨、利、貞”和坤《彖》的“元、亨、利牝馬之貞”。①

“二篇之策萬有一千五百二十，當萬物之數”，這個萬物之數包括六十四卦在内。所謂“萬物”，歸根到底都是天地變化、陰陽交感所生，即乾、坤兩卦的内在矛盾所展開的鬥争所生。所以乾《彖傳》說：“大哉乾元，萬物資始，乃統天。”坤《彖傳》說：“至哉坤元，萬物資生，乃順承天。”《序卦》說：“有天地，然後萬物生焉，盈天地之間者唯萬物，故受之以屯……”總之，都說明易中萬物是由乾元資始，由坤元資生，《周易》六十四卦應看作是乾、坤兩卦變化發展的過程。

《易傳》說：“乾、坤其《易》之緼邪，乾、坤成列而《易》立乎其中矣。乾、坤毁則無以見《易》，《易》不可見，則乾、坤或幾乎息矣。”這幾句話，最能闡明《周易》六十四卦結構的精意。兹略爲分析如下：

首先，它指出《易》的底藴衹是乾、坤，這是極其深刻而又重要的説明。

其次，“乾坤成列而《易》立乎其中矣”，説明《周易》六十四卦是有内在聯繫的統一整體，是按着一定的規律向前變化發展的，而乾、坤這一個環節則是變化發展的開端，其餘諸卦依次遞承。其共同規律是兩卦相承，不反則對（例如屯與蒙是相反，坎與離是相對），依次又構成三十一個環節，每一個環節包括對立着兩個六畫卦（反對的對立），每一個六畫卦包括對立着兩個三畫卦（内外對立）。每一個六畫卦又是“分陰分陽，迭用柔剛”，每一個三畫卦又

① 詳見拙著《易論》下，《東北人民大學人文科學學報》1956 年第 1 期，第 150～151 頁。

是由兩種元素(--、—)組成的,一句話,都貫穿着矛盾的統一這一辯證法的基本特徵而互相依賴着、制約着,結成了大大小小、裏裏外外無數層的網,變化着、運動着的網。

最後,"乾、坤毁則无以見《易》,《易》不可見則乾、坤或幾乎息矣。"這是説明六十四卦序列最後一環節——既濟、未濟兩卦的意義。"乾、坤毁"是矛盾已經解決,變化已到盡端,故無以見《易》。既濟,離下坎上,六爻剛柔皆正而當位,《雜卦》説:"既濟,定也。"正是矛盾解決之象。説"《易》不可見則乾、坤或幾乎息矣",用"幾乎"二字,語有分寸,其實變化並没有息,也不可能息,故未濟爲卦,坎下離上,六爻剛柔皆不當位,《序卦》解釋説:"物不可窮也,故受之以未濟終焉。"即舊的矛盾剛解決,新的矛盾已産生,變化何嘗息?但是,就乾、坤這一矛盾發展的總過程來説,則是至此完結了,可以説"幾乎息"。

又,《易傳》説:"乾、坤其《易》之門邪!乾,陽物也,坤,陰物也。陰陽合德而剛柔有體,以體天地之撰,以通神明之德。"這也是從另一方面來闡明《周易》六十四卦結構的意義。"乾、坤其《易》之門",説明《易》是乾、坤變化所生,這個門字的含義,《易傳》在另外一個地方有確切的詮釋,即"闔户謂之坤,闢户謂之乾,一闔一闢謂之變,往來不窮謂之通。"這個一闔一闢在總的發展過程中構成一個環節,其中包括一個肯定、一個否定。爲什麽往來不窮呢?是由於"窮則變,變則通"(《易傳》)。"窮"是數變的限界,"變"是由數變引起的質變。這樣由數變至質變,由質變到數變,復由數變到質變,遵循着螺旋曲綫由低級向高級發展,構成了無限環節,就叫做"往來不窮",可見"乾、坤其《易》之門"並不是一句泛話,而是真能揭示《周易》六十四卦全部結構的精意。"乾,陽物也,坤,陰物也",説明乾、坤是矛盾的兩方面。"陰陽合德而剛柔有體",説明陰陽是互相依賴着、制約着的統一整體;同時陰陽又各具有一定的性質以互相區别而不能混同。"以體天地之撰,以通神明之德"則説明《周易》

六十四卦之所以如此結構,是爲了反映客觀世界,爲了揭露世界的發展規律。

4.蓍和卦的不同性質及其相互關係

《易傳》説:“蓍之德圓而神,卦之德方以智……神以知來,智以藏往。”韓注:“圓者,運而不窮,方者,止而有分……唯變所適,無所不周,故曰圓;卦列爻分,各有其體,故曰方。”韓注解釋方圓二字的意義是正確的。圓而神,是説蓍數的“陰陽不測”,方以智,是説卦象的“吉凶可見”。一件事都有過去(往)、將來(來)兩方面,用蓍求卦是“知來”,設卦待占是“藏往”。

三、《周易》的應用

《周易》的應用,主要爲明吉凶,明吉凶的目的是爲把工作做好。

《易傳》説:“是以明于天之道,而察于民之故,是興神物,以前民用。”這裏的“神物”是指《周易》而言。“明于天之道,而察于民之故”是説作《易》的根據,譯成今天的話,“天之道”是自然界的發展規律,“人之故”是人類社會的一般原理。“以前民用”是説它是爲人民遇事應用的。

《易傳》又説:“八卦定吉凶,吉凶生大業。”這定吉凶,就是指出怎樣做成功,怎樣做失敗。關於吉凶的定義,《易傳》説:“吉凶者,失得之象也。”得就是成功,失就是失敗,吉凶是略語,實包括悔、吝、无咎等等。《易傳》説:“悔吝者,言乎其小疵也;无咎者,善補過也。”“生大業”是説用易的效果。

《周易》怎樣明吉凶呢?還須有文字説明。《易傳》説:“聖人設卦觀象,繫辭焉,而明吉凶。”辭在《周易》裏也極其重要,辭包括卦名、彖辭,爻辭。

1. **卦名**

卦名有八卦的卦名和六十四卦的卦名。八卦是基本的類型，它的名字是根據各該卦所含⚋、⚊的多寡及其構造的形式而確定的。乾、坤、震、巽、坎、離、艮、兑八名，標明了☰、☷、☳、☴、☵、☲、☶、☱八種不同的性質。《說卦》："乾，健也；坤，順也；震，動也；巽，入也；坎，陷也；離，麗也；艮，止也；兑，説（悦）也。"名義既定，依之取象，因爭觸類，變换無方。《説卦》："乾爲天，坤爲地，震爲雷，巽爲風，坎爲水，離爲火，艮爲山，兑爲澤。"又"乾爲馬，坤爲牛，震爲龍，巽爲鷄，坎爲豕，離爲雉，艮爲狗、兑爲羊。乾爲首，坤爲腹，震爲足，巽爲股，坎爲耳，離爲目，艮爲手，兑爲口"。又"乾爲父，坤爲母，震爲長男，巽爲長女，坎爲中男，離爲中女，艮爲少男，兑爲少女"。證明卦象不是固定的，常視具體情況爲轉移。但是，不管怎樣不固定，卦象永遠要受卦名決定着，即當某一具體事物，分爲八部分，用八卦來表示時，其每一卦象的性質必須與卦名一致而不得相抵觸。

六十四卦是以八卦爲基礎而向上發展的機體，其每一個卦，一方面具有它固有的、獨立的性格，另一方面又是整個機體中一個組成部分。六十四卦的卦名，就要反映這樣性質，同時，還要有普遍意義，以便能利用它來説明同一類型的衆多問題。《易傳》説："其稱名也，雜而不越。"又説："其稱名也小，其取類也大。"這兩條正説明六十四卦的卦名能符合上述要求。"雜"説明六十四卦各有獨特的性格，無一雷同；"不越"，説明各卦間有内在聯繫構成序列共爲一個統一的整體。"其稱名也小，其取類也大"，則是説明它具有普遍意義。

2. **彖爻辭**

彖辭和爻辭的區别：1. 彖辭是一卦的總説明，爻辭則是卦中各組成部分（爻）的説明；2. 彖辭主要從本體上看問題，爻辭主要從變動上看問題。

明吉凶是靠象、爻辭來實現,而吉凶則是爻象所決定的。它們的這種關係,《易傳》説:“爻象動乎内,吉凶見乎外,功業見乎變,聖人之情見乎辭。”“爻象動乎内,吉凶見乎外”實質就是説“八卦定吉凶”,説明吉凶跟爻象有密切關係,欲知吉凶,須先看爻象。爻象動於内則吉凶現於外,爻象是吉凶的本源,吉凶是爻象的末流。“功業見乎變”,説明功業跟爻象吉凶的關係。

3. 八卦怎樣定吉凶

首先,決定於這卦在六十四卦整個結構中所居的地位及其性質。

其次,決定於這爻在全卦結構中所居的地位及其性質。

再次,決定於各爻本身的變動。

關於各爻間的相互關係,又有比、應、承、乘的規定。①

以上所述,就是《周易》應用八卦定吉凶的基本原則與方法。

四、《周易》一書所反映的思想

1. 哲學思想

《莊子·天下》説:“《易》以道陰陽。”《史記·太史公自序》説:“《易》以道化。”這兩個説法基本上是一致的,譯成今天通用的話,“道陰陽”就是講矛盾,“道化”就是講發展規律。講矛盾和講發展規律,雖然説法不同,但本質上是一樣的(這個道理今天學過辯證唯物主義的人大概都會瞭解的,所以不費辭説明)。我認爲二者的説法是正確的,是符合實際的。

① 以上各條均詳拙著《易論》下,《東北人民大學人文科學學報》1956年第1期,第155～157頁。

陰陽又叫做“兩儀”，即矛盾的兩個方面。由上述《周易》的內容我們知道，這個陰陽，從卦來説，它貫穿在八卦、六十四卦中；從蓍來説，它貫穿在小衍之數（指天一地二，至天九地十）、大衍之數中。而蓍和卦本身又是《周易》內容的兩個組成部分。所謂“神以知來，智以藏往”，這也是矛盾。再從全易六十四卦的結構來看：六十四卦從首到尾，兩兩相反或相對，秩然有序，分成三十二個環節，每一個環節中包括兩個六畫卦（反對卦），每一個六畫卦中包括兩個三畫卦（內外卦），每一個三畫卦不消説是由兩個基本細胞（⚋、⚊）發展而來的。又，六畫卦又是“因而重之”、“兼三才而兩之”，有“分陰分陽，迭用柔剛”之義，顯然都貫穿着矛盾。

又由上述各條我們可以看到，筮法的由“分二”、“挂一”、“揲四”、“歸奇”而後定爻得卦，這個過程也是以宇宙的發展變化爲摹本的。六十四卦由乾、坤開始，到既濟、未濟結束，整個過程也是遵循着一定的規律——辯證法的規律，向前發展的。至《易傳》説：“乾之策二百一十有六，坤之策百四十有四，凡三百有六十，當期之日。二篇之策萬有一千五百二十，當萬物之數也。”更顯然是以整個宇宙的變化發展爲法象。總之，《周易》一書實反映了它的原始的、素樸的，但實質上是正確的世界觀。作《易》者已經認識到宇宙是運動的，不是静止的，是發展的，不是重複的，其運動發展的根本原因不是外來的，而是由於其內在的矛盾性。儘管這樣，它與古代希臘哲學一樣，僅僅抓住了現象的整體圖畫的一般性質，而不能解釋整個現象所由構成的個别部分，因而對於整體現象的認識缺乏科學性；另一方面，它這個世界觀是通過卜筮的形式表達出來的，所謂“蓍之德圓而神”，主要關鍵決定於“分而爲二”時的信手一分；認爲這信手一分包含有什麽神秘性，顯然是唯心的、荒謬的。這又説明它的世界觀的不徹底性。這個缺乏科學性和不徹底性，是它的歷史條件所決定的，在當時的歷史條件下不可能産生馬克思主義的科學世界觀，所以儘管它具有上述缺陷，但不能排除它的卓越意義。如與殷代尊神思想相比,還可以説它是飛躍的進步,因爲它雖然還披着卜筮的外衣,但思想内容已經是哲學的了,没有宗教的氣味了。

2.**政治思想**

《周易》的政治思想,鮮明地表現在六十四卦排列的首乾次坤上。這正是它區别於《坤乾》的重要特點之一。這個特點,《易·繫辭傳》在開頭第一句即用極沉重的語氣指出説:"天尊地卑,乾坤定矣。"天尊地卑,實際就是周道尊尊思想的公式化、教條化,其内容包括君尊臣卑、父尊子卑、夫尊妻卑、男尊女卑等等許多具體事實。我們試就全《易》考察,將看到陰陽、剛柔、小大、消息、貴賤、君子小人等等,上面都有尊尊思想的印記。特别是家人卦説:"家人,利女貞。"坤卦六三説:"含章可貞,或從王事,无成有終。"關於"利女貞",《彖傳》解釋説:"家人,女正位乎内,男正位乎外,男女正,天地之大義也。"關於坤六三,《文言》説:"陰雖有美,含之,以從王事,弗敢成也。地道也,妻道也,臣道也。地道无成而代有終也。"充分説明都是封建社會最典型的道德,是尊尊思想的具體反映。

第五節　春秋期思想的特點

春秋是周室衰頽時期,也是歷史上一個轉變時期。這個轉變過程實際到秦統一時才完結,戰國不過是春秋的繼續罷了。春秋思想如與西周思想相比,其特點如下:

一、禮已推動舊日的尊嚴,遭到人們越來越多的踐踏,最後還有人公然起來從理論上向它進攻

本來周人尊禮,最重親親、尊尊。親親、尊尊無過於父子之親、君臣之義,但是春秋時代竟如孟子所説:"臣弑其君者有之,子弑其父者有之。"(《孟子·滕文公下》)《史記·太史公自序》説:"春秋之

中，弑君三十六，亡國五十二，諸侯奔走不得保其社稷者不可勝數。"①祇從上述這兩條材料已可見當時情況的一斑。

另外關於破壞禮制的最顯著的例子，如《論語·八佾》所記"季氏八佾舞於庭"，"三家者以雍徹"，"季氏旅於泰山"，"邦君樹塞門，管氏亦樹塞門，邦君爲兩君之好有反坫，管氏亦有反坫"等，以及《禮記·郊特牲》和《曾子問》所述一部分都是。齊桓公葵丘之會，載書初命曰："誅不孝，無易樹子，無以妾爲妻。"②諸侯盟會所以特把這三項放在頭一條，懸爲厲禁，恰恰反映當時禮制已嚴重地遭到破壞。

春秋期間社會的轉變是通過階級鬥爭來實現的。這時階級鬥爭表現在下列兩方面：1. 部族間與國際間的鬥爭，例證如所謂"南夷與北狄交，中國不絶若綫"（《公羊傳》僖公四年），及上述列國間的兼并都是；2. 等級間的鬥爭，政權重心逐步下移，由禮樂征伐自天子出，降而自諸侯出，又降而自大夫出，以至於陪臣執國命。在這一歷史條件下，至春秋末期遂産生兩個大思想家：老子和孔子。這兩個大思想家從其對於西周的政治制度所抱的態度上看，可以分爲兩派：一、擁護派——孔子；二、反對派——老子。老子就是公然起來從理論上向禮進攻的。

---

① 《史記》祇就《春秋》一書所記的數字統計如此，事實不止此數。即以亡國的數字爲例，《荀子·仲尼篇》說："齊桓……外事則詐邾襲莒並國三十五。"《韓非子·難二》說："行人燭過免胄而對曰：'昔者吾先君獻公并國十七，服國三十八。'"又《有度》說："荆莊王并國二十六，開地三千里……齊桓公并國三十，啓地三千里。"《吕氏春秋·貴直》說："行人燭過免胄橫戈而進曰……對曰：'昔吾先君獻公即位五年，兼國十九。'"又《直諫》說："荆國兼國三十九。"諸書所記數字互有出入，大致相去不遠，足見實際滅國數字比《春秋》一書所記還不知要多出多少倍。周初諸侯云千八百，而春秋末年祇餘十數國，大概兼并最劇烈的時代實在春秋期間。

② 《孟子·告子下》，亦見《公羊傳》僖公三年、《穀梁傳》僖公九年。

二、無神論得到了進一步發展

如,《左傳》桓公六年,隨季梁說:“夫民,神之主也。是以聖王先成民而後致力於神。”莊公三十二年,虢史嚚說:“吾聞之,國將興,聽於民,將亡,聽於神。”僖公十六年,周内史叔興說:“吉凶由人。”又,十九年,宋司馬子魚說:“祭祀以爲人也。民,神之主也。”襄公十四年,衛定姜說:“無神,何告?”又二十三年,魯閔子馬說:“禍福無門,唯人所召。”昭公十八年,鄭子産說:“天道遠,人道邇,非所及也,何以知之?竈焉知天道,是亦多言矣,豈不或信?”定公元年,晉士伯說:“薛徵於人,宋徵於鬼,宋罪大矣。”等等,都是例證。

三、鬼神術數之學還有相當大的勢力,但是隨着社會急劇地向前發展,它的舊日的統治地位,終於爲從它分化出來的哲學和科學所代替

術數内容包括:天文、曆譜、五行、蓍龜、雜占、形法(見《漢書·藝文志》)。關於春秋時期鬼神術數之學的内容及其大概情況,可參看夏曾佑《中國古代史》第一篇第二章第三、四節《孔子以前之宗教》(上、下),因爲這兩節裏所引據的材料,比較全面而有系統。這種鬼神術數之學,在今天看來誠然有些愚蠢可笑,但是,春秋以前確實有如夏曾佑所說“鬼神術數之外無他學”,這種學問實也有長期發展的歷史,它是自原始社會逐漸積累下來的知識寶藏,其内容幾乎無所不包,有宗教迷信,也有哲學和科學因素。祇有到了春秋末期,隨着社會的發展,才由無所不包的知識分化出來而爲完全獨立的哲學和科學,從而代替了鬼神術數之學原來的統治地位,具體的表現在老子和孔子的學説上。

第六節　老　子

一、老子的時代

在老子的年代這一問題上，晚近學者有許多不同的見解，直到現在還没有一致的結論。本文爲篇幅所限不能一一論列，衹就比較重要的略談一談。

首先，請把《史記·老子列傳》録出，因爲這是記述老子事迹的最重要的材料。全文如下：

老子者，楚苦縣厲鄉曲仁里人也，姓李氏，名耳，字聃，周守藏室之史也。孔子適周，將問禮於老子。老子曰："子所言者，其人與骨已朽矣，獨其言在耳。且君子得其時則駕，不得其時則蓬累而行。吾聞之，良賈深藏若虚，君子盛德，容貌若愚。去子之驕氣與多欲，態色與淫志，是皆無益於子之身。吾所以告子，若是而已。"孔子去，謂弟子曰："鳥，吾知其能飛；魚，吾知其能游；獸，吾知其能走。走者可以爲罔，游者可以爲綸，飛者可以爲矰。至於龍，吾不能知其乘風雲而上天。吾今日見老子，其猶龍邪！"

老子修道德，其學以自隱無名爲務。居周久之，見周之衰，乃遂去。至關，關令尹喜曰："子將隱矣，强爲我著書。"於是老子乃著書上下篇，言道德之意五千餘言而去，莫知其所終。

或曰：老萊子亦楚人也，著書十五篇，言道家之用，與孔子同時云。

蓋老子百有六十餘歲，或言二百餘歲，以其修道而養壽也。

自孔子死之後百二十九年，而史記周太史儋見秦獻公曰：“始秦與周合，合五百歲而離，離七十歲而霸王者出焉。”或曰儋即老子。或曰非也。世莫知其然否。

老子，隱君子也。老子之子名宗，宗爲魏將，封於段干。宗子注，注子宫，宫玄孫假。假仕於漢孝文帝，而假之子解爲膠西王卬太傅，因家於齊焉。

世之學老子者則絀儒學，儒學亦絀老子。“道不同不相爲謀”，豈謂是邪？李耳無爲自化，清静自正。

上述文字，依我看，“莫知其所終”句以前是《史記》原文；自“或曰老萊子”以下至末，則爲讀史者附記的異聞，後因輾轉鈔寫，誤混爲一。理由如下：

1.“李耳無爲自化，清静自正”二語，上下無所附麗，顯然是摘取史公敍傳中語，匯抄於此。①

2.周太史儋之語見於周、秦《本紀》，又見於《封禪書》，此處云云，即由彼處抄來，所説“史記周太史儋”的“史”字，即指《史記》本書而言。

3.《仲尼弟子列傳》序，老子與老萊子分述，證明司馬遷並不懷疑老子與老萊子爲一人。即此處説：“老萊子，亦楚人也。”也是認爲老子與老萊子爲二人。把老萊子闌入老子傳中，明係讀史者所爲無疑，蓋也是附記於末，以備參考。

4.“老子之子名宗”一段文字，應是自某氏譜牒録入。《漢書·張湯傳》贊説：“馮商稱張湯之先，與留侯不祖，而司馬遷不言，故闕焉。”可見漢世敍述世系，已多傳會，馬班不取，正見其卓識。“老子之子名宗”一段文字定非《史記》原文。後人不察，反以此段文字爲

---

① 《史記會注考證》引萬承蒼語，已見及此。

可靠，用它推算老子年代，竟得出老子是戰國人的結論，實屬大誤。

近人不相信老子是孔子前輩，不相信《老子》是老聃作，其所持理由主要有下述幾點：

1.《老子》反對禮，與《禮記·曾子問》所述老聃語思想不一致；

2.《墨子》和《孟子》書中未談及老子；

3.《老子》書有“偏將軍”、“上將軍”，不是春秋時制度；

4.《老子》提到“仁義”、“尚賢”，故應在《墨子》、《孟子》以後；

5.《老子》“離”、“兒”、“疵”、“爲”、“雌”、“知”爲韻，與《楚辭·九歌·少司命》以“離”和“辭”、“旗”、“知”叶及《韓非子·揚權》以“離”和“知”、“爲”葉相合，與《周易》和《詩經》的“爲”、“離”皆在歌韻，“爲”必讀譌，“離”必讀“羅”不合；

6.戰國前無私家著述

其實上述這六條理由都有問題，都不能用做確定老子年代的根據。兹逐一剖辨如下：

關於第一條理由的提出，是根據這樣一個前提出發的，即反對禮的人一定不精通禮。其實，這一前提本身是有問題的，應當説這是形而上學地看問題，不是辯證地看問題，是唯心的，不是唯物的。事實上，歷史裏有很多精通某種學説或制度的人卻正是反對這種學説或制度最有力的人，這不但不奇怪，倒是很合理的。因爲這樣正符合歷史發展規律，具體的歷史並不是“較若畫一”，而是充滿矛盾的。“五四”以來，文學上的改革，應推魯迅爲大師，如果認爲魯迅不懂舊文學那就未免可笑。老聃的懂禮應看作與魯迅舊文學同例。衹有盲從的人才對他所不懂的東西努力加以反對。肯定説老子是有獨立見解的人，不是盲從的人，因此他既精通禮，同時又反對禮，這一點也不奇怪。

關於第二條，《墨子》和《孟子》裏不談老子，這衹能説老子學説在當時影響不大，不能證明老子的人與書不存在。老子學説所以影響不大是可以理解的。因爲“其學以自隱無名爲務”，不似孔、墨之栖栖道路,席不暇暖,突不得黔,聚徒説教,爲當世顯學。

關於第三條,《老子》書裹有偏將軍、上將軍,這跟《史記》裹有揚雄語一樣,都是後人竄入的。這個問題早在王弼注老子時即已看出(宋晁説之《老子》王弼注跋尾説:"弼知'佳兵者不詳之器'至於'戰勝以喪禮處之',非老子言。")明焦竑《老子翼》引王純甫説也有"此章自'兵者不祥之器'以下,似古之義疏渾入於經者,詳其文義可見"之語。經注混亂,古書多有,戴震校《水經注》即以能辨别經注得名。我們怎可據《老子》書有"偏將軍"、"上將軍"便斷定它成於戰國時呢?《史記》有揚雄語(司馬相如傳贊),難道我們可以據此説《史記》作於東漢,司馬遷爲東漢人嗎?

人們提出來第四條理由是根據這個前提出發的,即"尚賢"是墨子的新發明,墨子以前不會有人提到"尚賢","仁義"是孟子的"專賣品",孟子以前不會有人提到"仁義"。其實這也是形而上學地看問題,孤立地看問題,衹看到問題的一面,没有看到另外一面,即衹看到墨子和孟子兩家學説的特點,而没有看到他們還須以前人所積累下來的思想材料爲前提。馬克思説:"人們自己創造自己的歷史,但他們這種創造工作並不是隨心所欲,並不是在由他們自己選定的情况下進行的,而是在那些已直接存在着、既有的、從過去承繼下來的情况下進行的。"①所以,以"尚賢"爲思想核心,特别地强調它;以"仁義"爲思想核心,特别地强調它,這是墨子、孟子所獨有的,至於把"仁義"或"尚賢"這兩個字連綴在一起來用,則不能認爲此前絶對不會有。因爲墨、孟的思想就是從既有的思想材料中發展而來的。推類而言,老子好説"道",孔子好説"仁",荀子好説"禮",韓非子好説"法",我們一方面要肯定他們的獨創,一方面也要知道這些獨創的東西,是離不開其先行的思想材料的。如果認爲老子以前不會有人説"道",孔子以前不會有人説"仁",這不但

① 《路易·波拿巴政變記》。

與事實不符,在理論上(當然是辯證唯物主義的理論,不是形而上學的、唯心主義的理論)也是不許可的。實際周代社會的正統思想是"尊尊"、"親親"並重。"親親"爲仁,"尊尊"爲義,"尊尊"包括尚賢在内。"尊尊"、"親親"思想表現在等級制度上,即是禮。孔子言仁,孟子言仁義,基本上是對舊有制度持擁護的態度;老子反對禮,墨子强調尚賢,基本上是對舊有制度持改革的態度;各家所使用的名詞概念,儘管在内容解釋上容易有某些出入,但應該肯定,這些都是原來就有的,不是某一個人所新創的,而且也不可能新創,因爲他們的創造工作不能在由他們自己選定的情況下進行,而是必須在那些已直接存在着、既有的、從過去承繼下來的情況下進行啊!

關於第五條理由的提出,是根據這一前提,即古韻"離"、"爲"在歌部,今韻"離"、"爲"在支部,而屈原賦正是處在轉變的交界。實在,這個前提是有問題的。第一,這是認爲字的音讀不同,僅僅由於時代不同,别無其他原因。其實這個看法是不全面的。應該承認,方國不同也是音讀不同的原因之一。第二,用屈原賦作例證,肯定了戰國中期以後,"離"、"爲"二字有讀入支部的事實,這是對的。但是,即在這裏畫一道綫,説"離"、"爲"二字讀入支部是由這時開始,這就有問題了。因爲音讀的變化不是突然的,很難在哪裏畫定一條界綫,縱令勉强畫一條界綫,這條界綫畫在屈原賦時,也是没有根據。因爲古文獻流傳到現在,衹是原來的很小一部分,而這很小的一部分中,有韻的,並確知其應讀入某韻的字又占其中很小一部分。例如"離"字,今天能確知其音讀的,在《易經》裏衹二見,即離卦九三"日昃之離"和小過上六"飛鳥離之";在《詩經》裏衹三見,即《新臺》的"鴻則離之",《黍離》的"彼黍離離"和《湛露》的"其實離離"。"爲"字,今天能確知音讀的,在《易經》裏衹一見,即革卦初九《象傳》:"鞏用黄牛,不可以有爲也。"在《詩經》裏例子較多,凡十見,即《北門》、《相鼠》、《兔爰》、《緇衣》、《澤陂》、《北山》、

《鳬鷖》、《抑》等詩(《北門》三見)。我們根據這些材料,衹能説當時一般都把"離"、"爲"二字讀入歌部,不能做全稱肯定,更不能説從《易》、《詩》的時代起,到屈原賦中間,"離"、"爲"二字都讀入歌部,因爲我們所能掌握的材料極爲有限,絶大部分還空白着。韓非子説過:"無參驗而必之者,愚也,弗能必而據之者,誣也。"我們要想不犯愚誣的錯誤,就不應該説"離"、"爲"二字音讀由歌轉支是由屈原賦開始的。[①] 因而這條理由是不能決定老子的年代的。

至於第六條戰國前無私家著述這個命題,衹能由《老子》是戰國前的私家著述這個事實而被否定,它没有否定《老子》是戰國前私家著述的效力。提出這條理由,顯然是想利用丐辭以詭辯求勝,最不能令人滿意。

此外,還有人據《史記》太史公談《論六家要指》一文説:"道家後起,故能乘各家之長。"這個説法實誤解了司馬談的原意。司馬談原文説:"道家使人精神專一,動合無形,贍足萬物。其爲術也:因陰陽之大順,采儒墨之善,撮名法之要,與時遷移,應物變化。"這一段話,主要在説明道家"無不爲",而這個"無不爲"乃是"無爲"的結果,而不是"有爲"的結果。如果把"因"、"采"、"撮"等字看得太死,説道家真的曾經向陰陽、儒、墨、名、法諸家學習過,那就與道家的根本思想——無爲相違背,那就大錯了。還有這樣一種説法:"現在所有的以爲《老子》之書是晚出之諸證據,若衹舉其一,則皆不免有邏輯上所謂'丐辭'之嫌,但合而觀之,則《老子》一書的文體、學説及各方面之旁證,皆可以説《老子》是晚出,此則必非偶然也。"[②]這種説法很容易使人聯想到古人所謂"衆口鑠金,積毁銷骨"來。越是有這種情況,案情就越是重大可疑。正直的人,衹應

① 其實,《離騷》"離"和"化"叶,"離"也讀"羅";《老子》三十七章"爲"和"化"叶,六十四章"爲"和"貨"、"過"叶,"爲"也讀爲"譌"。我們既不能認爲屈原的《離騷》是春秋作品,也無法説《老子》的三十七章和六十四章是戰國時所作。

② 《古史辨》第四册,第421頁,馮友蘭先生語。

窮個究竟，爲雪沉冤，而不能草率定讞，使構陷者快意。

其實，《老子》書是老聃所作，理由在《韓非子》有《解老》、《喻老》兩篇，並在《内儲説》下和《六反》兩篇中引《老子》書中語，俱標明老聃，已得到確鑿的證據。其他先秦書，如《荀子·天論篇》説："老子有見於詘(屈)，無見於信(伸)。"《吕氏春秋·不二》説："老耽是也。"二書所説的老子或是老耽，審其思想可斷言即是韓非子所説的老子或老聃。

又，《吕氏春秋·當染》説："孔子學於老聃、孟蘇、夔靖叔。"老聃一名，又見於同書的《貴公》、《去尤》兩篇，按其思想也與韓非子所言老聃一致。《莊子》書裏稱述老聃處更多，並有孔子與老聃對話計七次。① 誠然，對話的内容，未必實有其事，因爲《莊子》書是"寓言十九"。但是老聃和孔子這兩個人物，則無可置疑，因爲《莊子》書是"重言十七"，祇强調《莊子》的"寓言"，而忘了，或故意隱瞞《莊子》的"重言"，把《莊子》裏的老聃看作是子虚烏有，這是不公允的。

《禮記·曾子問》和《史記·孔子世家》都説孔子問禮於老聃，如與《吕氏春秋·當染》和《莊子》諸篇參證，這個事實自屬可信。《莊子·天下》所撮述的老聃思想和一些詞句，如與今行世的《老子》書相核對，知是一書無疑。總之，我們所要知道的，是《老子》書的作者和年代，這個問題，實際在先秦諸書，已有確切的解答，僅僅是詳略互有不同，找不出一條相反的證據。我們如果還肯重視證據，就没有理由説上述諸書記載完全不可靠，獨有我們的主觀臆測可靠，那末，《老子》書是老聃作，老聃與孔子同時而年輩稍長，這個事實實不容懷疑。

---

① 《天地》、《天道》、《天運》、《田子方》、《知北游》，其中《天運》一篇對話三次。

二、老子的思想

1. 老子的世界觀

老子是無神論者,在老子思想裏,已經看不見一點鬼神術數之學的痕迹,確如夏曾佑所説:“至老子遂一洗古人之面目。”[①]老子思想的出現,標誌着中國哲學思想的發展進入了一個新的階段,即哲學已經從意識的宗教形態中解放出來。老子肯定是哲學家,不是宗教家。但他是唯心主義的哲學家。以下略引《老子》原文,加以説明。

老子説:“道法自然”(二十五章),這就充分證明他是無神論者。所謂“自然”,是説自已如此,不是另外有某種東西使它如此。這樣,顯然就没有“神”存在的餘地,這是老子思想的進步的一面。《老子》書裏説的“天地不仁,以萬物爲芻狗”(五章),“天道無親,常與善人”(七十九章),“天地之間,其猶槖籥。虚而不屈,動而愈出”(五章)等等,都是由上述這一觀點出發。老子所説的“天地”,略如今日我們所説的“自然界”,老子所説的“道”,略如今日我們所説的“發展規律”。老子認識到自然界是變動不居的,并且認識到這個變動不居,不是雜亂無章,也不是隨心所欲,而是遵循着客觀的,不以人們(或其他想象的東西,如鬼神、上帝等)的意識或意志爲轉移的規律來發展的。正因爲這樣,所以他説“天地不仁”、“天道無親”。這個“不仁”、“無親”並不是説它如何殘忍、無情,而是指出它的客觀性質,意思是説,不能用仁、不仁或親、不親的詞句來説明。“芻狗”和“槖籥”兩個比喻,也是闡明這個問題。“芻狗”是用草紮成的狗,古人在禱祭時用它,用完就把它丢棄,毫不顧惜。《莊子·

① 《中國古代史》第一篇,第二章第五節。

天運》説:"夫芻狗之未陳也,盛以篋衍,巾以文繡,尸祝齋戒以將之;及其既陳也,行者踐其首脊,蘇者取而爨之而已。"正是描述當時實際情況。可見,"以萬物爲芻狗"是説萬物在發展過程中,從發生、發展到消滅,也跟芻狗的經歷一樣。所謂"四時之序,成功者去",已陳的芻狗,正是成功者去。從芻狗本身看,雖然前後的遭遇,大相懸殊,而自禱祭者説來,何嘗有私意存乎其間。先前的"齋戒以將之",並不是有什麽仁恩,後來的"踐其首脊",也並不是有什麽讎恨。同樣,萬物變化的有盛有衰,我們也衹能説是遵循客觀發展規律,並没有什麽親疏厚薄於其間。"橐籥"是古人冶鑄時用以鼓風的東西,"虚而不屈,動而愈出",説明風的發生是因於自然。"虚而不屈"是説虚時不是真空(屈的意思是竭,竭是竭盡了,所以可用真空來解釋),"動而愈出"是説越動,風出來的越多。就是這樣一"虚"一"動",往復不已,風就不斷地生出來了,並不是有人在制造它。這比喻萬物發生、發展,也完全受自然的規律支配,並不是有超自然的東西在主宰它。以上,是老子思想的正確的方面,亦即他比以前哲學著作,都或多或少夾雜鬼神術數之學爲進步的地方。

但是,根據以上所述,我們是不是就可以説老子是唯物主義者呢?我的意見認爲不可以。因爲,老子在"道"與"天地",即發展規律與物質的關係這個問題上,是認爲道先天地生(二十五章),即認爲發展規律是第一性,物質是第二性,這就決定了他是唯心主義的哲學家。

《老子》書中談"道"的地方非常多,"道"是老子學説的核心,後世稱老子這一派學者爲"道家",正是由於這個緣故。因此,我們研究老子思想有必要首先對於"道"字的含義作認真的考察。

"道"是什麽?在《老子》書裏爲回答這一問題,曾寫了如下三段文字:

①十四章[①]

視之不見,名曰夷;聽之不聞,名曰希;搏之不得,名曰微。此三者不可致詰,故混而爲一。其上不皦,其下不昧。繩繩不可名,復歸於無物。是謂無狀之狀,無物之象,是謂忽恍。迎不見其首,隨不見其後。執古之道,以御今之有。能知古始,是謂道紀。

②二十一章

孔德之容,惟道是從。道之爲物,惟恍惟忽,忽恍中有象,恍忽中有物。窈冥中有精,其精甚真,其中有信。自古及今,其名不去,以閲衆甫。吾何以知衆甫之狀哉?以此。

③二十五章

有物混成,先天地生。寂兮寥兮!獨立不改,周行不殆,可以爲天下母。吾不知其名,字之曰道,吾強爲之名曰大。大曰逝,逝曰遠,遠曰返。道大,天大,地天,王大。域中有四大,而王居其一。人法地,地法天,天法道,道法自然。

綜上所述,可見老子所謂"道",第一,是忽恍,寂漠,視之不見,聽之不聞,搏之不得。就是説,它没有顔色,没有聲音,没有形體,空空洞洞,人們不能用感覺器官認識它,所以有時也把它叫做"無"(四十章,"天下萬物生於有,有生於無。")或"無名"(一章,"無名,天地之始。")。第二,是"獨立不改","自古及今,其名不去","迎不見其首,隨不見其後",就是説它是永恒的,無始無終的,所以有時又稱它是"常"。(十六章,"夫物芸芸,各復歸其根。歸根曰静,是謂復命。復命曰常。知常曰明。"常即指道。)第三,是"周行不殆",就是説"道"有普遍性,"無所不在"(《莊子·知北游》曾對此有精闢的發揮),所以,又説:"道者萬物之奥"(六十二章)。第四,是"其中有象"、"其中有物"、"其中有精"、"其中有信"、"可以爲天下母"。

① 分章不是《老子》書原有的,但是,對引述上實有許多方便,故本文仍襲用之。又引文多有節文。

就是説，萬物是道所産生的，所以又説："道生一，一生二，二生三，三生萬物"（四十二章），"天下萬物生於有，有生於無"（四十章），"道生之，德畜之，物形之，勢成之"（五十一章）。這就是説：精神是第一性，物質是第二性。總之：老子所謂"道"，是抽象的，不是具體的；是指精神、運動或發展規律，而不是指物質。老子認爲世界統一於"道"，即統一於精神、運動或發展規律。他認爲天地是道的産物，即物質是精神的産物。所以他是唯心主義者。

有人抓住"道之爲物"和"有物混成"這兩個"物"字，説老子所謂"道"，是物質的，老子是唯物論者。這個説法，實際是歪曲的解釋。應該指出，上述兩個"物"字的用法，同我們通常説"精神之爲物"或"思想這個東西"一樣，祇説明它是現實的，存在的，並不表明它是與精神對立的物質。正如狄慈根説："精神與物質至少有一點是共同的，即它們都是存在着的。"這一點是正確的。但是把思想叫做物質的，這就向混淆唯物主義與唯心主義方面走了錯誤的一步。① 況且老子明明説"復歸於無物，是謂無狀之狀，無物之象"，爲什麽我們硬要説"道"是物質的呢？如果"道"是物質的，那末老子所説"天之道"（九章、七十七章、八十一章）、"人之道"（七十七章）、"聖人之道"（八十一章）、"古之道"（十四章）、"有道者"（二十四章，三十一章）、"以道佐人主者"（三十章）、"爲道日損"（四十八章）、"古之善爲道者"（六十五章）、"道者萬物之奥"（六十二章）等等將如何解釋？難道也可以用道是物質的意義來解釋嗎？或者能説這些"道"字不同於"道之爲物"那個"道"字的意義呢？無論如何都説不通。顯然"道"是物質的解釋是歪曲的、錯誤的。

2. 老子的無爲論

正由於老子是唯心主義的哲學家，所以在方法論上，他主張

① 詳見列寧著《唯物主義與經驗批判主義》，人民出版社，1956 年，第 247 頁。

"無爲"(三、十、三十七、四十三、六十三章)而崇尚"玄同"(五十六章)。

老子的無爲論,並不是簡單地叫人們什麽事情也不要做,而是認爲這是達到什麽事情都能做好的必要的、唯一的方法,即所謂"無爲而無不爲"(三十七、四十八章)。"無爲"和"無不爲"顯然是兩個正相反對的概念,爲什麽由"無爲"能達到"無不爲"呢?要明白這個道理,需要知道老子立論的兩個前提。老子立論的第一個前提,是認爲世界上不會有兩個絶對相同的事物,因而不可能有一個到處可以應用的辦法。在他看來,學到知識不但無益而且有害,知識越多,成見越深,知識不但不能應付我們不可預料的未來事物,而且妨礙了我心本有的"若鏡"的光明;第二個前提,是認爲我心本有照見一切事物、處理一切事物的能力,學習的結果,一點不能使這個本能有所增加,而衹能使它傷損。

正因爲這樣,所以老子説:"爲學日益,爲道日損,損之又損,以至於無爲,無爲而無不爲。"(四十八章)"爲道日損"的"損"是損什麽呢?這就是《莊子·刻意》所説的"去知與故"和《大宗師》所説的"墮肢體,黜聰明,離形去知"。兹把《刻意》和《大宗師》裏這兩段全文迻録如下,以供參考。

《刻意》説:

"聖人之生也天行,其死也物化;静而與陰同德,動而與陽同波;不爲福先,不爲禍始;感而後應,迫而後動,不得已而後起。去知與故,循天之理。"

《大宗師》假借孔顔對話説:

"顔回曰:'回益矣。'仲尼曰:'何謂也?'曰:'回忘仁義矣。'曰:'可矣,猶未也。'他日,復見,曰:'回益矣。'曰:'何謂也?'曰:'回忘禮樂矣。'曰:'可矣,猶未也。'他日,復見,曰:'回益矣。'曰:'何謂也?'曰:'回坐忘矣。'仲尼蹵然曰:'何謂坐忘?'顔回曰:'墮肢體,黜聰明,離形去知,同於大通,此謂坐忘。'仲尼曰:'同則無好也,化則無常也。而果其賢乎！丘也請從而後也。'"

"墮肢體"就是"離形"；"黜聰明"就是"去知"。"離形去知"也就是"去知與故"，"知"是知識，"故"是習慣，①在當日"知"指仁義而言，"故"指禮樂而言。"去知與故"，就是《莊子·天道》所謂"退仁義"，"賓(擯)禮樂"。至"循天之理""同於大通"，則是描述"損之又損，以至於無爲"時的情況。

爲什麽"無爲"而能"無不爲"呢？這個道理，最好還借用莊子的話來説明。《莊子·應帝王》説："至人之用心若鏡，不將不迎，應而不藏，故能勝物而不傷。"這"若鏡"正是形容"無爲"時的心理狀態，宋理學家所謂"鑒空衡平"，"廓然而大公"，實本於此。"將"是送，"不將不迎"是説事情做過去，心裹不留戀；事情還没來，心裹不盤算。《莊子·刻意》説："不思慮，不豫謀。"可看作是"不將不迎"的注脚。"應而不藏"是説事情怎樣來，就怎樣應付，應付終了，心裹依舊如鏡虚空，不留一點痕迹。宋理學家所謂"因物付物"、"物來而順應"，實本於此。司馬談説："道家無爲，又曰無不爲，其實易行，其辭難知。其術以虚無爲本，以因循爲用。"(《史記·太史公自序》)這個"以虚無爲本"就是"其用心若鏡"，"以因循爲用"就是"不將不迎，應而不藏"。莊子説"古之真人，其寢不夢，其覺無憂"(《大宗師》,《刻意》略同)，則正是由"不將不迎，應而不藏"按照邏輯引伸出來的結論。

由此可見，老子崇尚"玄同"、"玄德"(五、五十一、六十五章)、"抱一"(十章)、"抱朴"(十九章)、"清静"(四十五章)，屢屢稱贊"嬰兒"、"赤子"，説："專氣致柔，能嬰兒?"(十章)"常德不離，復歸於嬰兒。"(二十八章)"含德之厚，比於赤子。"(五十五章)而極力反對學習，輕視實踐，竟説："絶學無憂"(二十章)，"絶聖棄智，民利百倍。

---

① "故"字含義，當依《莊子·達生》"吾始乎故"、"吾生於陵而安於陵，故也"作解。

絶仁棄義,民復孝慈;絶巧棄利,盗賊無有”(十九章)。説“不出户,知天下;不窺牖,見天道。其出彌遠,其知彌近”(四十七章)等,這是不足怪的。因爲他認爲人們的本能是完善的,圓滿具足,毫無缺欠。人們祇能努力保全這個本能,使它不遭受損害,而不能設想更使本能有所增益。所以他教人所走的,正是與常人所走的相反的道路。常人都教人如何“學”,如何“爲”,而他卻教人“學不學”(六十四章)、“爲無爲”(三、六十三章)。老子所説的“玄同”、“玄德”、“一”、“朴”、“嬰兒”、“赤子”等等,實際是用不同的詞句和例子,從各方面來表述人們的本能。他過分地誇大了本能的作用,認爲完全不需要學習,不需要實踐,就能够把事事做好。學習、實踐在老子看來,不但是多餘的,而且是有害的。這個極端荒謬、錯誤的論點,充分體現了他的唯心主義哲學的特點。

3. 老子的貴柔論

《漢書·藝文志》論道家,稱其“秉要執本,清虚以自守,卑弱以自持”,《莊子·天下》和《吕氏春秋·不二》則專以“貴清”歸之關尹,“貴柔”歸之老聃。① 今觀《老子》書,知“無爲”、“柔弱”實所並重。言“無爲”,即所謂“貴清”,亦即所謂“清虚以自守”;言“柔弱”,即所謂“貴柔”,亦即所謂“卑弱以自持”。老子的無爲論已見上,兹復闡述老子的貴柔論。

老子説:“知其雄,守其雌,爲天下谿。”(二十八章)“柔弱勝剛强。”(三十六章)“天下之至柔,馳騁天下之至堅。”(四十三章)“守柔曰强。”(五十二章)“人之生也柔弱,其死也堅强。萬物草木之生柔脆,其死枯槁。故堅强者死之徒,柔弱者生之徒。”(七十六章)

---

① 《莊子·天下》説:“關尹曰:‘在己無居,形物自著。其動若水,其静若鏡,其應若響,芴乎若亡,寂乎若清……’老聃曰:‘知其雄,守其雌,爲天下谿;知其白,守其辱,爲天下谷。人皆取先,己獨取後,曰受天下之垢;人皆取實,己獨取虚,無藏也故有餘,巋然而有餘……’”《吕氏春秋·不二》説:“老耽貴柔,關尹貴清。”。

"天下柔弱莫過於水,而攻堅强者莫之能先。其無以易之。故弱勝强,柔勝剛,天下莫能知,莫能行。"(七十八章)等等,這都是他主張貴柔的證據。

老子貴柔論的提出,也是以其認識論爲基礎的。老子説:"反者道之動,弱者道之用。"(四十章)可爲確切的證明。關於"反者道之動"的原理,在《老子》書中曾用很多生動實例予以闡明,最顯著的,如説:"曲則全,枉則正;窪則盈,敝則新。"(二十二章)"重爲輕根,静爲躁君。"(二十六章)"將欲翕之,必固張之;將欲弱之,必固强之;將欲廢之,必固興之;將欲奪之,必固與之。"(三十六章)"禍,福之所倚;福,禍之所伏……正復爲奇,善復爲妖。"(五十八章)"天之道,其猶張弓!高者抑之,下者舉之,有餘者損之,不足者與之。"(七十七章)"天下皆知美之爲美,斯惡已;皆知善之爲善,斯不善已"(二章)等等都是。這表明老子已認識到自然界和人類社會是變動不居的,并且認識到這個變動是循着正反兩面互相轉化的規律進行的。老子的貴柔論,正是把他的認識論應用於具體實踐,他教人"守柔"、"守雌"、"守辱"、"處衆人之所惡"等等,總之,教人常自處於不利的方面,使在變動的過程中,好向有利的方面轉化,從而使其能長期地享有最大的利益,這是貴柔論的真髓。

貴柔論的缺點:第一,它衹教人消極等待,缺乏主動性、積極性,這一缺點是與他的無爲論聯繫着的。第二,貴柔論雖然以"反者道之動"的觀點爲基礎,即以素樸的辯證的觀點爲基礎,但是貴柔的實質卻是形而上學的,因爲他想長期停留在某一種狀態上,而不知道這是不可能的,這個想法本身,就是形而上學的觀點,不是辯證的觀點。

4. **老子的政治思想**

老子著書立説的主旨,並不是單純地爲發揮哲理、申述觀點,而是爲了實現其政治理想。這點不但老子如此,先秦思想家無不如此。最可注意的,是老子所進行説教的對象並不是一般人,而是當時的王侯,即最上層的統治者。例如説:"是以聖人處無爲之事,行不言之教。"(二章)"聖人之治:虚其心,實其腹,弱其志,强其骨。常使民無知無欲,使知者不敢爲,爲無爲則無不治。"(三章)"聖人不仁,以百姓爲芻狗。"(五章)"是以聖人後其身而身先,外其身而身存。以其無私,故能成其私。"(七章)"是以聖人爲腹不爲目。故去彼取此。"(十二章)"是以聖人抱一爲天下式。"(二十二章)"是以聖人常善救人,而無棄人;常善救物,而無棄物。是謂襲明。"(二十七章)"聖人用之則爲官長。"(二十八章)"是以聖人去甚,去奢,去泰。"(二十九章)"是以聖人不行而知,不見而名,不爲而成。"(四十七章)"聖人無常心,以百姓心爲心……聖人在天下,怵怵;爲天下,渾其心。百姓皆注其耳目,聖人皆孩之。"(四十九章)故聖人云:"我無爲,人自化;我好静,人自正;我無事,人自富;我無欲,人自朴。"(五十七章)"是以聖人終不爲大,故能成其大……是以聖人猶難之,故終無難。"(六十三章)"是以聖人無爲,故無敗;無執,故無失……是以聖人欲不欲,不貴難得之貨;學不學,復衆人之所過。以輔萬物之自然而不敢爲。"(六十四章)"是以聖人處上而人不重,處前而人不害,是以天下樂推而不厭。"(六十六章)"是以聖人被褐懷玉。"(七十章)"聖人不病。以其病病,是以不病。"(七十一章)"是以聖人自知不自見,自愛不自貴,故去彼取此。"(七十二章)"是以聖人爲而不恃,功成不處,斯不見賢。"(七十七章)"故聖人云:'受國之垢,是謂社稷主;受國不祥,是爲天下王。'"(七十八章)"是以聖人執左契,不責於人。"(七十九章)"聖人不積,既以爲人己愈有,既以與人己愈多……聖人之道,爲而不争。"(八十一章)綜觀《老子》五千言,後人分爲八十一章中,言"聖人"計二十七次,審其義藴,都是指有位的聖人,而不是僅指有德的聖人。這個聖人實際就是侯王的榜樣。不但此也,諸如説:"古之善爲士者,微妙玄通,深不可識。"(十五章)"上士聞道,勤而行之;中士聞道,若存若亡;下士聞道,大咲之。不咲不足以爲道。"(四十一章)"古之善爲士者不武。”(六十八章)這些“士”字,也是指侯王,不是指一般人,蔣錫昌《老子校詁》引詩:“殷士膚敏。”毛傳:“殷士,殷侯也。”證明士也是君,是正確的。餘如明白説出侯王的地方,更不必説了。正因爲老子所進行説教的對象是當時的侯王,所以《老子》書裹的政治氣氛實相當濃厚。有人認爲老子無意於政治,那是錯誤的見解。不過,老子對於政治所持的觀點和所走的路綫,與一般思想家卻是大不相同,甚至可以説相反。老子的政治主張與他的哲學觀點是分不開的,他主張無爲,反對一切禮義法度,制作施設。他的最高理想是“小國寡民”的社會,即所説“小國寡民,使有什伯之器而不用,使民重死而不遠徙;雖有舟輿,無所乘之;雖有甲兵,無所陳之;使人復結繩而用之;甘其食;美其服;安其居;樂其俗;鄰國相望,鷄犬之聲相聞,民至老死不相往來”(八十章)。恩格斯説過:“最卑下的利益——庸俗的貪慾,狂暴的情慾,卑劣的吝嗇,對共有財産的自私自利的掠奪——揭開了新的、文明的階級社會;最可鄙的手段——偷竊、暴力、狡詐,毁傷了舊的没有階級的氏族制度,以至把它引向崩潰。”[①]老子生當春秋末葉,親眼看着階級社會的上述情況,而感到極端痛苦,幻想用一種辦法,使脱離上述情況,而回到“古昔氏族制度之純樸的首先高峰”。[②] 這是他創立學説的主要原因和根本意圖。然而他錯了,歷史的規律不是主觀願望所能改變的;另一方面,原始社會也並不如老子所想象的那樣美好,而是更爲貧困痛苦。所以,老子這種想法是唯心的、錯誤的,違反歷史規律的,絶對没有實現的可能。

老子也曾提出實現政治理想的具體方法,這個方法爽直地説就是愚民政策。他曾毫無掩飾地説:“古之善爲道者,非以明民,將以愚之。民之難治,以其智多。故以智治國,國之賊;不以智治國,國之福”(六十五章)。他認爲“禮者,忠信之薄而亂之首;前識者,道之

① 《家庭私有制和國家的起源》,人民出版社,1954年,第94頁。

② 同上。

華而愚之始”(三十八章)。“民多利器,國家滋昏;人多伎巧,奇物滋起;法令滋彰,盗賊多有”(五十七章)。因此,他主張“不尚賢”、“不貴難得之貨”、“不見可欲”(三章)、“絶聖棄智”、“絶仁棄義”(十九章)。他要求“其政悶悶,其民淳淳”(五十八章),以最終實現其“小國寡民”的理想。這個辦法,更鮮明地反映他的思想的荒謬與消極。

5. **小結**

綜上所述,我們可以這樣肯定:老子是無神論者,他已認識到辯證法的重要規律——正反兩面互相轉化的規律,但他還是唯心主義的哲學家。最重要的證據是:他認爲“道”是第一性的,“天地”是第二性;即精神是第一性,物質是第二性;尤其是他的方法論的“無爲”、“貴柔”和他的政治最高理想的“小國寡民”,更確切地證實他是唯心的,并且是消極的,反歷史主義者。

先秦思想史專題講授提綱

金景芳　田居儉　著

（此稿爲吉林大學 1962 年 8 月油印講義，由時任金景芳助手的田居儉執筆撰寫）

目　録

第一單元　關於思想史的幾個根本性問題

學習思想史，有幾個根本性問題首先需要解決。這就是：1. 思想史的對象和任務問題；2. 思想史的研究方法問題；3. 學習思想史的目的問題。現在把我們對這幾個問題的看法簡述如下，希望同學們充分討論並提出意見。

一

思想史是一種專史，同其他專史一樣，它也是從特定社會發展過程的諸多方面中分出其一個方面作爲對象來論述的。它的任務是論述特定的社會在其發展過程的各個階段上以及每一階段的各個時期曾經存在哪些思想、觀點和理論；這些思想、觀點和理論是怎樣發生和發展的；它們之間的聯繫和關係如何，以及它們在歷史上的作用和影響如何，等等。

既然思想史所論述的是總的歷史發展過程中的一個方面，這就發生了思想同其他各個方面的關係問題。

大家知道，一個社會基本上可以區分爲政治、經濟和思想三個大的方面。這三個方面緊密地聯繫着，構成一個統一的整體，遵循着自身的規律不停頓地向前發展。這三個方面的關係是：經濟是基礎，政治是經濟的集中表現，而思想則是政治和經濟的反映。這種觀點是馬克思主義的基本觀點，它體現了馬克思主義在哲學基本問題上的徹底唯物主義觀點，即物質是第一性的，精神是第二性的觀點。離開這個觀點,不可避免地就走上唯心主義的道路。

因此,在思想史闡述某一時期所存在的各種思想、觀點和理論時,首先應把當時的政治情況和經濟情況作認真的交代。當然,要注意篇幅不宜過大,以避免喧賓奪主。但就其意義來講,卻是十分重要,因爲各種思想、觀點和理論的發生、發展和它們在發展過程中相互矛盾與鬥爭,以及我們所恃以辨認它們哪個是先進的,哪個是落後的;哪個是歷史發展進程中的主導方面,哪個是次要方面;哪個是正確的,哪個是錯誤的,等等。所有上述這些重要問題,都不可能從思想、觀點和理論本身找到合理的説明,而必須從當時的政治條件和經濟條件中來找答案。

我們論述某一時代的政治情況和經濟情況,最要緊的要指出這個時代的特徵和當時所要解決的歷史任務是什麽。就中關於當時的各階級的分析(當然,這僅指階級社會而言),尤應予以特殊注意。因爲"所謂時代,是哪一個階級成爲時代中心的問題,是哪一個階級決定着時代主要内容、決定着時代發展主要方向的問題"。① 關於階級分析的方法,無疑大家已聽之耳熟了。不過,在我看到的若干討論思想史有關問題的論著中,當運用階級分析的方法時,還不乏僅僅停留在一般概念上,而没有把馬克思主義一般原理與具體歷史實際相結合的事例,真正應用毛澤東同志所著《中國社會各階級分析》的精神來解決歷史問題,並不是很多的。因此,還有必要把這個問題在這裏提一下。

還有,自然科學發展水平也是研究一定社會的思想所應給予注意的重要問題之一。恩格斯説過:"但是,在從笛卡兒到黑格爾和從霍布斯到費爾巴哈這一長時期内,推動哲學家前進的,決不像他們所想像的那樣,衹是純粹思想的力量。恰恰相反,真正推動他

① 《列寧主義萬歲》,人民出版社,1960 年,第 13 頁。

們前進的,主要是自然科學和工業的强大而日益迅猛的進步。"①這一段話,對於我們從事思想史研究工作也有重要指導意義。舉例説,研究中國古代思想即不應該把當時在天文曆法方面的成就丟開不講。實際上中國古代思想家的自然觀以及關於陰陽五行的學説等,即與當時的天文曆法知識有直接、間接的聯繫。遺憾的是研究思想史的人們多半衹看到陰陽五行學説的落後一面,而没有看到它們的唯物論的本質,事實上它們與當時的自然科學知識有密切聯繫,古人曾經把它們作爲理論廣泛地應用於醫學、工藝和音樂等各方面,起過相當大的作用,這是應該引起我們注意的。

上邊所談的,主要是從社會存在決定社會意識這一馬克思主義基本原理着眼處理問題的。毫無疑問,考慮問題是不能離開這個觀點的。但是,馬克思主義在解決社會意識對社會存在關係問題時,還看到了另外一個方面,這就是承認社會意識對社會存在的反作用。不承認這一點,那就陷入機械唯物論,而不是辯證唯物論。特别是從事思想史研究,在承認一定社會的思想是一定社會的政治和經濟的反映的前提下,對於一定社會的思想所給予一定社會的政治和經濟的偉大的影響和作用,更應予以足夠的重視。人具有自覺的能動性,這是人之所以區别於物的特點,也是社會發展史與自然界發展史根本不同的地方。當然,這不是説人可以隨心所欲地創造歷史,歸根到底,起決定作用的總是社會的物質生活條件。但是在客觀條件許可的限度内,人並不是無能爲力的。毛澤東同志在其名著《論持久戰》中説過:"戰爭指揮員活動的舞臺,必須建築在客觀條件的許可之上,然而他們憑藉這個舞臺,卻可以導演出很多有聲有色、威武雄壯的戲劇來。"②這個很簡單的一段話,實已形象地、生動地、全面地、正確地把問題講得十分清楚了。

---

① 恩格斯:《費爾巴哈和德國古典哲學的終結》,人民出版社,1995年,第23頁。
② 毛澤東:《論持久戰》,《毛澤東選集》第2卷,人民出版社,1952年,第45頁。

人固然不能隨心所欲地創造歷史，但在一定限度内，卻能起着推動歷史或阻礙歷史發展的影響和作用。如果不承認這一點，那麽社會革命家做革命工作就成爲不必要，而階級鬥争也可以取消了，這顯然是極大的錯誤。

毛澤東同志説過："無產階級要按照自己的世界觀改造世界，資產階級也要按照自己的世界觀改造世界。"①這是今天中國社會客觀上存在的事實。像這類事實，不僅存在於今天，也存在於歷史上任何時代。所不同的衹是有的表現爲對抗性的矛盾，有的表現爲非對抗性的矛盾；有的是敵對階級之間的矛盾，有的是先進與落後之間的矛盾而已。當然，最後結局還須服從歷史發展規律，革命的階級必然戰勝反動的階級，先進的思想必然戰勝落後的思想。但是，在鬥争的過程中，卻是複雜的、變化的，有時並且是曲折的，不但存在有加速歷史進程的可能，也存在有延緩歷史進程的可能。如何争取實現前一種可能而消除後一種可能，這是革命家所最關心的事情，同樣也應是歷史家所最關心的事情。思想史所研究的主要應側重在社會上各種思想是怎樣進行鬥争，怎樣結局，怎樣從一個歷史階段過渡到另一個歷史階段，每一種思想在歷史上曾經起了什麽影響和作用，並且從中找出規律，吸取有益經驗，古爲今用，對當前的意識形態領域内的社會主義革命和社會主義建設作出一定的貢獻。

在具體地分析一定社會各個思想家或各種流派的思想時，當然要根據具體情況斟酌取捨，而不應預先設立固定框框，一例填寫，致貽削足適履之誚。但是在注意各種具體情況的不同特點的基礎上，提出一般性要求作爲指導原則以避免過多地糾纏於若干細節的描述，而漏掉主要的東西，看來也不是無益的。根據我們初

① 毛澤東：《關於正確處理人民内部矛盾的問題》，人民出版社，1960 年，第 27 頁。

步考慮,認爲有下列幾點,一般應予以注意,即:1.階級立場;2.學術觀點;3.政治傾向;4.在歷史上的影響和作用。

提出階級立場問題,自然衹限於階級社會,如在原始社會即不存在這個問題。

毛澤東同志教導我們:"在階級社會中,每一個人都在一定的階級地位中生活,各種思想無不打上階級的烙印。"①可見,我們要想瞭解或説明某種思想時,應當首先注意階級分析。不過在進行這一步工作時,有兩點需要説明:1.此處所説的階級,是指經過具體的分析以後所定的階級而言,它是具體的,不是抽象的。不能如某些人所做的那樣,衹用社會發展史裏幾個現成的概念一套了事;2.此處所説的階級立場,主要是看他站在哪一個階級立場上講話,代表哪一個階級的利益與要求,而不過分重視思想家的個人出身。如果不能確知某一思想家的出身,不妨從闕,最忌臆決武斷,以無爲有。因爲那樣做,不僅無助於問題的解決,反而使解決問題添了一重障礙,衹有壞處,没有好處。

學術觀點,根據各人對於思維對存在的關係這個根本問題的看法,可以區分爲唯心和唯物互相對立的兩大營壘。這樣區分是重要的。不這樣做,將迷惑於外部的紛亂現象,看不到各種思想的本質。可是,應當指出,僅僅知道這種區分是不夠的。如果把這區分給以簡單化、絶對化,那就不僅是不夠,還會產生錯誤。因爲,具體的歷史事實是十分複雜的,並且是充滿矛盾的。一個思想家往往對這一個問題的看法是唯物的,而對另一個問題的看法則是唯心的。特别是古代思想家絶大多數都是如此。因此,我們既要根據一個思想家對哲學根本問題的看法區分爲唯心的或唯物的,又要實事求是,對具體的問題作具體地分析,而不應簡單化、絶對化。

瞭解一個思想家的學術觀點,不僅要儘可能的把這個思想家

① 毛澤東:《實踐論》,《毛澤東選集》第1卷,人民出版社,1953年,第272頁。

的著作全部拿來仔細地讀一讀,而且要把跟他同時代的其他思想家的著作也拿來讀一讀。因爲,一般的情況是,同一時代的思想家所討論、争辯的問題,往往具有共同性,即都集中在某幾個主要的問題上,而表現出時代的特點。我們開始我們的研究,先要抓住這幾個主要的問題,明瞭這幾個主要的問題是什麼性質;就這幾個主要的問題當中,再區别主次,找出最主要的問題。毛澤東同志説過:"問題就是事物的矛盾。那裏有没有解決的矛盾,那裏就有問題。"①我們找到了這個最主要的問題,很可能它就是當時社會的主要矛盾所在。我們要進一步研究當時社會的政治情況和經濟情況,爲什麼這個問題如此突出地被提出來?其他比較次要的問題與這個最主要的問題有什麼關係,爲什麼也被作爲主要的問題提出來?各思想家對這幾個主要的問題都抱什麼態度,有什麼見解,贊成什麼,反對什麼?把他們相同或相近的學術見解歸納一起,作爲一個特殊的派别看待,那末,總計有多少派别?各個派别之間的矛盾和鬥争的目的爲了什麼?各個派别代表哪個階級或集團的利益和要求?所有上述這些問題,必須一一研究清楚以後,才能對一個思想家的學術觀點做出正確的結論,同時對其他有關的思想家的學術觀點也將不難做出正確的結論。否則,衹是用主觀的、片面的、表面的方法對待問題,是不會得出正確的結論的。

學術問題不能歸結爲政治問題。但是,也要看到實際上很少或者説没有衹是單純的屬於學術性問題而不反映政治傾向的。因此,我們瞭解一個思想家的學術觀點,不能不同時注意他的政治傾向。而且衹有瞭解了他的政治傾向,才能更好地瞭解他們的學術觀點。政治傾向直接與階級立場聯繫着,瞭解一個人的階級立場是瞭解這個人的學術觀點和政治傾向的基礎。反過來,如果能夠

① 毛澤東:《反對黨八股》,《毛澤東選集》第3卷,人民出版社,1953年,第840頁。

正確地瞭解了一個人的學術觀點和政治傾向,也就能更正確地判定這個人的階級立場。劉少奇同志説:"在階級社會中,人們的一切思想、言論、行動,一切社會制度,一切學説,都貫串着階級性,貫串着各種不同階級的特殊利益與要求。我們從人們各種不同的要求、學説及思想、言論、行動中,即可看出他們不同的階級性。"①由此可見,階級立場、學術觀點和政治傾向三者,實際上是統一的,互相聯繫着的。衹是爲了解説方便才在這裏分成三個問題來談,但在研究具體問題時,必須將三者統一起來,絶不容許把它們割裂開。

談到各種思想在歷史上的影響和作用,當然包括兩個方面:1.積極的、進步的、推動歷史前進的影響和作用;2.消極的、保守的或反動的,阻礙歷史前進的影響和作用。不過,我們所注意的卻是前者,即推動歷史前進的影響和作用方面,而不是一視同仁,作客觀主義的論述。這個道理很簡單,即我們研究思想史是有我們的目的。我們的目的,很顯然,是爲了從中吸取經驗,推動歷史前進,而絶不是爲了阻礙歷史前進。

馬克思主義在理解社會思想同社會的經濟基礎的關係時,是既承認社會思想對社會的經濟基礎的依賴關係,也承認社會思想發展的相對獨立性。這一點,對於我們如何正確瞭解各種思想在歷史上的影響和作用的問題,有着重要的指導意義。

社會思想發展的相對獨立性:1.表現在革命理論可以先於革命實踐而産生,並指導革命實踐。這一真理,已爲無數歷史事實所證明。這是由於客觀世界是有規律性的,而人們的思維是能夠認識客觀世界的規律性。所以,假如懂得了客觀世界的規律性,就能夠拿這種對於客觀規律性的認識去能動地改造世界。2.表現在思

① 劉少奇:《人的階級性》,《論共産黨員的修養》附條,東北人民出版社,1951年,第106頁。

想常常落後於現實。一個社會的經濟基礎改變了，而舊的思想殘餘卻可以拖得很長。毛澤東同志説："我國社會主義和資本主義之間在意識形態方面的誰勝誰負的鬥爭，還需要一個相當長的時間才能解決。這是因爲資產階級和從舊社會來的知識份子的影響還要在我國長期存在，作爲階級的意識形態，還要在我國長期存在。"①應該説，這個論斷就是以上述的馬克思主義原理爲依據的。思想落後於實際，這是由於社會存在是第一性的東西，社會意識是社會存在的反映。因而思想落後於實際是很自然的事，並没有什麽奇怪的。3. 表現在社會思想有繼承性這一特點上。恩格斯曾經全面地、精辟地論述過這個問題。他指出："任何思想體系一經發生後，便與現存的全部觀念相聯結而發展起來，并對現存觀念作着進一步的加工。"②又説："一般説來在一切思想體系領域内，傳統都是鉅大的保守力量。但是這種傳統的東西中所發生的變化，是由造成這一變化的人們之階級關係即經濟關係來決定的。"③這説明了：1. 傳統思想是鉅大的保守力量；2. 傳統思想隨着時代的遷移不斷發生變化；3. 決定傳統思想發生變化的是各個時代的階級關係即經濟關係。我們如果瞭解了這個原理，就不會懷疑"基督教的社會原則曾爲古代奴隸制進行過辯護，也曾把中世紀的農奴制吹得天花亂墜"。④ 同樣，也不應懷疑儒家思想曾經是中國奴隸社會的最後支柱，也曾經成爲中國封建社會的統治思想。可是有人卻認爲儒家思想既然是中國奴隸社會的上層建築，它就不應又是中國封建社會的統治思想，這顯然是不對的。也有的人看到儒家思

① 毛澤東：《關於正確處理人民内部矛盾的問題》，人民出版社，1960 年，第 27 頁。

② 恩格斯：《費爾巴哈和德國古典哲學的終結》，人民出版社，1995 年，第 64 頁。

③ 同上，第 68 頁。

④ 馬克思、恩格斯：《馬克思恩格斯全集》第 4 卷，人民出版社，1958 年，第 218 頁。

想是中國封建社會的統治思想,因而就否定它曾經是中國奴隸社會的上層建築,這也是錯誤的。還有儒家思想在中國封建社會的長期發展過程中亦曾發生過很多變化。例如宋儒説經即與漢儒説經不同,而清儒説經又與漢、宋説經有異。我們如果不承認它們之間有很大的差别是不對的。但是如果衹看到它們之間的差别,而不看到它們之間的聯繫,不承認它們爲同一的儒家思想,也是不對的。至其所以發生變化的原因,自然不應當從原來奴隸社會的經濟關係中找説明,而要從當時封建社會的經濟關係中找説明。所有這些問題,如果不是很好地掌握馬克思主義關於社會思想有繼承性這一問題的科學的、完整的理論,是不能得到正確解決的。4.表現在社會的上層建築自身各個環節間的相互影響和作用上。社會的上層建築包括一切社會思想以及與這些思想相適應的機構,如國家、法、政黨、政治思想、道德、藝術、哲學、宗教等。上層建築這許多部分與其共同的經濟基礎之間的聯繫,並不是完全一樣的,而是有高低、遠近之分。依照這高低、遠近的自然次序,排成一個系列,就可以看到其中是有若干不同的環節的。恩格斯在闡述馬克思的歷史觀時,説過:“國家作爲第一個支配人的意識形態力量出現在我們面前。”同時又説過:“更高的思想體系,即距物質經濟基礎的更遠的思想體系,則采取了哲學和宗教的形式。在這里,觀念跟自己的物質存在條件的聯繫,被一些中間環節弄得越來越混淆、越模糊。然而這一聯繫仍然是存在着。”①這就是馬克思主義經典作家關於社會上層建築各個環節的説明。至上層建築各個環節間,如宗教與哲學,哲學與藝術,以及它們與政治和法律等等之間的相互影響和作用,馬克思主義經典作家在這方面也有説明。如恩格斯在《致亨·施塔爾肯堡信》裏説:“政治、法權、哲學、宗教、文學、藝術等的發展是以經濟發展爲基礎的。但是,它們又都互相

① 恩格斯:《費爾巴哈和德國古典哲學的終結》,第62～63頁。

影響並影響到經濟基礎。”①從過去的歷史來看,這類事實很多,隨處可以找到證明,爲節省篇幅起見,不在這裏予以繁徵博引。

綜上所述,可見社會思想不僅對經濟基礎有依賴關係,在它的發展中也有相對的獨立性。亦即它不僅服從於社會發展的一般規律,還有它自己發展的特殊規律。我們如果對這一點缺乏認識或估計不足,則對於各種思想在歷史上的作用和影響問題,必然得不到正確解決,這是可以斷言的。

還有,需要明確地認識一個問題,即思想史與哲學史二者,不僅是名稱上不同,在内容上也有很大的不同。第一,思想史是以上層建築思想領域内所有各部分的發展變化爲研究對象,其中包括政治思想、法律思想、道德、藝術、哲學、宗教等等;而哲學史僅以上層建築思想領域内的哲學部分,即唯物主義與唯心主義,辯證法與形而上學的孕育、形成、發展以及它們相互間的鬥争爲研究對象。第二,思想史的敍述應由原始社會開始,因爲原始社會發展到一定的階段上,就已經産生了關於自然的知識、風俗習慣、藝術萌芽以及宗教觀念等等;而哲學史的敍述則應由奴隸社會開始,因爲象哲學這樣的一種獨立的思想形式,祇是隨着生産的發展,隨着腦力勞動和體力勞動分工的出現,才由原來的無所不包的知識中分化出來。

以上,就是我們關於思想史的對象和任務問題的一些基本看法。因爲在討論這個問題時,連帶也談了一些方法問題,所以,下面即不再討論方法,以免重複。

二

提出研究思想史的目的問題,實質上是要求弄清楚思想史這

---

① 恩格斯:《致亨·施塔爾肯堡信》,1894年1月,《馬克思恩格斯文選》兩卷集第二卷,莫斯科,1955年,第504頁。

門學科如何爲無產階級政治服務的問題。思想史能爲無產階級政治服務嗎？怎樣爲無產階級政治服務呢？我認爲這兩個問題，在毛澤東同志著作中可以找到很好的回答。毛澤東同志指出："學習我們的歷史遺產，用馬克思主義的方法給以批判的總結，是我們學習的另一任務。我們這個民族有數千年的歷史，有它的特點，有它的許多珍貴品。對於這些，我們還是小學生。今天的中國是歷史的中國的一個發展；我們是馬克思主義的歷史主義者，我們不應當割斷歷史。從孔夫子到孫中山，我們應當給以總結，承繼這一份珍貴的遺產。這對於指導當前的偉大的運動，是有重要的幫助的。"①細心體會這一段話，可以看到在這裏邊已經非常肯定地回答了如下四個問題：1. 歷史遺產是可以繼承的，並且是應當繼承的。2. 中國歷史悠久，有它的特點，有它的許多珍貴品。這一份遺產迫切需要繼承。3. 繼承的方法，是用馬克思主義的方法給以批判的總結。4. 承繼歷史遺產（具體的提出了從孔子到孫中山，應當給以總結，承繼這一份珍貴的遺產），對於指導當前的偉大的運動，有重要的幫助。也就是説對於歷史遺產能否繼承；中國有無歷史遺產可以繼承，用什麼方法繼承；以及歷史遺產能否爲無產階級政治服務等問題，都作了明確的、肯定的答復。同時也可以把它看作是對思想史這門學科如何爲無產階級政治服務的經典指導。因爲毛澤東同志所着重提出的"從孔夫子到孫中山，我們應當給以總結"，不是别的，正是中國思想史所應承擔起來的偉大任務啊！

關於社會思想的發展有繼承性，這個問題在前面已經談過了，此處可以不談。

關於繼承的方法，毛澤東同志在他的另一著作裏又説："中國的長期封建社會中，創造了燦爛的古代文化。清理古代文化的發

① 毛澤東：《中國共產黨在民族戰爭中的地位》，《毛澤東選集》第 2 卷，人民出版社，1952 年，第 522 頁。

展過程,剔除其封建性的糟粕,吸收其民主性的精華,是發展民族新文化提高民族自信心的必要條件;但是決不能無批判地兼收並蓄。必須將古代封建統治階級的一切腐朽的東西和古代優秀的人民文化即多少帶有民主性和革命性的東西區别開來。中國現時的新政治新經濟是從古代的舊政治舊經濟發展而來的,中國現時的新文化也是從古代的舊文化發展而來,因此,我們必須尊重自己的歷史,決不能割斷歷史。但是這種尊重,是给歷史以一定的科學的地位,是尊重歷史的辯證法的發展,而不是頌古非今,不是讚揚任何封建的毒素。對於人民群衆和青年學生,主要地不是要引導他們向後看,而是要引導他們向前看。"①這段話對繼承的方法問題解釋得特别周詳、具體,可以看作是上述一段話("用馬克思主義的方法給以批判的總結")的補充。這段話所談的内容,大體上可分爲四層:1. 肯定了中國有燦爛的古代文化。2. 指出了古代文化包括精華和糟粕兩部分。繼承古代文化是批判的繼承,即剔除其糟粕,吸收其精華。中間連帶地也談到了繼承文化遺產的目的和重要性問題。3. 進一步説明:所说的糟粕是指古代封建统治阶级的一切腐朽的东西,所説的精華是指古代優秀的人民文化即多少帶有民主性和革命性的東西。4. 强調必須尊重自己的歷史,同時指出尊重歷史有正確的和不正確的兩種尊重:一種是正確的尊重,即給歷史以一定的科學的地位,主要地引導人們向前看;另一種是不正確的尊重,即頌古非今,引導人們向後看。所有上述這些,對於我們研究或學習中國思想史來説,都是指路明燈,有着非常重要的指導意義。

毛澤東同志的"從孔夫子到孫中山,我們應當給以總結"這個號召,是在 1938 年 10 月提出的,到現在已經過去了二十多年。在

① 毛澤東:《新民主主義論》,《毛澤東選集》第 2 卷,人民出版社,1952 年,第 700～701 頁。

這二十多年裏,雖然有人在這方面做了不少工作,並且已經取得一定的成績,但是應該説,距離毛澤東同志所提出的要求還很遠。還有很多的工作没有做,還有很多的問題没有解決。這個沉重的擔子,顯然應當由現在研究中國思想史的同志們勇敢地承擔起來。

列寧在論文化遺產的繼承性時,曾舉偉大的無產階級革命導師馬克思做例子,説:"凡是人類思想所建樹的一切,他都放在工人運動中檢驗過,重新加以探討,加以批判,從而得出了那些被資產階級狹隘性所限制或被資產階級偏見束縛住的人所不能得出的結論。"①從這段話可以看出,思想史是能夠爲無産階級的政治服務的,馬克思就是用過去的人類思想來爲無産階級政治服務的榜樣。

必讀書目

1. 馬克思:《政治經濟學批判·序言》節録,人民出版社,1955年,第Ⅰ~Ⅲ頁。"人們在自己生活的社會生產中……因而,人類社會的前史與這種社會形態一起結束。"

2. 馬克思、恩格斯:《共產黨宣言》節録,見《馬克思恩格斯文選》(兩卷集),莫斯科,外國文書籍出版局,1954年,第1卷,第27~28頁。"人們的觀念、觀點、概念……它在自己的發展進程中要同過去遺傳下來的種種觀念實行徹底的決裂。"

3. 恩格斯:《致約·布洛赫》,同上,第2卷,第488~490頁。

4. 恩格斯:《致康·施米特》節録,同上,第493~497頁。"在上述關於我對生產和商品貿易相互關係以及兩者和金融貿易相互關係的見解的幾點説明中……對於他們説來,黑格爾是没有存在過的。"

5. 毛澤東:《實踐論》,見《毛澤東選集》第1卷,人民出版社,1952年,第271~286頁。

6. 毛澤東:《矛盾論》,同上,第287~326頁。

---

① 列寧:《青年的任務》,《列寧文選》,莫斯科外國文書籍出版局,1950年版第2卷,第803頁。

7. 毛澤東:《中國社會各階級的分析》,同上,第 3～11 頁。

8. 劉少奇:《人的階級性》,見《論共產黨員的修養》附録,人民出版社,1951 年,第 105～111 頁。

思考題

1. 怎樣瞭解一定社會的思想與一定社會的政治和經濟的關係?

2. 怎樣瞭解各種思想在歷史上的作用和影響?

3. 學習思想史怎樣爲無産階級的政治服務?

第二單元　略論春秋戰國思想

一、春秋戰國時期是我國古代學術史上的黄金時代

本題所指的時間是自春秋末起至戰國結束時止，即從三家分晉（前453年）[①]到秦統一中國（前221年），約計三百餘年的史實（不包括春秋的前期和中期）。

這一時期，是我國古代學術思想高度發展的時期，當時諸子百家人物輩出，競相立説授徒，自成派别。其對學術問題涉獵之廣，造詣之深，以及對後世影響之大，是我國歷史上所罕見的。

“諸子”一詞，最早見於《七略》。西漢末，劉歆繼其父劉向之後，領校秘書，將天下所有之書籍分做六大類（六藝略、諸子略、詩賦略、兵書略、數術略、方技略），外加一篇總論《輯略》，而成《七略》。其中諸子百家列爲一類，稱之爲“諸子略”（在《七略》以前，劉向在漢成帝時曾著《别録》，就已提到“諸子”字樣，但不如劉歆提得明確）。以後班固編纂《漢書・藝文志》又以《七略》爲藍本，於是“諸子”字樣便沿襲相傳下來。

自《隋書・經籍志》開始，又分天下書籍爲經、史、子、集四部，諸子百家列爲一部，稱之爲“子部”。關於經、史、子、集的區别，近

---

① 此處“三家分晉”應爲韓、趙、魏三家滅智氏而實際上瓜分晉國的前453年，而非周天子正式承認三家諸侯地位的前376年。——編校者案。

人吕思勉在《經子解題》中有所説明：

> 吾國舊籍，分爲經、史、子、集四部，由來已久。而四者之中，集爲後起。蓋人類之學問，必有其研究之對象。書籍之以記載現象爲主者，是爲史。就現象加以研求，發明公理者，則爲經、子。固無所謂集也。然古代學術，皆專門名家，各不相通。後世則漸不能然。一書也，視爲記載現象之史一類，固可，視爲研求現象，發明公理之經、子一類，亦無不可。論其學術流别，亦往往兼蒐並采，不名一家。此書者，在經、史、子三部中，無類可歸；乃不得不别立一名，而稱之曰“集”。

集與子之區别，集爲一人之著述，其學術初不專於一家；子爲一家之學術，其學術亦不專於一人。勉强設譬，則子如今之科學書，一書專講一種學問；集如今之雜誌，一書之中講各種學問之作皆有也。

“百家”一詞中的“家”，最初也是指著述而言，即把論述同一類性質的文章輯於一起，使稱之爲一家。後來逐漸將這一詞的含義外延，擴大到學派。如“百家之學，時或稱而道之”（《莊子·天下》），“諸侯異政，百家異説”（《荀子·解蔽》），“百家異説，各有所出”（《淮南子·俶真訓》）。

諸子百家的興起，究其淵源，不外有二：

①《漢書·藝文志·諸子略》認爲是出自王官；

②《淮南子·要略》認爲是應時而生，救時之弊。

後世學者多固執己見、各趨極端。以章炳麟爲代表的一派，篤信第一種説法，以爲此説不可易；以胡適爲代表的另一派，則極力駁斥前者，而主張諸子不出於王官。實際這兩派的見解均有片面性，祇有將二者結合起來進行研究，才是全面並容易令人信服的。

諸子百家學説，到春秋戰國時期，已達高峰。據《漢書·藝文志》記載:"凡諸子,百八十九家,四千三百二十四篇。"其中雖有一小部分漢人著作,論數量實大可觀。

即使在一家之中,又有許多支派。例如儒家,"自孔子之死也,有子張之儒,有子思之儒,有顔氏之儒,有孟氏之儒,有漆雕氏之儒,有仲良氏之儒,有孫氏之儒,有樂正氏之儒。"墨家"自墨子之死也,有相里氏之墨,有相夫氏之墨,有鄧陵氏之墨"(《韓非子·顯學》)。

與諸子百家蠭起並作的同時,各家又都出現了自己學説的代表人物。如儒家學説和周秦諸子學説的始祖孔子,墨家學派的奠基人墨子等。正象《韓非子·顯學》所説:"世之顯學,儒墨也。儒之所至,孔丘也。墨之所至,墨翟也。"這些出類拔萃的人物,又廣收門徒,壯大隊伍。《史記·孔子世家》載:"孔子以詩、書、禮、樂教,弟子蓋三千焉,身通六藝者七十有二人。"《淮南子·泰族訓》説:"墨子服役者百八十人,皆可使赴火蹈刃,死不還踵。"

在學術問題的研究和探討上,各家就王霸、義利、堅白、同異等問題,紛紛著書立説,相互辯詰。例如,儒法兩家之間:儒家揚王抑霸,貴義賤利;法家則恰恰與之相反,揚霸抑王,貴利賤義。儒墨兩家之間:儒家講"知命"、"愛有差等",維護西周禮樂制度,懷疑鬼神的存在;墨家則講"非命"、"愛無差等",反對禮樂制度,主張"天志"、"明鬼"。各家之内,又有"合同異"與"别同異"之争。前者以惠施爲代表,主張"合萬物之異",認爲一切事物的差異、對立都是相對的,從而忽視了事物之間的相對穩定性和本質差别,過分誇大了事物的同一性,結果導致相對主義的詭辯。其主要命題的"天與地卑,山與澤平"可以概括其思想特點。後者以公孫龍爲代表,主張"離萬物之同",認爲事物之間存在着特殊和一般的差别,兩者不能混淆,過分地誇大了這種差别性,而看不見事物之間的同一性,因而又陷入了形而上學的詭辯。其"白馬非馬"的命題正好説明其思想特點。

由於這種辯論的結果，使我國歷史第一次出現了“百家争鳴”的繁榮局面，推動了我國古代學術的發展，提高了當時的學術水平，遂構成了我國學術思想富有極大生命力的源頭。

二、春秋戰國時期“百家争鳴”局面形成的歷史條件

1. 時代特徵

從公元前770年周平王東遷開始，到公元前221年秦統一六國止，是中國社會由奴隸制向封建制轉變的時期。如再以公元前453年三家分晉爲界，又可以分作前期和後期，前期稱“春秋”，後期稱“戰國”。後期正處於這種轉變的高潮。

2. 中國奴隸社會的基本情況

階級結構：奴隸主階級：天子、諸侯、卿、大夫、士。

奴 隸 階 級：庶人、工、商、皁、隸、牧、圉。

平　　　民：國人。

土地制度：以溝洫和耦耕爲特色的井田制。全部土地掌握在奴隸主手中，奴隸處於無地地位。

政治制度：最高統治者是天子、諸侯。他們掌握兩種權柄：一是政權，一是神權；執行兩種任務：一是政，一是祭；針對兩種對象：一是“君子”，一是“小人”(即奴隸主與奴隸)；應用兩種方法：一是刑，一是禮；解決兩種矛盾：對抗性——奴隸主與奴隸之間的階級矛盾，非對抗性——奴隸主階級内部矛盾。

國野對立：天子畿内與諸侯封内都有國、野(鄉、遂)之分。國在中間，野在外圍。其具體内容與主要區别，如下表所示：

內容 地區	居住成員	社會分工	税制	田制	統治工具	宗法及其他
國(鄉)	國人 (包括奴隸主階級)	兵	貢	溝洫	禮	行宗法制 有祭祀權 有姓氏制
野 (遂)	野人 奴隸階級	農	助	井田	刑	不行宗法 無祭祀權 無姓氏制 僅有名

3. 春秋戰國時期社會的鉅大變革

(1)鐵制生產工具的普遍使用和農業耕作技術的提高,耕地面積的擴大,加以人口增殖爲社會生產補充了勞動力,便促進了農業生產的向前發展。在農業生產發展的基礎上,手工業和商業也隨之日益繁榮,接踵而來的又是貨幣和高利貸的廣泛流行,交通的發達和城市的誕生。這些都動搖和破壞着舊貴族統治的經濟基礎。

(2)舊貴族統治的經濟基礎——井田制開始瓦解。土地轉讓方式由世襲的分封變成了自由買賣。最初是從破壞井田制開始(前 494 年趙簡子破格行賞),由住宅和園圃的買賣(趙襄子時"中牟之人棄其田耘,賣宅圃"——見《韓非子·外儲説左下》),到耕地的買賣(趙孝成王七年長平之役,趙括"曰視便利田宅可買者買之"——見《史記·廉頗藺相如列傳》),而出現了封建的土地所有制,產生了新的土地所有者地主階級及其對立面——農奴。

(3)伴隨土地所有制的改變,勞動方式也跟着起了變化。舊式奴隸制的"千耦其耘"、"十千維耦"的集體勞動形式逐漸廢除,代之而起的乃是以一家一户爲生產單位和以個體經營爲特色的個體勞動。

(4)氏族殘餘的宗法與奴隸制分封相交織的政治制度遭到了破壞。奴隸主建造起來的政治大廈層層崩潰,政權逐步下移,由

“禮樂征伐自天子出”到“自諸侯出”到“自大夫出”到“陪臣執國命”。從“天下有道，則政不在大夫；天下有道，則庶人不議”(《論語·季氏》)，演變到“聖王不作，諸侯放恣，處士横議”(《孟子·滕文公下》)的時代。

(5)當時社會的主要矛盾，前期(春秋)是奴隸主階級内部的矛盾，後期(戰國)則變成了新舊統治階級之間的矛盾，新興的地主階級在反對舊貴族專制這一點上，在當時是符合社會各階層的利益的，因而它擔負起了改造社會的任務，在當時是進步的。

這一時期活躍在政治舞臺主要的是，代表新興地主階級利益的“士”和代表舊奴隸主貴族利益的“宗室大臣”，他們通過各國國君這個槓杆，進行殘酷的、反復的鬥争，其焦點則集中於推行各項改革措施上。這種鬥争最初始於魏，後波及其餘六國，李悝、商鞅、吴起等人是這種鬥争的開路先鋒。歷史就是在這種改革與反改革的鬥争中曲折地前進着。最後結局是新興的地主階級戰勝了腐朽的奴隸主階級。在中央統治機構中，廢除了“世官”、“世禄”制度，在地方政權中，“郡縣制”代替了“采邑制”，“不别親疏，不殊貴賤”的法治代替了“尊尊君爲首，親親父爲首”的禮治。

(6)應階級鬥争的需要，“養士”之風大興。春秋時期的政治是爲奴隸主所壟斷的。參政的都是同姓奴隸主或具有同一地位的異姓奴隸主，不尚親而尚賢，不求之於貴而求之於賤的事情是没有的。但是到了春秋後期，奴隸主階級爲了壯大自己在内部鬥争中的實力，便開始“養士”。到了戰國時期，由於新舊統治階級之間的鬥争更加尖鋭，“養士”之風也就隨之日漸昌盛，如齊的孟嘗君，趙的平原君，楚的春申君等人，都有門客數千人。這樣社會上便出現了大量的處士和游士，由於他們力求富貴和從政，企圖“以其學易天下”，所以代表各個不同階級利益的理論和學説，便蔚然而起。

(7)由於貴族身份的下跌，如“欒、郤、胥、原、狐、續、慶、伯，降爲皂隸”(《左傳》昭公三年)，以及庶人身份的上升，如范雎、蘇秦、孫臏、白起等均以布衣致將相。這樣就給"士"這一階層添加了新的內容。在文化的發展上,他們起了橋梁作用,把過去不下庶人的上層禮樂等所謂文化,普及到了民間,破壞了"學在官府"的舊制度,興起了私人講學之風,把文化從奴隸主的壟斷下解放出來,使之能得以進一步的普及和發展。

(8)與農業生產緊密相聯的自然科學,這時也獲得了一些新成就,特别是天文、曆法和數學。自然科學上新成就的出現,爲人們正確地認識和解釋自然現象,提供了極爲有利的條件,也爲人們世界觀的建立打下了比較牢固的自然科學基礎,動搖了殷周以來的宗教迷信的世界觀,給人們的思想意識帶來了新血液。

從以上的敍述中可以明顯地看得出來,春秋戰國時期社會正處於大變革的時期,政治和經濟都發生了急遽的變革,社會處在動亂之中。這種變革必然要通過意識形態這個三棱鏡折射出來。許多政治家和思想家目擊着現實的變革,便都致力於救世救民的活動,熱衷於革新政制,但其所見又各自不同,於是就立説著書,互相辯難,師弟相授,學派輩出,或一脈相承,或枝派旁衍,遂形成了"百家争鳴"的局面,在我國古代學術史上,放射出了奇異的光彩。

三、春秋戰國時期思想界幾個著名學派的簡要介紹

1. 對先秦各學派的思想從戰國末至漢代都有人評論,按其先後順序,大約有如下各篇:

《尸子》:《廣澤篇》(此書佚,見《爾雅·釋詁》疏引)

《莊子》:《天下篇》

《荀子》:《非十二子篇》,《天論篇》,《解蔽篇》

《韓非子》:《顯學篇》

《吕氏春秋》:《不二篇》

司馬談:《論六家要指》(見《史記·自序》或《漢書·司馬遷傳》)

《淮南子》:《要略》,《氾論訓》

班固:《漢書·藝文志·諸子略》

上述評論文章以《莊子·天下》、《淮南子·要略》、《史記·自序》和《漢志·諸子略》四篇最有條理。此四篇中又以後兩篇論述較爲全面系統。後兩篇的見解互有長短。《諸子略》是立足於儒家立場上進行評論的,認爲儒家於道最高,未免有意貶低其餘各家;《論六家要指》又是站在道家的立場上發言,竭力袒護道家,把道家説得完美無缺。這種片面性,乃是出於狹隘的階級偏見。儘管這樣,在當時的歷史條件下,能作出如此的歸納,提出那樣的見解,已是很可貴的了。我們不能苛求古人,不能要求他們用階級分析的觀點和方法來進行評論,這項工作倒是應該由我們今天研究思想史的人來完成。

2. 依我們之見,在春秋戰國時期衆多的學派中,如依其所討論問題的性質和政治觀點的異同,能形成獨立完整的思想體系而又有重大影響的,可以綜括爲道、儒、墨、法四家。至於陰陽家,其學説的一部分研究天文曆法,應屬於自然科學範圍;另一部分講鬼神數術,則具有宗教迷信性質,在政治上又没有獨立的觀點和主張,不能與上述四家相提並論。名家主要是研究邏輯,屬於方法的範疇。不能不看到墨、孟、莊、荀諸子亦言邏輯,而名家的惠施、公孫龍諸子的政治思想往往與道、墨諸家相混,所以在思想上名家也不能成爲獨立的學派。餘下的四家,按着我們的理解,簡述如下:

(一)道家:

創始人爲老子,其後繼者以莊子爲最著名,所以人們常以"老莊"並稱。這一派學者認爲宇宙的本源是道,因此而得名"道家"。

他們主張"少私寡欲"、"清虛无爲",重柔弱、尚玄同,反對知識經驗和實踐,反對明辨是非,主張"絶去禮學"、"兼棄仁義"、"獨任清虚,可以爲治”。

這一學派在當時也要求改革,但他們的政治理想和改革方案卻不是前進的,而是倒退的。就在當時那樣大轉折的年代裏,他們還妄圖回轉歷史的車輪,要倒退到“小國寡民”,“鄰國相望,雞犬之聲相聞,民至老死不相往來”的原始社會時代去。儘管在其學説中有某些精辟獨到的見解,但從政治意義來看,則是反動的、無生氣的。

道家代表着没落階級的思想,是在鬥争中失敗的奴隸主貴族對原始社會的嚮往。這一派人除了老莊之外,還有楊朱等人。

(二)儒家:

這是一個比較大的學派,對當時及後世都有很大的影響。其學説的核心是“親親,尊尊”,崇尚“禮樂”和“仁義”;在政治上主張“德治”和“仁政”,重視倫理道德的教育和感化,對封建制度的產生和延續,起了重要作用。

儒家學説中雖有若干積極因素,例如重視經驗,主張“有教無類”等。但他們的基本觀點還是保守的,是“周禮”的維護者,特别强調倫理道德和血緣關係(即“親親”),力圖把社會倒退到“三代”,實質上還是代表奴隸主階級利益的。

這一派的代表人物是孔子、孟子和荀子。

(三)墨家:

有前期墨家與後期墨家之分。前期墨家以墨子本人及其主張的“兼愛”、“非攻”、“尚賢”、“尚同”、“天志”、“明鬼”、“節葬”、“節用”、“非樂”、“非命”等爲中心,與儒家展開了一系列的政治學術思想鬥争。其進步之處在于“尚賢”,即反對奴隸主階級的世官世禄,要求在政治上對庶人開門,其目的是“興天下之利,除天下之害”,但也有其落後的一面,即學説中帶有濃厚的宗教迷信色彩,如他們以“天志”、“明鬼”等去反對儒家的無神論即是明證。

後期墨家,繼承和發展了認識論、邏輯學以至自然科學中的幾何學、力學、光學等科學的東西。

墨家在當時的歷史條件下，衹能是一個改良派，而不是革命派，因爲他們想通過“上説下教”的方式去推行他們的主張，這顯然是不能解決社會問題的。同時他們的理論也不夠系統和完整，基本上還是一個過渡性質的學派。他們是代表奴隸主階級中下層的進步的那一部分人的思想。代表人物當推墨翟和禽滑釐。

（四）法家：

其著者有李悝、商鞅、申不害，至韓非集法家學説之大成，總結成爲完整的、系統的理論。

法家在當時是革命派，是新興的地主階級利益的代言人，是新的生產關係的代表者。他們主張“當時立法，因事制禮”，“禮法因時而定，制令各順其宜”，反對“親親尊尊”的宗法制度，要求廢除氏族貴族的統治，實行“不别親疏，不殊貴賤，一斷於法”的法治。在實際措施上，提倡“信賞必罰”，“尊主卑臣”，講究耕戰政策，提倡富國强兵之道。實行嚴刑峻法，鎮壓人民反抗，集中君主權力，督察官吏守職，建立嚴密的官僚制度，以鞏固封建政權——統一的君主國家。所以歷代封建統治階級，都把“外儒内法”作爲自己統治的基本指導思想。

四、春秋戰國時期各學派的鬥争結局及其對後來的影響

1. 各學派鬥争的結局

從春秋末年蠭起並作的諸子百家，經歷了幾百年的鬥争，落後的思想逐步被淘汰，進步的思想日益取得統治地位，這一過程以儒法兩家之間的鬥争表現得最爲明顯，這正是新生的地主階級同腐朽的奴隸主階級鬥争的反映，爲了説明這一問題，兹就《史記・秦始皇本紀》，撮引幾條材料來加以證實：

①秦始皇二十六年,初定天下,丞相綰等言:請立諸子爲王。“始皇下其議於群臣,群臣皆以爲便”。獨李斯議以爲“置諸侯不便”。始皇采納了李斯的意見,“分天下以爲三十六郡,郡置守、尉、監。”

②三十四年,博士淳于越重理前議,又主張“封子弟功臣”,同時明白宣佈他的全部觀點説:“事不師古而能長久者,非所聞也。”始皇又“下其議”,李斯時已爲丞相,觸動他的積憤,因議略謂:“今皇帝并有天下,別黑白而定一尊。私學而相與非法教,人聞令下,則各以其學議之,入則心非,出則巷議,誇主以爲名,異取以爲高,率群下以造謗。如此弗禁,則主勢降乎上,黨與成乎下。”遂建議焚詩書,並制定“有敢偶語詩書者棄市,以古非今者族”的殘酷法令。

③三十五年,侯生、盧生等又持舊的觀點議論始皇長短,激怒了始皇,結果遂演成博士諸生“四百六十餘人皆阬之咸陽”的慘禍。但鬥争還未結局,始皇長子扶蘇又出來講話,説:“天下初定,遠方黔首未集。諸生皆誦法孔子,今上皆重法繩之,臣恐天下不安。”始皇又氣憤地處罰了扶蘇,“使扶蘇北監蒙恬於上郡”。

綜上所述,非常明顯,這是最後的一場兩個階級、兩條道路的最尖鋭、最殘酷的鬥争。丞相綰、群臣、淳于越、侯生、盧生以及被阬的博士、諸生四百六十餘人和始皇長子扶蘇等站在一邊,都主張“封子弟功臣”、“師古”、“法孔子”,一句話,是堅決地想走奴隸社會的道路。而另一邊則有李斯、秦始皇,他們堅決地走封建社會的道路。從表面上看,後者似乎是少數,但他們的要求和主張符合歷史發展規律,因而能在鬥争中取得勝利,使代表他們主張的法家思想得以登上統治地位。所以,從秦統一開始,法家思想成了封建社會統治思想的重要部分。

2. 各學派對後世的影響

(1)道家的思想真諦是“無爲”,這種思想對穩定經過長期戰亂以後的社會秩序,鞏固統治者的政權是有一定的積極作用的。因此漢初以竇太后爲首的統治集團,大力提倡"黄老之學"。到了魏、晉,道家思想又融進了儒術,以玄學的面貌出現,嗣又一度與外來的佛教合流,成爲當時思潮的主流。宋明之際,又進一步發展成爲宋明理學。因爲道家思想誘導人們悲觀厭世,消極妥協,逆來順受,逃避現實鬥争,任憑命運擺佈,對後來的隱士(山林派詩人等)和道教亦頗有影響。這種思想很有利於統治階級,所以它逐漸成爲歷代統治者壓迫人民的一種思想武器,持續了整個的中國封建社會。但對儒、法兩家也有積極影響之處,如"少私寡欲"、"清淨自正"等主張,作爲一種修養方法,對後來的思想家影響很大,如荀子的"虚一而静"(《荀子·解蔽》)和韓非的"虚静以待令"(《韓非子·主道》)都是由道家的"虚静"發展而來。特别是法家所講的"術",更是在道家的"道"的基礎上形成的。

如《史記·曹相國世家》這樣寫道:"載其清淨,民以寧一"。司馬遷給老聃、莊周、申不害、韓非做傳並列,表明他們的思想之間是有相當大的聯繫的。

(2)以孔子爲首的儒家,在中國的歷史上影響最大。他們總結了我國古代的歷史文化遺産,其學派的經典被奉爲中國封建社會統治階級的最高信條,構成中國封建文化的主體,爲後世留下了豐富的文化遺産。歷代統治者爲適應整個封建時代各統治階級的需要,曾不斷地加以改造發展,尤其是"三綱"、"五常"等思想,變成了約束人心、毒害人民思想意識、抵制進步勢力的精神鴉片,統治中國達二千年之久,成爲中國封建社會和半殖民地半封建社會統治階級的精神支柱。但其中值得肯定的是,儒家講現實、講哲學、講倫理道德,不講鬼神宗教。由於儒家思想在中國歷代封建社會都是統治思想,所以它抵制了宗教在中國的蔓延流傳,是中國免受像歐洲中世紀那樣爲宗教思想所統治的黑暗時期,對漢民族精神面貌的形成有着重大影響。

(3)法家學説後來被用文字固定下來,成爲法典——律令,從

《法經》、《唐律》、《大明律》到《大清律》，逐步發展、日臻完善，成爲封建社會上層建築的重要組成部分，法家思想一直被歷代統治階級奉爲法寶，"外儒内法"成了他們統治被壓迫階級的秘訣，不管是"好黄老之學"還是"獨崇儒術"，那都是統治者施放的煙幕。漢宣帝講得最爲坦白和露骨："漢家自有制度，本以霸王道雜之，奈何純任德教，用周政乎？且俗儒不達時宜，好是古非今，使人眩於名實，不知所守，何足委任？"(《漢書·元帝紀》)

第三單元　道家思想

道家在歷史上有時又稱"黄老",這同儒家有時也稱"周孔"一樣,都是用來作爲學派的代表名稱。"黄"是指"黄帝",周是指"周公",這裏面隱藏着兩家思想的來源問題。"黄帝"實質上是原始公社制度的代表,"周公"實質上是奴隸制度的代表。正因爲兩家思想代表着兩種不同社會制度的意識形態,所以兩家學説的内容也各不相同,道家學説的精髓是道德,儒家學説的精髓則是仁義,體現其學説思想的具體主張也處處相反,這從下表中可以大體地看得出來。

道家	無爲	玄同	絶學	柔弱	一	朴	不仁	知人心	小國寡民	天道(自然)
儒家	有爲	名分	好學	剛毅	博	文	仁	明禮儀	三代文明	人道(社會)

從上面的比較中,我們對道家思想的瞭解已經有了一個大致的輪廓,下面再就老子和莊子這兩個人物,做進一步的論述。

一、老子

1. 老子的年代以及老子和《老子》書的關係

關於老子的年代和《老子》書的作者、時間這個問題,在先秦的書籍,如《莊子》、《荀子》、《韓非子》、《吕氏春秋》等書裏面,均有明確的記載。由戰國經秦、漢、三國、兩晉、南北朝、隋、唐、五代,也歷代相傳,没有異説。直到宋代才有人提出疑問,這就是北宋中世的陳師道(1053—1102)。他説:“世謂孔、老同時,非也。孟子闢楊、墨而不及老,荀子非墨、老而不及楊,莊子先六經,而墨、宋、慎次之,關、老又次之,莊、惠終焉。其關、楊之後,孟、荀之間乎?”(《後村先生集》卷二二《理究》)師道之後,學人著作中,間或也有涉及這個問題的,但爲數極少。“五四”運動以後,這個問題才成爲學術界集中争論的問題之一。特别是以胡適爲首的“疑古派”,更推波助瀾發展了對於這個問題的争論。近年來,國内學術界還在斷斷争辯,至目前爲止尚無定論。

參加這一問題争論的,大致分爲兩派:一派主張老子和《老子》一書出現於春秋末期,這是主流;另一派則主張老子和《老子》書出現于戰國中期和晚期。我們基本上同意前一種看法。理由有三:

第一,春秋末期的社會條件有産生老子思想的可能。當時的社會正處在變革中,統治階級内部鬥争和統治階級與被統治階級之間的鬥争日益劇烈,社會發生了巨大的動亂,《史記·太史公自序》載:“《春秋》之中,弑君三十六,亡國五十二,諸侯奔走不得保其社稷者不可勝數。”在這種鬥争中,有一部分統治階級由於失敗,被迫退出了政治舞臺,他們遂成了政治上的失意者,而道家正是這一派的代表人物。他們退出政治舞臺以後,目擊在位的一些統治階級貪婪、奢侈、殘暴和掠奪,也看到了戰争所帶來的饑饉、窮困、災難和破壞;同時還聽到這些統治階級的若干代表人物高談什麼仁義禮樂等等,從而對現實制度産生了消極隱退、悲觀厭世的無爲思想。這一點在《莊子》書中表現得最爲明顯。例如:

> 莊子之楚,見空髑髏,髐然有形,撽以馬捶,因而問之,曰:“夫子貪生失理,而爲此乎?將子有亡國之事、斧鉞之誅,而爲此乎?將子有不善之行、愧遺父母妻子之醜,而爲此乎?將子有凍餒之患,而爲此乎?將子之春秋故及此乎?”於是語卒,援髑髏,枕而臥。夜半,髑髏見夢,曰:“子之談者似辯士。視子所言,皆生人之累也,死則无

此矣。子欲聞死之説乎?”莊子曰:“然。”髑髏曰:“死,无君於上,无臣於下;亦无四時之事,從然以天地爲春秋,雖南面王樂,不能過也。”莊子不信,曰:“吾使司命復生子形,爲子骨肉肌膚,反子父母、妻子、閭里、知識,子欲之乎?”髑髏深矉蹙頞曰:“吾安能棄南面王樂而復爲人間之勞乎!”(《莊子·至樂》)

莊子釣于濮水,楚王使大夫二人往先焉,曰:“願以境内累矣!”莊子持竿不顧,曰:“吾聞楚有神龜,死已三千歲矣。王巾笥而藏之廟堂之上。此龜者,寧其死爲留骨而貴乎? 寧其生而曳尾于塗中乎?”二大夫曰:“寧生而曳尾塗中。”莊子曰:“往矣! 吾將曳尾于塗中。”(《莊子·秋水》)

從以上兩段引文中,可以明顯地看到當時道家對政治鬥争是如何畏懼、是如何想逃到與政治鬥争距離遠遠的地方以偷生苟活!

第二,當時社會上也確實存在着和老子相似的思潮。例如:

《左傳·昭公十八年》:“秋,葬曹平公。往者見周原伯魯焉。與之語,不説學。歸以語閔子馬。閔子馬曰:‘周其亂乎? 夫必多有是説,而後及其大人。大人患失而惑,又曰:可以無學,無學不害,不害而不學,則苟而可。於是乎下陵上替,能無亂乎? 夫學,殖也。不學將落,原氏其亡乎?’”

《論語·微子》:“楚狂接輿歌而過孔子,曰:‘鳳兮! 鳳兮! 何德之衰? 往者不可諫,來者猶可追。已而,已而! 今之從政者殆而!’孔子下,欲與之言,趨而辟之,不得與之言。”

《論語·微子》:“長沮、桀溺耦而耕,孔子過之,使子路問津焉。長沮曰:‘夫執輿者爲誰?’子路曰:‘爲孔丘。’曰:‘是魯孔丘與?’曰:‘是也。’曰:‘是知津矣。’問於桀溺,桀溺曰:‘子爲誰?’曰:‘爲仲由。’曰:‘是魯孔丘之徒與?’對曰:‘然。’曰:‘滔滔者,天下皆是也,而誰以易之? 且而與其從辟人之士也,豈若從辟世之士哉?’耰而不輟。”

這裏閔子馬所談原伯魯“不説學”的原因，是因爲受了某種思潮的影響。這種思潮的主要内容是“大人患失而惑”，“無學不害”，正與老子所説的“少則得，多則惑”、“絶學无憂”的論點不謀而合。另，接輿、桀溺等人的消極隱退思想，也頗與老子相似。

第三，史實的記載。有關老子生平史實的記載很多，這裏我們選録幾則於下：

> 曾子問曰：“葬引至於堩，日有食之，則有變乎？且不乎？”孔子曰：“昔者吾從老聃助葬於巷黨，及堩，日有食之。老聃曰：‘丘，止柩，就道右，止哭以聽變，既明反，而后行，曰禮也。’”（《禮記・曾子問》）
>
> 孔子學於老聃、孟蘇夔、靖叔。（《吕氏春秋・當染》）
>
> 老子者，楚苦縣厲鄉曲仁里人也。姓李氏，名耳，字伯陽，謚曰聃，周守藏室之史也。孔子適周，將問禮於老子。（《史記・老子韓非列傳》）
>
> 魯南宫敬叔言魯君曰：‘請與孔子適周。’魯君與之一乘車，兩馬，一豎子俱，適周問禮，蓋見老子云。（《史記・孔子世家》）

由上面這幾條材料可以得知，與孔子生活的同時，確實有老聃這樣一個人物存在，而且他比孔子年長，孔子曾向他請教過，並讚美他：“鳥，吾知其能飛；魚，吾知其能游；獸，吾知其能走。走者可以爲罔，游者可以爲綸，飛者可以爲矰。至於龍吾不能知，其乘風雲而上天。吾今日見老子，其猶龍邪？”（《史記・老子韓非列傳》）孔子是春秋時代的人已是衆所公認的事，那末老子與孔子同時代生活，當然老子也是春秋時代的人了。

至於《老子》書爲老聃所作，也可以舉出很多史實記載，灼然可據。《韓非子》書除有《喻老》、《解老》兩篇外，在《内儲説下》説：“其説在老聃之言失魚也。”在《六反》中又説:“老聃有言曰:‘知足不辱,知止不殆。’”在《難三》説:“老子曰:‘以智治國,國之賊也’,其子產之謂矣。”其他如,《荀子·天論》説:“老子有見於詘,無見於信。”《吕氏春秋·不二》説:“老聃貴柔。”《重言》又説:“故聖人聽于無聲,視于無形,詹何、田子方、老聃是也。”又《莊子·天下》敍述老聃的思想和所引用的若干詞句都與《老子》書的思想和詞句相吻合。所有這些,都有力地説明了老子和《老子》書有着密切的關係,同時也説明《老子》書必定産生在上述諸家學説的著作之前,因爲他們都引用《老子》一書的原文。《史記》更記載了老子學説的影響,如説莊子“其要本歸於老子之言”,慎到、田駢、接子、環淵“皆學黄老之術”,可見《老子》一書的成書年代必定早於上述各家,而上述各家的作品多成于戰國中期,所以《老子》一書成於春秋末該是無疑的了。

2. 老子的世界觀

恩格斯在《費爾巴哈與德國古典哲學的終結》一書中寫道:“全部哲學的最高問題,即思維對存在,精神對自然的關係問題……哲學家就是依其如何回答這個問題而分成兩大營壘的。凡斷定説精神先於自然界存在,因而歸根到底這樣或那樣承認創世説的人,便組成唯心主義的營壘。凡認爲自然界是基本起源的,則屬於唯物主義的各派。”①

我們判斷老子的哲學思想是唯心的,還是唯物的,也應以此爲依據。對於自然界的起源老子是怎樣説的呢?他説:“道生一,一生二,二生三,三生萬物。”(《老子》四十二章,以下凡引用老子書衹著章數)“天下萬物生於有,有生於无。”(四十章)這裏,“无生有”可以看作是“道生一”的注脚。如果列一横等式,則是:无生有=道生

① 恩格斯:《費爾巴哈與德國古典哲學的終結》,《馬克思恩格斯文選》第二卷,1955 年莫斯科版,第 367 頁。

一。再變换一下,又可變爲道＝无,有＝一。但“道”和“一”究竟是什麼呢? 下面我們作進一步的分析。

關於“道”,《老子》書開卷第一章,頭一句便説:“道可道,非常道。”很明顯,在這裏老子是把“道”分成了兩種:一、非常道,即可道的道;二、常道,即不可道的道。在這兩種道中,老子認爲“常道”是根本的,“非常道”是派生的,二者統一於前者,而不是後者。

什麼是“常道”和“非常道”呢? 如用當時的語言來説明,“非常道”實兼“德”而言,“常道”則不兼“德”;“非常道”的“道”存在於物之中,“常道”的“道”則在物之外獨立地存在着。

關於“道”和“德”兩個概念的含義,《管子·心術》説:

> 虛無無形謂之道,化育萬物謂之德。
>
> 德者道之舍,物得以生。
>
> 故德者,得也。得也者,其謂所得以然也。以無爲之謂道,舍之之謂德,故道之與德無間,故言之者不别也。間之理者,謂其所以舍也。

上面幾段文字的大意是説:“道”與“德”二詞,在一般用法上没有什麼分别。如果説二者還有區别,那就在一個“舍”字上,即“道”之爲“道”,無“舍”;“德”之爲“道”,有“舍”。此處的“舍”,應作房舍、宿舍解。

“非常道”所以是兼“德”而言,是因爲這種道有“舍”。如用今日哲學概念來説明:“道”就是規律。有“舍”的“道”,是説明這種規律存在於物質客體之中。如《老子》一書中所説的“天之道”(九章、七十三章、七十七章、八十一章),“人之道”(七十七章),“聖人之道”(八十一章),“古之道”(十四章),等等。因爲這種“道”存在於物質客體之中,所以它才“可道”,“非常道”則説明它的多樣性和不穩定性。

“常道”則不兼“德”而言,即這種道無“舍”。什麼是無“舍”之

"道"呢？依老子的看法，這種規律，是離開了物質客體而單獨存在着的。如：

> 有物混成，先天地生。寂兮寥兮，獨立而不改，周行而不殆；可以爲天下母，吾不知其名，字之曰道，强爲之名曰大。（二十五章）
>
> 道生一，一生二，二生三，三生萬物。（四十二章）
>
> 視之不見，名曰夷；聽之不聞，名曰希；搏之不得，名曰微。此三者：不可致詰，故混而爲一。其上不皦，其下不昧。繩繩不可名，復歸於无物。是謂无狀之狀，无物之象，是謂惚恍。迎之不見其首，隨之不見其後。執古之道，以御今之有。能知古始，是謂道紀。（十四章）

老子在這裏所説的"天地"，也就是"一"，相當於我們今天所説的"自然界"。而"道""先天地生"，正説明這種"道"是第一性的，是没有物質客體而單獨存在的一種規律，它是宇宙的根源。這種"道"具有抽象性、絶對性和普遍性，所以它是"常道"，是不可道的"道"。

辯證唯物主義認爲："規律是對象和現象在自己的運動中表現出來的必然的、本質的、内在的、穩定的聯繫。"①離開物質客體而單獨存在的規律是不可想像的，如果硬説這種規律存在，那麽這種規律也祇能是一種精神。承認没有物質客體也會有規律存在，也就等於承認没有物質也會有運動存在一樣。列寧曾明白指出："重要的是：想像没有物質的運動的這種意圖偷運着和物質分離的思想，而這就是哲學唯心主義。"②老子正是認爲物質和規律，即物質和運動可以分離，並認爲規律是第一性的，物質統一於規律，規律

① 羅森塔爾、施特拉克斯主編：《唯物辯證法的範疇》，三聯書店，1958年，第163～164頁。

② 列寧：《列寧全集》第14卷，人民出版社，1957年，第283頁。

是宇宙的根源，所以他的哲學觀點是唯心主義的。

老子哲學唯心主義是同他的認識論息息相關的。他過分地强調了理性認識的作用，而輕視經驗和實踐。他説："道沖而用之或不盈，淵兮似萬物之宗。"（四章）"大道氾其可左右，萬物恃之以生而不辭。"（三十四章）"道者，萬物之奥。"（六十二章）他又説："不出户，知天下。不窺牖，見天道。其出彌遠，其知彌少。"（四十七章）"絶學无憂。"（二十章）"絶聖棄智，民利百倍。絶仁棄義，民復孝慈。絶巧棄利，盗賊无有。"（十九章）等等。正是他唯心主義的世界觀，決定了他唯心主義的認識論，他唯心主義的認識論，反過來又鞏固了他唯心主義的世界觀。

我們説老子哲學思想是唯心主義的，並不等於全盤否定其學説中的正確部分，比如他談的辯證法就比較好：

天下皆知美之爲美，斯惡已；皆知善之爲善，斯不善已。故有无相生，難易相成，長短相較，高下相傾，音聲相和，前後相隨。（二章）

曲則全，枉則直；窪則盈，弊則新；少則得，多則惑。是以聖人抱一爲天下式。（二十二章）

將欲歙之，必固張之；將欲弱之，必固强之；將欲廢之，必故興之；將欲奪之，必固與之，是謂微明。（三十六章）

反者道之動，弱者道之用。（四十章）

但是由於時代和他所代表的階級的限制，又使他墮入了循環論的窠臼。如：

天下有始，以爲天下母。既得其母，以知其子；既知其子，復守其母，没身不殆。（五十二章）

萬物並作，吾以觀復。夫物芸芸，各復歸其根。歸根曰静，是謂復命。復命曰常，知常曰明。不知常，妄作凶。

知常容，容能公，公乃王，王乃天，天乃道，道乃久，没身不殆。（十六章）

此三者不可致詰，故混而爲一。其上不皦，在下不昧。繩繩不可名，復歸於无物。（十四章）

吾不知其名，字之曰道，强爲之名曰大。大曰逝，逝曰遠，遠曰返。（二十五章）

另外，由於老子發現了“道”（即規律），並給予了承認，儘管這種“道”是精神，但在當時對人們認識和行動都有鉅大的意義，它把人們的思想從宗教迷信的束縛下解放出來，從而否定了鬼神創世界説，這正是他進步的地方，難怪有人説中國哲學“至老子逐一洗古人之面目”。① 因此，老子在哲學史上的功績和地位我們還須予以肯定的。

3. 老子的無爲論和貴柔論

由於老子是唯心主義的哲學家，所以在方法論上，他主張“无爲”，崇尚“玄同”。

老子的無爲論，並不是要人們什麼事情也不要做，而是認爲這是達到什麼事情都能做好的必要的、唯一的方法，即他是以“无爲”爲手段以期達到“无不爲”。“无爲”和“无不爲”顯然是兩個正相反對的概念，爲什麼由“无爲”能達到“无不爲”呢？在老子看來，第一，世界上不曾有兩個絶對相同的事物，因而也就不可能有一個到處可以應用的辦法。學習知識不但無益而且還有害，知識越多，成見越深，知識不但不能應付不可預料的未來事物，而且還會妨礙我心本有的“若鏡”的功能；第二，我心本有如鏡的能照見一切事物、處理一切事物的功能，學習的結局，不僅不能使這個功能有所增加，而且還會使它損傷。

---

① 夏曾佑：《中國古代史》，第一篇，第二章，第五節，三聯書店，1955 年，第 71 頁。

正因爲這樣，老子才説："爲學日益，爲道日損，損之又損，以至於无爲，无爲而无不爲。"(四十八章)他這個主張是建築在他輕視知識和實踐的認識論的基礎之上的，其實質無非是誇大人的本能作用，教人不必學習知識和經驗，不必實踐，衹要努力保持自己的本能，使之不受損害，就能把各種事情做得很好，所以他才極力崇尚"玄同"(五十六章)，主張"見素抱朴，少私寡欲"(十九章)，"生而不有，爲而不恃，長而不宰，是謂玄德"(五十一章)，並屢屢稱讚"嬰兒"、"赤子"，如："載營魄抱一，能无離乎？專氣致柔，能嬰兒乎？"(十章)"知其雄，守其雌，爲天下谿。爲天下谿，常德不離，復歸於嬰兒。"(二十八章)"含德之厚，比於赤子。"(五十五章)從上面的分析看來，老子"无爲論"這個荒謬的、反動的論點，充分暴露了他唯心主義哲學的本質。

翻閱《老子》一書，可以看出：老子在言"无爲論"的同時，也在倡導"貴柔論"。《漢書·藝文志》論道家時説："秉要執本，清虚以自守，卑弱以自持。"這種説法真是切中肯綮。這裏所謂"清虚以自守"，即老子所稱的"无爲"，"卑弱以自持"即《吕氏春秋》所説的"老聃貴柔"。什麽是老子的"貴柔論"呢？

老子説："知其雄，守其雌，爲天下谿。"(二十八章)"柔勝剛，弱勝强。"(三十六章)"天下之至柔，馳騁天下之至堅。"(二十三章)"人之生也柔弱，其死也堅强。萬物草木之生也柔脆，其死也枯槁。故堅强者死之徒，柔弱者生之徒。"(七十六章)"天下柔弱莫過於水，而攻堅强者莫之能勝。其无以易之。故弱之勝强，柔之勝剛，天下莫不知，莫能行。"(七十八章)等等，這些都是他所鼓吹的"貴柔論"的内容。

老子"貴柔論"的提出，也是以其認識論爲基礎的。"反者道之動"這一原理是他的依據。也就是説他已認識到自然界和人類社會是變動不居的，並且還認識到這個變動是循着正反兩面互相轉化的規律進行的。他説："禍兮福之所倚，福兮禍之所伏；……正復爲奇，善復爲妖。”（五十八章）“天之道，其猶張弓！高者抑之，下者舉之；有餘者損之，不足者補之。”（七十七章）這種認識並不錯，錯的是在於：他教人“守柔”、“守雌”、“處人之所辱”等等，即教人常自處於不利的方面，以便在變動的過程中，好向有利的方面轉化，從而能達到其長期地享有最大的利益，這就是“貴柔論”的真髓。

老子的“貴柔論”雖然以“反者道之動”的原理爲基礎，即以素樸的辯證觀點爲基礎，他發現了矛盾向對立面的轉化，但是由於他的唯心主義世界觀和方法論的限制，他不能再進一步發現矛盾如何向對立面轉化發展，即通過鬥争向對立面發展，因而他衹能形而上學地要人消極等待，不要去積極争取。也就是説，他發現了矛盾，但又要逃避矛盾，這正是他的“貴柔論”最致命的弱點，也正是這個弱點掩蓋了他的長處。所以我們説老子是一個“聰明的”懦夫。他的“貴柔論”是極爲有害的，我們必須要給以批判。

4. 老子的政治思想

老子著書立説的宗旨並非是單獨地爲了發揮哲理，申述觀點是爲了實現其政治理想。這一點不但老子如此，先秦思想家無不如此。最可注意的，是老子所進行的説教對象，並不是一般人，而是當時的王侯，即最上層的統治者。例如：

二章：“……是以聖人處无爲之事，行不言之教”。

三章：“……是以聖人之治，虚其心，實其腹，弱其志，强其骨，常使民无知无欲，使夫智者不敢爲也。”

十二章：“是以聖人抱一爲天下式。”

五十七章：“故聖人云：‘我无爲而民自化，我好静而民自正，我无事而民自富，我无欲而民自朴。’”

七十九章：“是以聖人云：‘受國之垢，是謂社稷主；受國不祥，是爲天下王。’”

八十一章：“聖人不積，既以爲人己愈有，既以與人己愈多……聖人之道，爲而不争。”

諸如此類,不勝枚舉。綜觀《老子》五千言(後人分爲八十一章),言"聖人"計二十九次,審其義藴,都是指有政治地位的聖人,而不是僅指有德的聖人。這個聖人,實際是侯王的同義詞。不但此也,諸如:"古之善爲士者,微妙玄通,深不可識。"(十五章)"上士聞道,勤而行之;中士聞道,若存若亡;下士聞道,大笑之,不笑不足以爲道。"(四十一章)這些"士"字,也是指侯王而言。在《老子校詁》中引《詩》:"殷士膚敏",毛《傳》:"殷士,殷侯也。"證明士也是君,是正確的。至於明白道出王侯之處,更是不言而喻了。正因爲老子所説教的對象是當時的王侯,所以《老子》書裏的政治氣氛也相當濃厚。不過,老子對政治所持的觀點和所走的路線,卻跟一般的思想家不同,甚至可以説截然相反。老子的政治主張是同他的哲學觀點緊密相聯。他主張"无爲",反對一切禮義法度,制作施設。他的最高理想是"小國寡民"的社會,他所設計的這個社會的藍圖是:"小國寡民,使有什伯之器而不用,使民重死不遠徙;雖有舟輿,无所乘之;雖有甲兵,无所陳之;使人復結繩而用之;甘其食,美其服,安其居,樂其俗;鄰國相望,雞犬之聲相聞,民至老死不相往來。"(八十章)

恩格斯在論述階級社會産生的過程時説:"最卑下的利益——庸俗的貪欲,狂暴的情欲,卑劣的吝嗇,對公有財産的自私自利的掠奪——揭開了新的,文明的階級社會;最可鄙的手段——偷竊、暴力、狡詐,毁傷了舊的没有階級的氏族制度,以至把它引向崩潰。"[①]老子生活在春秋末葉,社會也正處在動盪之中,上述情景這時又再度出現,他目擊這種嚴酷的現實感到極端苦惱,因而他幻想能用一種方法,拯救社會脱離這種境界,回到"古昔民族制度之純樸的道德高峰"。[②] 即回到原始社會去。這便是他創立這種學説

① 恩格斯:《家庭、私有制和國家的起源》,人民出版社,1954年,第94頁。
② 同上。

的主要原因和根本企圖。然而,他錯了！他不懂得歷史是不能走回頭路的,並且也不能依照人的主觀願望而改變(不管這種主觀願望是如何美好);另外,原始社會也並非像老子所想像的那樣美好,而是更爲貧困痛苦。奴隸社會(或封建社會)的產生當時,雖然有的人在感情上很難接受,但它必定還是較原始社會進步,它必定是要前進的,這是任何力量也阻擋不了的。所以老子的這種想法是唯心的、倒退的,也是違反歷史的發展規律的,它絕對沒有實現的可能。

老子也曾提出實現其政治理想的具體方法——愚民政策。他毫不掩飾地說:"古之善爲道者,非以明民,將以愚之。民之難治,以其智多。故以智治國,國之賊;不以智治國,國之福。"(六十五章)他認爲"禮者,忠信之薄而亂之道;前識者,道之華而愚之始"。(三十八章)"民多利器,國家滋昏;人多伎巧,奇物滋起;法令滋彰,盜賊多有。"(五十七章)因此,他極力主張"不尚賢","不貴難得之貨","不見可欲"(三章),"絶聖棄智","絶仁棄義","絶巧棄利"(十九章)。他要求"其政悶悶,其民淳淳"(五十八章),以最終實現其"小國寡民"的理想。他的這個辦法,極其鮮明地反映了他的思想的荒謬和反動。因爲他反對代表舊貴族的社會制度時,不是站在新事物這一面,而是不分青紅皂白一概加以否定,甚至連當時社會上所出現的新事物——商品經濟、手工業技術、知識經驗和科學文化等等也都極力反對,從而把社會的動亂和人民的貧困,歸咎於工商業和文化的發展,和人民的智慧,妄想倒置歷史的車輪,使人民回到愚昧落後的原始社會去。這種主張,顯然不是"引導人民向前看",而是"向後看",所以它是反動的、落後的。我們必須給予批判。

二、莊子

1. 莊子的哲學思想及其產生的社會背景

莊子的哲學思想,是在繼承老子哲學思想的基礎上產生和發展起來的。他也同樣認爲世界起源於"道",萬物都受"道"的主宰,世界產生的過程也是"无生有"的過程,即精神產生物質的過程。他説:

> 夫道,窅然難言哉。將爲汝言其崖略。夫昭昭生於冥冥,有倫生於无形,精神生於道,形本生於精,而萬物以形相生。……(《莊子·知北遊》)
>
> 泰初有无无,有无名,一之所起,有一而未形。物得以生,謂之德;未形者有分,且然无間,謂之命;留動而生物,物成生理,謂之形;形體保神,各有儀則,謂之性。性修反德,德至同於初。(《莊子·天地》)
>
> 出无本,入无竅,有實而无乎處,有長而无乎本剽。……有實而无乎處者,宇也;有長而无本剽者,宙也。有乎生,有乎死,有乎出,有乎入。入出而无見其形,是謂天門。天門者,无有也。萬物出乎无有。有不能以有爲有,必出乎无有,而无有一无有,聖入藏乎是。……(《莊子·庚桑楚》)

從上面列舉中可以看出,莊子這種認識論,正説明了他和老子有着相同的世界觀,即他們都是唯心主義的世界觀。這不足爲怪,因爲他們都是没落的奴隸主貴族階級利益的代表者,他們的哲學思想正是當時那個没落意識的反映。

雖然他們都是唯心主義的哲學家,但體現其思想的具體主張卻有差别。老子講"无爲",其中還醞釀着一種陰謀;而莊子講"无爲”,則是純粹的頹廢。其他的一些主張,二人也是各不相同。如在處事的態度上,老子多是畏縮,他説:“我有三寶,持而保之。一日慈,二日儉,三日不敢爲天下先。……不敢爲天下先,故能成器長。”(《老子》六十七章)而莊子則是恣縱放蕩,玩世不恭,遊戲社會,“以天下爲沈濁,不可與莊語。”(《莊子·天下》)在治國方面,老子還有一點望治之意,莊子則乾脆棄世不顧。這是因爲:在老子生活的時期,他所代表的那個階級——奴隸主貴族,儘管被他們的敵手趕下了政治舞臺,但多少還有一點政治資本,還有周旋的餘地;到了莊子時期,這個階級在鬥争中已經徹底失敗,對他們的敵手甚至都失去了招架之力,這時他們完全陷入了絶望的境地。這種情形,正同馬克思、恩格斯在《共産黨宣言》中對英法兩國没落貴族所描述的那樣:“……他們再一次被可恨的暴發户打敗了。從此已談不到什麼嚴重的政治鬥争了。他們尚能進行的衹是文字上的鬥争了。……他們引爲快事的是寫出一些誹謗的文字,來議刺他們的這個新的統治者,並向他低聲細語講些多少凶險的預言。……其中半是輓歌半是譏諷;半是過去的餘音,半是未來的恫嚇……”①

莊子的思想正是這種“文字上的鬥争”的具體表現,他對當權的統治階級所作的鬥争,也是“譏諷”帶着“恫嚇”,雖然對其敵手打擊的不是那麼沉重有力,但也命中了封建地主統治的某些黑暗面,如:

昔者齊國鄰邑相望,雞狗之音相聞,罔罟之所布,耒耨之所刺,方二千餘里。闔四竟之内,所以立宗廟社稷,治邑屋州閭鄉曲者,曷嘗不法聖人哉?然而田成子一旦殺齊君而盜其國,所盜者豈獨其國邪?並與聖知之法而盜之。故田成子有乎盜賊之名,而身處堯舜之安,小國不

① 馬克思、恩格斯:《共産黨宣言》,人民出版社,1955年,第60～61頁。

敢非,大國不敢誅,十二世有齊國,則是不乃竊齊國,並與其聖知之法,以守其盜賊之身乎? ……彼竊鉤者誅,竊國者爲諸侯,諸侯之門而仁義存焉?"(《莊子·胠篋》)

儒以詩禮發冢。大儒臚傳曰:"東方作矣,事之何若?"小儒曰:"未解裙襦,口中有珠。"詩固有之曰:"青青之麥,生於陵陂。生不布施,死何含珠爲?"接其鬢,壓其顪,儒以金椎控其頤,徐別其頰,无傷口中珠。(《莊子·外物》)

這就是莊子思想中那點點滴滴的積極因素,也正是這一點積極影響,都才給了後世的所謂寒士以消極反抗統治者和封建禮教的思想武器,魏晉以後相繼出現的田園詩、山水詩、遊仙詩等文學作品,其中所體現的浪漫主義精神,在頗大程度上都是源於莊子哲學思想的。但其學説的全部内容,還是頹廢的、没落、反動的。下面將着重予以分析。

2. 莊子對老子"无爲論"的進一步發展

老子思想包括"无爲"和"貴柔"兩方面,莊子衹承繼了"无爲"這一方面,並在理論和實際措施上作了發揮。關於"无爲",莊子有他自己的一套見解,他説:

聖人之生也天行,其死也物化;静而與陰同德,動而與陽同波;不爲福先,不爲禍始;感而後應,迫而後動,不得已而後起。去知與故,循天之理。(《莊子·刻意》)

顔回曰:"回益矣。"仲尼曰:"何謂也?"曰:"回忘仁義矣"。曰:"可矣,猶未也。"他日復見,曰:"回益矣。"曰:"何謂也?"。曰:"回忘禮樂矣。"曰:"可矣,猶未也。"他日復見,曰:"回益矣。"曰:"何謂也?"曰:"坐忘矣"。仲尼蹴然曰:"何謂坐忘?"顔回曰:"墮肢體,黜聰明,離行去知,同於大通,此謂坐忘"。仲尼曰:"同則无好也,化則无常

也，而果其賢乎？丘也請從而後也。”(《莊子·大宗師》)

南郭子綦隱几而坐，仰天而嘘，嗒焉似喪其耦，顔成子游立侍乎前，曰：“何居乎？形固可使如槁木，而心固可使如死灰乎？今之隱几者也，非昔之隱几者也。”子綦曰：“偃，不亦善乎而問之也。今者吾喪我，汝知之乎?”(《莊子·齊物論》)

回曰：“敢問心齋。”仲尼曰：“若一志。无聽之以耳，而聽之以心；無聽之以心，而聽之以氣。聽止於耳，心止於符。氣也者，虚而待物者也。唯道集虚，虚者，心齋也。”(《莊子·人間世》)

上面引文中所説的“墮肢體”就是“離形”，“黜聰明”就是“去知”。“離形去知”也就是“去知與故”。“知”是知識，“故”是習慣(“故”字含義，當依《莊子·達生》“吾始乎故”、“吾生於陵而安於陵，故也”作解)。在當日，“知”指仁義而言，“故”指禮樂而言。“去知與故”，就是《天道》所謂“退仁義，賓禮樂”。“喪我”與“心齋”，也是要除去思慮知識，使心虚而“問於大通”，“循天之理”，以達老子所言的“无不爲”的神秘境界。能夠達到這種境界的人，應當是“其寢不夢，其覺不憂，其食不甘，其息深深”；“不知説生，不知惡死，其出不訢，其人不距”；“不忘其所始，不求其所終”；“不以心捐道，不以人助天”(引文俱見《莊子·大宗師》)。處理事情則要“用心若鏡，不將不迎，應而不藏”，這樣就能達到“勝物而不傷”(《莊子·應帝王》)。

莊子在對社會生活的主張上，也極力推崇這種“无爲論”。他反對對事物的任何干預、鼓吹自然發展，這一點在《馬蹄篇》中表現得最爲明顯：

馬，蹄可以踐霜雪，毛可以禦風寒，齕草飲水，翹足而陸，此馬之真性也。……及至伯樂，曰：“我善治馬。”燒之,刖之,刻之,雒之,連之以羈馽,編之以皂棧,馬之死者十二三矣;饑之,渴之,馳之,驟之,整之,齊之,前有橛飾之患,而後有鞭筴之威,而馬之死者已過半矣。

莊子這種理論的實施,是教人們安於現狀,放棄一切主觀的努力去尊重自然,他否認了人的實踐能力,降低了人在自然中的地位,把人祇看成是自然的俘虜,從而跌進宿命論的泥坑。這種理論的産生是有其社會根源的。當時,莊子所代表的那個階級,在政治鬥争中已徹底失敗,他們覺察到再没有死灰復燃的可能,認爲大勢已去,便陷入了極度絶望之中。老子生活的時期還與他不同,那時他們所代表的階級雖在政治上失敗了,但還不甘心這種失敗,尚想東山再起,這樣老子的"无爲"思想中,還隱藏着卷土重來的企圖。"无爲論"從老子到莊子的發展,正體現了一個没落階級滅亡的過程,這種思想的發展,越到最後就越顯得没落、頽廢和反動!這就是我們要深刻批判莊子思想的緣故。

3. 莊子哲學思想中的相對主義

在《莊子》書中確實也有一些正確的言論,其中含有辯證法的思想,如"物之生也,若驟若馳,无動而不變,无時而不移","物量无窮,時无止,分无常,終始无故","井鼃不可以語於海者,拘於虚也;夏蟲不可以語於冰者,篤於時也;曲士不可以語於道者,束於教也"(《莊子·秋水》),"其所美者爲神奇,其所惡者臭腐;臭腐復化爲神奇,神奇復化爲臭腐"(《莊子·知北遊》)等等。但是他没有很好地發展這種思想,卻片面地誇大了事物間的變化,他認爲事物可以無限制地向對立面循環轉化,於是提出了"齊物"的學説:齊是非、齊彼此、齊大小、齊壽夭、齊生死等。把認識的相對性誇大爲絶對,否認了認識客觀真理和認識世界的可能性,導致了神秘的不可知論。

"以死生爲一條,以可不可爲一貫"(《莊子·德充符》)可以看作是莊子相對主義思想的核心。他認爲死生没有什麼區别,如站在活人的立場與觀點上説死是死;要站在死人的立場和觀點上則可以説死是生。依照這個理喻,他提出了很多論題。

> 予惡乎知説生之非惑邪?予惡乎知惡死之非弱喪而不知歸者邪?麗之姬,艾封人之子也。晉國之始得之,涕泣沾襟;及其至於王所,與王同筐牀,食芻豢,而後悔其泣也。予惡乎知夫死者不悔其始之蘄生乎?(《莊子·齊物論》)
>
> 適來,夫子時也;適去,夫子順也。安時而處順,哀樂不能入也。(《莊子·養生主》)
>
> 孰能以无爲首,以生爲脊,以死爲尻,孰知死生存亡之一體者,吾與之友矣!(《莊子·大宗師》)
>
> 莊子妻死,惠子吊之。莊子則方箕踞鼓盆而歌。惠子曰:“與人居,長子老身,死不哭亦足矣,又鼓盆而歌,不亦甚乎!”莊子曰:“不然。是其始死也,我獨何能无概然。察其始而本无生,非徒无生也,而本无形,非徒无形也;而本无氣,雜乎芒芴之間,變而有氣,氣變而有形,形變而有生,今又變而之死,是相與爲春秋冬夏四時行也。人且偃然寢於巨室,而我噭噭然隨之而哭之,自以爲不通乎命,故止也。(《莊子·至樂》)
>
> ……生也死之徒,死也生之始,孰知其紀?人之生,氣之聚也;聚則爲生,散則爲死。若死生爲徒,吾又何患?故萬物一也。(《莊子·知北遊》)

除了死生問題外,莊子還把他這種相對唯物主義思想引申到其他方面,他認爲世界上的一切事物之間都没有差别,没有什麼是非、大小、彼此之分,他説:

> 以指喻指之非指,不若以非指喻指之非指也。以馬喻馬之非馬,不若以非馬喻馬之非馬也。天地一指也,萬物一馬也。可乎可,不可乎不可。道行之而成,物謂之而

然。惡乎然,然於然;惡乎不然,不然於不然。物固有所然,物固有所可。无物不然,无物不可。故爲是舉莛與楹,厲與西施,恢恑憰怪,道通爲一。(《莊子·齊物論》)

天下莫大於秋毫之末,而泰山爲小。莫壽於殤子,而彭祖爲夭。天地與我並生,而萬物與我爲一。(《莊子·齊物論》)

伯夷死名於首陽之下,盜跖死利於東陵之上;二人者,所死不同,其於殘生傷性均也。奚必伯夷之是,而盜跖之非乎?天下盡殉也,彼其所殉仁義也,則俗謂之君子;其所殉貨財也,則俗謂之小人。其殉一也,則有君子焉,有小人焉?(《莊子·駢拇》)

以道觀之,物无貴賤;以物觀之,自貴而相賤;以俗觀之,貴賤不在己。以差觀之,因其所大而大之,則萬物莫不大;因其所小而小之,則萬物莫不小;知天地之爲稊米也,知毫末之爲丘山也,則差數睹矣。以功觀之,因其所有而有之,則萬物莫不有;因其所无而无之,則萬物莫不无;知東西之相反而不可以相无,則功分定矣。以趣觀之,因其所然而然之,則萬物莫不然;因其所非而非之,則萬物莫不非;知堯舜之自然而相非,則趣操睹矣。昔堯舜讓而帝,之噲讓而絶。湯武争而王,白公争而滅。由此觀之,争讓之禮,堯桀之行,貴賤有時,未可以爲常也。梁麗可以衝城,而不可窒穴,言殊器也;騏驥驊騮,一日而馳千里,捕鼠不如狸狌,言殊技也。鴟鵂夜撮蚤,察毫末,晝出瞋目而不見丘山,言殊性也。故曰:蓋師是而无非,師治而无亂乎?是未明天地之理,萬物之情者也。是猶師天而无地,師陰而无陽,其不可行明矣。然且語而不舍,非愚則誣也。(《莊子·秋水》)

莊子不僅否認客觀世界事物之間的差別性,而且連人的主觀感覺他也認爲不可靠。“昔者莊周夢爲蝴蝶,栩栩然蝴蝶也,自喻適志與,不知周也。俄然覺,則蘧蘧然周也。不知周之夢爲蝴蝶與?蝴蝶之夢爲周與?”(《莊子・齊物論》)世界在他的眼裏,祇不過是若夢若醒的幻覺而已。他認爲,世界根本不存在什麽是非,也無法談是非,因此世界上也就没有什麽真理與謬誤之分,世界和真理當然也就無法認識了。唯心主義的認識論、不可知論、詭辯論,三者構成了莊子相對主義的哲學思想。產生這種思想的根源是他的唯心主義世界觀。他認爲,以“道”觀世界,物無貴賤,物無大小,物無是非,現實的一切都是虚無縹緲的東西。而“道”,也是他主觀所臆想出來的。他根本不懂得實踐是認識的基礎,因而他才得出了認識是不可能的結論。世界連認識都不可能,當然也就無從談及改造了。他這樣就束縛了人們改造世界的主觀能動性,其麻醉人民、阻礙社會進步的反動實質也就在這裏。

4. 莊子反動的社會政治思想

莊子的社會政治思想,是建築在唯心主義和相對主義的基礎上,是尖鋭的階級鬥争的產物。在當時,没落的奴隸主貴族階級,已經成了毫無進步意義的社會渣滓。他們悲觀失望,充滿了對新生事物和生活的恐懼,心情是極其陰鬱和頹廢的。莊子的社會政治思想,正是這個没落的剥削階級在絶望中掙扎的表現。到了這個時期,他們反對社會上一切的革新和進步,他們詛咒生產的發展,主張倒退,反對知識和文化,提倡蒙昧主義,仇視現實的社會生活,逃避現實鬥争。他這樣論述:

> 鳥高飛以避矰弋之害,鼷鼠深穴乎神丘之下以避熏鑿之患,而曾二蟲之无知。(《莊子・應帝王》)
>
> ……虎豹之文來田,猨狙之便,執斄之狗來藉,如是者可比明王乎?(《莊子・應帝王》)
>
> 祝宗人玄端以臨牢筴,説彘曰:“汝奚惡死,吾將三月犧汝,十日戒,三日齋,藉白茅,加汝肩尻乎彫俎之上,則

汝爲之乎?”爲彘謀,曰:“不如食以糠糟,而錯之牢筴之中,自爲謀,則苟生有軒冕之尊,死得於腞楯之上、聚僂之中則爲之。爲彘謀則去之,自爲謀則取之,所異彘者何也?”(《莊子·達生》)

或聘於莊子,莊子應其使曰:“子見夫犧牛乎? 衣以文繡,食以芻叔,及其牽而入於太廟,雖欲爲孤犢,其可得乎?”(《莊子·列禦寇》)

聞在宥天下,不聞治天下也。在之也者,恐天下之淫其性也;宥之也者,恐天下之遷其德也。天下不淫其性,不遷其德,有治天下者哉。(《莊子·在宥》)

故至德之世,其行填填,其視顛顛。當是時也,山无蹊隧,澤无舟梁。萬物群生,連屬其鄉。禽獸成群,草木遂長。是故禽獸可繫羈而遊,鳥鵲之巢可攀援而窺。夫至德之世,同與禽獸居,族與萬物並,惡知君子小人哉?同乎无知,其德不離;同乎无欲,是謂素樸,素樸而民性得矣。(《莊子·馬蹄》)

絶聖棄知,大盜乃止,擿玉毀珠,小盜不起。焚符破璽而民朴鄙,掊斗折衡而民不争。殫殘天下之聖法,而民始可與論議。擢亂六律,鑠絶竽瑟,塞瞽曠之耳,而天下始人含其聰矣。滅文章,散五采,膠離朱之目,而天下始人含其明矣。毀絶鉤繩,而棄規矩,攦工倕之指,而天下始人有其巧矣……(《莊子·胠篋》)

從上面這些論證中我們可以看得出,莊子的社會政治思想比之於老子,是更爲頹廢和反動了。老子的理想社會雖然是“小國寡民”,但畢竟還有所謂“國”,即有什伯之器、舟輿、甲兵、甘食美服的原始社會;而莊子的理想社會,則是山無蹊徑,澤無舟梁,同與禽獸居,族與萬物並的“至德之世”。老子主張使民無知無欲,反對以智治國,但畢竟還有所謂“治”,而莊子則乾脆主張“无治”。老子引導人們後退，多少還有個止境，而莊子則要把人引進一個虚無渺茫的世界，在那裏，一切都不可知，人們衹能唯命是從，任聽命運的擺佈，“死生存亡，窮達貪富，賢與不肖，毁譽饑渴寒暑，是事之變，命之行也。”（《莊子·德充符》）總之，莊子的社會政治思想，是没落的奴隸主貴族階級本性的反映，隨着社會的向前發展，它變得更加倒退和反動了。其對人的麻醉和危害作用也更大了。爲此對這種思想我們才要給以更深刻的揭露和批判。

必讀書目

1.《史記·老子韓非列傳》。

2.《老子》1、14、21、25、38、40、42、47、48、65、77、80各章。（精讀）

2、5、18、20、41、56、57、64、75各章。

3.《莊子》:《齊物論》、《秋水》、《知北遊》。（精讀）

《逍遥遊》、《養生主》、《駢拇》、《馬蹄》、《胠篋》、《刻意》。（略讀）

思考題

1. 怎樣從儒道兩家學説的對立主張去分析當時社會的階級鬥爭？

2. 如何理解道家的“道”？

3. 老莊思想的異同？我們該怎樣地批判與繼承？

必讀書目

1.《莊子·天下》

2.《史記·太史公自序》(論六家要指)

3.《漢書·藝文志·諸子略》

4.《淮南子·要略》

思考題

1. 試談春秋戰國時期“百家争鳴”局面形成的歷史條件。

2. 這一時期有哪些主要的思想流派？其學説主要内容是什麽？

3. 各學派間的關係和鬥争結局如何？對後世有什麽影響？

第四單元　儒家思想

儒家學派的創始人是孔子，其後繼的著名人物有孟子和荀子。後世一脈相承的儒家學説，就是在三人遺教的基礎上逐步發展和充實起來的。下面我們就對這三個人物分别進行研究。

一、孔子

1. 孔子的生平事迹簡介

孔子(前 551—479 年)，名丘，字仲尼，春秋時，魯國陬邑昌平鄉人(今山東省曲阜縣)。生於魯襄公二十一年十月庚子日(《公羊傳》、《穀梁傳》持此説，但《公羊傳》作十有一月，兹從《穀梁傳》;《史記》及杜預《左傳注》以爲生於二十二年)，卒于魯哀公十六年四月己丑日(杜預以爲乙丑誤)。據前人以夏正考訂，實生於魯襄公二十一年八月二十一日，卒于魯哀公十六年二月十一日。

孔子的先世爲宋公族。至防叔迫于華氏勢力的威脅，自宋奔魯，爲防邑大夫。防叔即是孔子的曾祖。孔子的父親叔梁紇，爲魯陬邑大夫。這種“大夫”跟所謂“三卿五大夫”的“大夫”不同，在當時的實際政治地位，不過是士而已。據《禮記・少儀》載：“問士之子長幼，長則曰：‘能耕矣’，幼則曰：‘能負薪’、‘未能負薪’。”證明春秋時期士之子不免農。所以史稱孔子幼年“貧且賤”。(《史記・孔子世家》)而孔子自己也説過“吾少也賤，故多能鄙事”。(《論語・子罕》)稍長，任委吏，乘田。(《孟子・萬章下》)後仕爲中都宰，累官至司寇。因政見不合辭職去魯，率弟子周遊列國，目的是要向各國國君去推行自己的政治主張。曾相繼到過周、鄭、宋、衛、陳、蔡、楚、齊等國。歷經千辛萬苦,例如畏于匡,厄于陳、蔡;輾轉四方,席不暇暖,但仍不能行其道,終於晚年返魯,致力於文教事業。這就是孔子一生簡要的經歷。

孔子周遊列國,接觸了很多人物,積累了豐富的知識和經驗,這對他後半生的教育生涯有着重大的意義。

孔子一生的主要精力和時間,大都獻給了古代歷史文化遺產的整理和傳播工作。他首創私人講學之風,又刪定"六經",在文化教育工作方面有着卓越的貢獻。他是一個偉大的教育家和學者,我們對他進行評價,對這一點不應忽視。

2. 孔子的教育思想

由於孔子一生的活動,主要是從事教育工作。在中國的教育史上,他用自己的言論和行動寫下了光輝的一頁。下面,我們就從教育對象,教學科目,教育内容、方法、目的、效果和影響等幾個方面來探討一下他的教育思想。

(1)教育對象

"有教無類"(《論語·衛靈公》),是孔子在中國歷史上最先喊出來的最響亮的口號。孔子不但提出了這個口號,而且在實踐中又能忠實地貫徹和執行這個口號。關於這方面在古書上有如下記載。

《荀子·法行》説:

> 南郭惠子問于子貢曰:"夫子之門,何其雜也?"子貢曰:"君子正身以俟,欲來者不距,欲去者不止。且夫良醫之門多病人,檃栝之側多枉木,是以雜也。"

又,同書《大略》説:

> 子贛、季路,故鄙人也。被文學,服禮義,爲天下列士。

《吕氏春秋·尊師》説：

> 子張，魯之鄙家也；顔涿聚，梁父之大盗也；學于孔子。

《史記·仲尼弟子列傳》説：

> 仲弓父，賤人。孔子曰："犁牛之子騂且角，雖欲勿用，山川其舍諸？"

以上四條材料，有力地説明了孔子能忠實地執行他所提出的"有教無類"的主張。關於"有教無類"的解釋，《論語集解義疏》："馬融曰：'言人所在見教，無有種類。'"皇侃疏："人乃有貴賤，同宜資教，不可以其種類庶鄙而不教之也。教之則善，本無類也。"邢昺疏："類謂種類，言人所在見教，無有貴賤種類也。"這些説明基本上是正確的。由於孔子"有教無類"主張的實行，開闢了私人講學的風氣，在學術上打破了階級的界限。自此以後，歷史文化遺産不復是奴隸主階級的禁臠，庶人即奴隸也有了學習文化的機會。這就爲中國奴隸社會的奴隸解放，以及由奴隸制向封建制過渡準備了必要的條件。

(2)教學科目和教材

孔子從事教學的科目主要爲《詩》、《書》、《禮》、《樂》、《易》、《春秋》等"六藝"。"六藝"中《詩》、《書》、《禮》、《樂》，原來就爲學者所共習。《易》和《春秋》則是孔子所增設的。

"六藝"和"六經"原來是有區别的。"六藝"又稱"六學"(《春秋繁露·玉杯》)或"六術"《新書·六術》。意即六種學習科目。"六經"則是孔子教學時所編定的六種教科書。

關於"六藝"這些教學科目的基本特點和它們之間的關係，先秦和漢初的古籍中談的不少，兹撮引如下。

《莊子·天下》説：

《詩》以道志，《書》以道事，《禮》以道行，《樂》以道和，《易》以道陰陽，《春秋》以道名分。

《荀子·勸學》説：

故《書》者，政事之紀也；《詩》者，中聲之所止也；《禮》者，法之大分，類之綱紀也。

又説：

《禮》之敬文也，《樂》之中和也，《詩》、《書》之博也，《春秋》之微也，在天地之間者畢矣。

又説：

《禮》、《樂》法而不説，《詩》、《書》故而不切，《春秋》約而不速。

《荀子·儒效》説：

《詩》言是，其志也；《書》言是，其事也；《禮》言是，其行也；《樂》言是，其和也；《春秋》言是，其微也。

《淮南子·泰族》説：

六藝異科而皆同道。温惠柔良者，《詩》之風也；淳龐敦厚者，《書》之教也；清明條達者，《易》之義也；恭儉尊讓者，《禮》之爲也；寬裕簡易者，《樂》之化也；刺幾辯義者，《春秋》之靡也。故《易》之失鬼，《樂》之失淫，《詩》之失愚，《書》之失拘，《禮》之失忮，《春秋》之失訾。六者，聖人兼用而財制之。失本則亂，得本則治。

《春秋繁露·玉杯》説：

《詩》、《書》序其志，《禮》、《樂》純其美，《易》、《春秋》明其知。六學皆大，而各有所長。《詩》道志，故長於質；

《禮》制節，故長於文；《樂》詠德，故長於風；《書》著功，故長於事；《易》本天地，故長於數；《春秋》正是非，故長於治人。

《史記·司馬相如傳》説：

太史公曰："《春秋》推見至隱，《易》本隱之以顯。"

歸納上述材料，可以得出這樣結論："六藝"基本上包括了當時的全部文化知識。它們之間的關係是，《詩》、《書》可以合爲一組，因爲二者同屬於歷史文化範疇，所謂"《詩》、《書》故而不切"，"《詩》、《書》序其志"，是其證明。但二者又有區别，"《詩》以道志"，所録多閭巷歌謠、匹夫匹婦之辭；"《書》以道事"，内容多朝章國故、王公大人之事。二者又有相輔相成，互相補充的作用。《禮》、《樂》可以合爲一組，所謂"《禮》、《樂》法而不説"，"《禮》、《樂》純其美"正説明了這一點。古人説："樂也者，動於内者也；禮也者，動於外者也。故禮主其減，樂主其盈。禮減而進，以進爲文；樂盈而反，以反爲文。"(《禮記·樂記》)是二者也有互備之義。《易》和《春秋》可以合爲一組。所謂"《易》、《春秋》明其知"是其證。但由"《春秋》推見至隱，《易》本隱之以顯"的説法，可見二者也有互相補充的作用。總括起來，又可以劃爲兩大類，《詩》、《書》、《禮》、《樂》爲一類，屬於一般的歷史文化知識教育和品德教育，《易》和《春秋》爲一類，則爲比較高深的理論教育。

(3)教學内容

孔子教學的主要内容，一般説來，應如《淮南子·要略》所概括，即"孔子修成康之道，述周公之訓，以教七十子，使服其衣冠，修其篇籍"。至其學説的核心則爲"仁"。《吕氏春秋·不二》説："孔子貴仁"，無疑是正確的。什麼是"仁"呢?《中庸》説："仁者，人也。"《孟子·告子上》説："仁者，人心也。"《孟子·盡心上》又説："君子之于物也，愛之而弗仁；於民也，仁之而弗親。親親而仁民，仁民而愛物。"《吕氏春秋·愛類》説:"仁於他物,不仁於人,不得爲仁;不仁於他物,獨仁於人,猶若爲仁。仁也者,仁於其類者也。"這幾條材料,實正確地揭露了"仁"的實質和界限。所以,"仁"這個概念,就其本義來説,它既不適用於親屬,也不適用於草木禽獸,僅僅適用於人民。孔子的"貴仁",實同他的"有教無類"一脈相通,具有相當大的進步意義。

關於孔子的"仁",應從《中庸》、《孟子》諸書的解釋,即以全民爲對象。而其本質特點,尤在於"仁民"。因爲在奴隸主階級内部,一般都有血緣關係,衹言"親親",就可以達到互相親愛的目的,無須言"仁"。孔子提出"仁"字,並作爲學説的中心内容和行動目標,正反映了時代性。它意味着當時社會上有一部分人,原來不被當做人看待,今天要求把這一部分人當做人來看待,這一點,不能説没有積極和進步的作用。但不能因此得出孔子已站在勞動人民的立場上替勞動人民講話的結論。須知孔子的"仁"是以"孝弟"和"親親"爲基礎、前提的。所謂"孝弟也者,其爲仁之本與"(《論語·學而》),"親親爲大"(《中庸》),就是證明。故孔子的"仁",儘管有其廣泛性,但還是承認差等的,他特别强調要詳辨親疏、厚薄、本末和先後。即實行起來,必須服從等級觀念。而這等級觀念裏,即存在着階級性。正因爲這樣,孔子言"仁"必與"禮"聯繫着,必與"親親"、"尊尊"之義聯繫着。這是歷史的局限性,也是孔子"仁"的學説保守、落後的一面。

(4)教學方法

孔子的教學方法,可以從他的模範作用和教學法兩個方面來論述。

先談他的模範作用。揚雄説:"師者,人之模範也。"(《法言·法行》)孔子的爲人師,真正能以身作則,發揮其模範作用。兹就《論語》一書所記,略述如下:

①子曰:"吾十有五而志於學,三十而立,四十而不惑,五十而

知天命,六十而耳順,七十而從心所欲,不踰矩。"(《爲政》)

子曰:"默而識之,學而不厭,誨人不倦,何有於我哉?"(《述而》)

子曰:"德之不修,學之不講,聞義不能徙,不善不能改,是吾憂也。"(《述而》)

子曰:"十室之邑,必有忠信如丘者焉,不如丘之好學也。"(《公冶長》)

葉公問孔子于子路,子路不對。子曰:"女奚不曰,其爲人也,發憤忘食,樂以忘憂,不知老之將至云爾。"(《述而》)

②子絶四:毋意,毋必,毋固,毋我。(《子罕》)

子曰:"衆惡之,必察焉;衆好之,必察焉。"(《衛靈公》)

子曰:"……我則異於是,無可無不可。"(《微子》)

子曰:"可與言而不與之言,失人;不可與言而與之言,失言。知者不失人,亦不失言。"(《衛靈公》)

子曰:"參乎!吾道一以貫之。"(《里仁》)

③子曰:"朝聞道,夕死可矣!"(《里仁》)

子畏于匡,曰:"文王既没,文不在兹乎?天之將喪斯文也,後死者不得與于斯文也;天之未喪斯文也,匡人其如予何?"(《子罕》)

子曰:"天生德於予,桓魋其如予何?"(《述而》)

上述的三組材料,從第一組的材料中,可以看出孔子"學如不及"的精神,他是始終如一,老而彌篤的。而且隨着年齡的增長又在不斷地前進和提高。第二組材料是説明孔子思想方法的靈活性和他的辯證觀點。從第三組材料可以看出孔子追求真理的堅毅精神,以及他對教育的高度責任感。所有這些:毫無疑問,對門人子弟所起的啟發作用和指導意義,是很大的。

下面再談談孔子的教學法。他的教學法也是有着顯著的特點:

①子曰:"不憤不啟,不悱不發,舉一隅不以三隅反,則不復也。"(《述而》)

子曰:"中人以上,可以語上也。中人以下,不可以語上也。"(《雍也》)

顔淵喟然歎曰:"仰之彌高,鑽之彌堅。瞻之在前,忽焉在後。夫子循循然善誘人,博我以文,約我以禮,欲罷不能。既竭吾才,如有所立卓爾。雖欲從之,末由也已。"(《子罕》)

②子曰:"學而不思則罔,思而不學則殆。"(《爲政》)

子曰:"吾嘗終日不食,終夜不寢,以思,無益,不如學也。"(《衛靈公》)

③子曰:"君子恥其言而過其行。"(《憲問》)

子曰:"君子欲訥于言而敏於行。"(《里仁》)

子曰:"古者言之不出,恥躬之不逮也。"(《里仁》)

④子曰:"由! 誨女知之乎? 知之爲知之,不知爲不知,是知也。"(《爲政》)

子曰:"蓋有不知而作之者,我無是也。"(《述而》)

子曰:"……君子于其所不知,蓋闕如也。"(《子路》)

子曰:"多聞闕疑,慎言其餘,則寡尤;多見闕殆,慎行其餘,則寡悔。"(《爲政》)

⑤子曰:"君子周而不比,小人比而不周。"(《爲政》)

子曰:"君子和而不同,小人同而不和。"(《子路》)

子曰:"君子喻於義,小人喻於利。"(《里仁》)

⑥子曰:"質勝文則野,文勝質則史。文質彬彬,然後君子。"(《雍也》)

⑦孔子因發問對象不同,所作的回答也有所不同。如在"問孝"(《爲政》)、"問仁"(《顔淵》)、"問聞斯行諸"(《先進》)等問題上,都是如此。

上述七組材料,總起來看,裏邊都鮮明地貫穿着一種唯物的辯證的觀點。

第一組材料是總的、一般性的教學法。其特點是知識淵博,態度誠摯,能從實際出發,針對不同的人和不同的情況,作不同的處理。

第二組材料是對學與思問題的處理。以下,第三組是對言與行問題的處理;第四組是對待真理的態度;第五組是指明君子和小人的基本特點;第六組是對文與質問題的處理;最後一組則是教育作用在回答問題時的體現。

綜合上邊所述的七組材料,可以看出孔子在教學時對問題的處理,基本上是符合於事實求是,全面地、辯證地看問題的精神的。

(5)教學目的

孔子的教學目的,説得簡明一點,主要是培養爲奴隸社會政治服務的知識份子。但是,由於他實行"有教無類"的主張,和畢生致力於整理和傳播歷史文化遺産以及他的思想方法在某種程度上的正確性,等等,他對歷史發展還起了一定的積極、進步作用。

(6)效果和影響

孔子教學的效果和影響,可用下列事實來説明:

①《孟子》説:"以德服人者,中心悦而誠服也,如七十子之服孔子也。"(《公孫丑上》)

②《史記》説:"孔子葬魯城北泗上,弟子皆服三年。三年心喪畢,相訣而去,則哭,各復盡哀;或復留。唯子貢廬於塚上,凡六年,然後去。"(《孔子世家》)

③《史記》説:"自孔子卒後,七十子之徒散游諸侯,大者爲師傅卿相,小者友教士大夫,或隱而不見。故子路居衛,子張居陳,澹臺子羽居楚,子夏居西河,子貢終於齊。如田子方、段干木、吴起、禽滑釐之屬,皆受業于子夏之倫,爲王者師。"(《儒林列傳》)

④《淮南子》説:"墨子學儒者之業,受孔子之術,以爲其禮煩擾而不説,厚葬靡財而貧民,服傷生而害事,故背周道而用夏政。"(《要

略》）

上述四條材料把孔子對弟子的影響，以及弟子又把孔子的影響輾轉向外傳播、不斷擴大的情況，講得極爲清楚。這些人當中，墨翟、禽滑釐是墨家，吴起是法家兼兵家。又戰國初期，魏文侯最稱好賢，“師卜子夏，友田子方，禮段干木”（《吕氏春秋·察賢》）。始作《法經》爲法家鉅子的李悝即任事於是時。而稍後的商鞅，亦是自魏入秦。商鞅在秦變法，實際是繼承和發展了李悝的思想。李悝當亦與子夏有師友關係。總之，戰國百家蜂起並作，儘管持説各異，有如水火之不相容，而溯本窮源，大抵無不與孔子有直接、間接的關係。

綜上所述，可以得出這樣的結論，即孔子畢生的時間和精力，大部分用於文化教育工作上面。他對當時和後世的影響之大，在中國過去的歷史上是無人可與相比的。從教育工作這個角度來看，在對象、方法和效果這幾個方面，都有不少新的、正確的和進步的東西。在目的和内容方面，雖然舊的東西居於主導地位，但這衹是跟後來的墨、法諸家思想對比而言。如就當時的歷史條件來看，同樣會發現裏邊有若干積極的和進步的因素。總之，可以肯定孔子是中國歷史上偉大的教育家。

3. 孔子的史學思想

孔子的史學思想，主要表現在《春秋》一書裏面。

現在在學者中間，還流行着兩種不正確的看法：1. 孔子没有作《春秋》；2.《春秋》是“斷爛朝報”。我們認爲説《春秋》是斷爛朝報的人，其錯誤在於衹注意從感性認識方面來瞭解《春秋》，而不注意從理性認識方面來瞭解《春秋》。可是，《春秋》的特點，與《左傳》諸書不同，所重正在於理性認識方面。説孔子没作《春秋》的人，其錯誤在於否認或忽視歷史繼承性。硬説孟、荀和《莊子》諸書的記載舉不足信，衹有孔子自己或與孔子同時代人們的話，保存在當時的書上，才可信。實質上是要求從没有證據的地方來找證據。這不過是一種詭辯,是没有科學價值的。

關於孔子作《春秋》的事實。《孟子》説:"晉之《乘》,楚之《檮杌》,魯之《春秋》,一也。其事則齊桓、晉文,其文則史。孔子曰:'其義則丘竊取之矣。'"(《離婁下》,又見《公羊傳》昭公十二年)此外,《史記·十二諸侯年表》説;"孔子……論史記舊聞,興于魯而次《春秋》,上記隱,下至哀之獲麟,約其辭文,去其煩重,以制義法。"《莊子·天下》説:"《春秋》以道名分。"又《史記·自序》説"《春秋》以道義"等,都可與《孟子》之説互相證明。

大體説,《春秋》一書,是孔子爲了指導人們怎樣編寫歷史而作的一種示範或舉例。它既是歷史著作,又不同於一般的歷史著作。其主要特點,在於特别强調所謂"義法"。釋成今語,"義"相當於觀點,"法"就是方法。至於説"《春秋》以道名分","撥亂世,反諸正,莫近諸《春秋》"(《公羊傳》哀公十四年),則又涉及作《春秋》的目的問題。總之,可以斷言,《春秋》一書是有極其鮮明的政治傾向性和比較嚴密的邏輯性的。而這些東西,實爲中國史學的建立與發展,奠定了重要的理論基礎。誠然,孔子並没有留下這方面的言論,但是,有了具體實踐並做出成果,豈不比空談理論更有説服力嗎?誠然,專憑感性認識是理解不到《春秋》有這樣多的意義的,但是爲什麽不可以利用思維,利用理性認識來進行深入理解呢?米海洛夫斯基在《資本論》和《共產黨宣言》裏没有看見唯物論,難道能怪馬克思嗎?

司馬遷説:孔子作《春秋》,"筆則筆,削則削,子夏之徒不能贊一辭"。(《史記·孔子世家》)"筆"是寫上,"削"是删去。寫什麽?怎麽寫?寫多少?根據什麽原則來決定取捨?寫歷史的目的何在?等等。這些問題,都是史學家所必須考慮而不易解決的問題,《春秋》在這些地方,都作了肯定的回答。兹舉例説明如下:

(1)常事不書

《公羊傳》桓公四年説:"常事不書"。"常事"是一般不重要的事,“不書”就是删去。這是《春秋》一條重要原則。當然,所謂“常事”,應當具體的、歷史的瞭解,並且也是反映觀點的。可能這一個人認爲是常事,而另一個人卻認爲不是常事。這一種書、這一時期認爲是常事,而另一種書、另一個時期卻認爲不是常事。不過寫歷史總要有一個特定的任務,總要有一定的篇幅,不能想寫什麽就寫什麽,不能無限制的延長。因此,區别哪個是常事,哪個是重大的事情,以免輕重無别,取捨不當,還是具有一般意義的。《公羊傳》隱公七年説:“以重書”(“城中丘”是重),桓公三年説:“以喜書”(喜“有年”),桓公六年説:“以罕書”,等等。“書”就是寫上。本來是常事,在不書之列,但是,由於有特殊原因例如“重”、“喜”、“罕”等,還要“書”。這種“書”,乃是“常事不書”的變例或補充。

(2)書其重者

《公羊傳》莊公十年:“戰不言伐,圍不言戰,入不言圍,滅不言入,書其重者也。”又隱公五年説:“將尊師衆稱某率師;將尊師少稱將;將卑師衆稱師,將卑師少稱人。君將不言率師。書其重者也。”以上二例,前者是區别戰爭的不同情况,依輕重爲次,共分五等,即伐、戰、圍、入、滅。“書其重者”,是因爲重可包輕,輕不能包重。後者是“率師”有五種不同的情况,用“稱某率師”、“稱將”、“稱師”、“稱人”、“稱君”來區别,作爲定例。諭其原則,也是“書其重者”。

(3)録内而略外

《公羊傳》隱公十年説:“《春秋》録内而略外。”又莊公二年説:“外夫人不卒”;莊公四年説:“外夫人不書葬”;莊公十一年説:“外災不書”;僖公十四年説:“外異不書”;文公三年説:“外大夫不卒”;宣公十五年説:“外平不書”;襄公五年説:“外相如不書”。“録内略外”是《春秋》的重要原則之一。由於《春秋》是魯史,自應記魯國的事情要詳,而記其他國家的事情要略。在一般情况下,外國有“災”、“異”、“夫人卒”、“葬”,等等事情,《春秋》都不予記載。但也有變例,即由於某種原因,也載入《春秋》。上述自“外夫人不卒”以下七列,即都屬於此類(檢原文便知)。

(4)貴賤不嫌同號,美惡不嫌同辭

《公羊傳》隱公七年説:"《春秋》貴賤不嫌同號,美惡不嫌同辭。""不嫌"的意思,是説兩種不同的事物,已經如黑白分明,不相混淆。《春秋》記事,遇到這樣情況,就依舊用"同號"、"同辭",不復加以區别。

(5)内其國而外諸夏,内諸夏而外夷狄

《公羊傳》成公十五年説:"《春秋》内其國而外諸夏,内諸夏而外夷狄。"這是記載時,對於本國、諸夏、夷狄這三種關係,所作的不同的處理。

(6)所見異辭,所聞異辭,所傳聞異辭

《公羊傳》隱公元年説:"所見異辭,所聞異辭,所傳聞異辭。"這是把《春秋》二百四十二年的歷史,依史料來源對作者的關係區分爲三個不同階段。即:所見世,所聞世,所傳聞世。所見世,是作者所耳聞目睹,親身經歷的時代。《春秋》所見世,略同於今天我們所説的"現代史"。所聞世,在前人爲所見,而在作者爲所聞,即這種史料對於作者來説,不是直接的,而是間接的。《春秋》所聞世略同於今天我們所説的"近代史"。最後説所傳聞世。"傳"者,轉也。轉聞比聞又遠了一層。在《春秋》,所傳聞世是古老的時代。"異辭"是在寫法上作了不同的處理,具體説,即是於近者詳,差遠者略,最遠者尤略。

(7)據魯、親周、故殷

《史記·孔子世家》説《春秋》"據魯、親周、故殷,運之三代"。"據魯、親周、故殷"也是《春秋》的一條重要原則。不過,由於《公羊傳》寫作"新周"(宣公十六年:"成周宣謝災,何以書?記災也。外災不書,此何以書?新周也。")何休不知古字通假之例,"新"應讀爲"親",而臆造"黜周王魯"之説,致使古義不傳。其實,這是《春秋》作者考慮了魯、周、宋(宋殷後,"故殷"即是"故宋","故宋"見於

《穀梁傳》襄公九年）三國的特殊關係，而在寫法上作了不同的處理。“據魯”是由於《春秋》是魯史，故以魯爲主。“親周”是承認了周的特殊地位，有些事情因發生在周，雖例不應寫，也寫入《春秋》。“故殷”與“親周”同一道理，衹是周、宋與魯的關係還有差别，故又作了不同的處理。具體説，是記周事較記宋事爲詳。因周爲共主而周上繼殷，所以宋較周又疏遠了。“親”、“故”二字，表明關係不一樣。

（8）爲尊者諱，爲親者諱，爲賢者諱

《公羊傳》閔公元年説：“《春秋》爲尊者諱，爲親者諱，爲賢者諱。”這也是《春秋》的一條原則。即在書法上，對“尊”、“親”、“賢”這三種人作了特殊的處理。

以上衹舉出八條作爲例證，至其詳，須俟另撰專文論述，此處從略。司馬遷稱讚《春秋》説：“約其文辭而指博。”（《史記・孔子世家》）又説：“文成數萬，其指數千。”（《史記・自序》）所謂“數萬”、“數千”，雖然不免有誇張成分，但是，在《春秋》一書中，的確是提出了很多問題，回答了很多的問題，它充分反映了孔子的思想觀點和他在歷史方面和邏輯方面的修養。

孟子説：“孔子成《春秋》而亂臣賊子懼。”孔子説：“知我者其惟《春秋》乎！罪我者其惟《春秋》乎！”（以上兩條俱見《孟子・滕文公下》）司馬遷説：“《春秋》者，禮義之大宗也。”（《史記・自序》）證明孔子作《春秋》所據以判斷是非、善惡的標準，是所謂“禮義”，即周代統治階級的制度和思想。其目的，則是反對所謂“亂臣賊子”而維護當時統治階級瀕於滅亡的舊政權。因此，就其政治態度來説，是保守的。後人雖有“春秋變周”、“爲漢制法”等等説法，我們很難因此就作出《春秋》有革命思想的結論。但是“決嫌疑，别同異，明是非”（《禮記・曲禮上》）這種特點，既爲周禮所固有，也適用於《春秋》（見《史記・自序》），並適用於名辯（見《墨子・小取》）。這實際乃是邏輯思想在幾個不同方面的表現，而孔子在《春秋》領域内，實做出了光輝的成績。

上面所談的偏重在觀點和方法方面，以下還就内容方面，簡單地談談。

《春秋》全書不過一萬多字，裏邊除了記録朝聘會盟，崩薨卒葬，伐戰圍入，蒐狩郊禘等等屬於政治方面和禮俗方面的事情，還特别注意農業，例如記“螽”、“無麥苗”、“大無麥禾”、“冬不雨”、“冬十月不雨”、“正月不雨”、“四月不雨”、“六月雨”、“夏大旱”、“自十有二月不雨，至於秋七月”、“自正月不雨，至秋七月”、“饑”、“有年”等等；注意興築（重勞民），例如記“城中丘”、“築微”、“城諸及防”、“築台于郎”、“築台于秦”、“新作南門”、“築鹿囿”、“城中城”、“城漆”等等；注意天文，例如記“日有食之”、“恒星不見，夜中，星隕如雨”、“隕石于宋五”、“有星孛入于北斗”、“有星孛于東方”等等；注意怪異現象或事迹，例如記“冬多麋”、“秋有蜮”、“秋有蜚”、“沙鹿崩”、“六鷁退飛，過宋都”、“雨螽于宋”、“無冰”、“梁山崩”、“雨木冰”、“獲麟”等等。總之，所記範圍頗爲廣泛。後此司馬遷作《史記》，廣立部門，規模恢宏，當是受了《春秋》的影響。

司馬遷《史記・自序》對於孔子的《春秋》，備加讚揚，他自己儼然以《春秋》的繼承者自居。而《漢書・藝文志》也把《太史公》列入春秋家。這都不是偶然的，它證明《史記》是直接繼承了孔子的史學而加以發展的。孔子作《春秋》實爲中國史學奠定了重要理論基礎。我們應該肯定孔子是中國傑出的史學家。

4.孔子的哲學思想

孔子的哲學思想，於《論語》、《孟子》諸書中可以窺見大略，而最重要的貢獻，則表現在對於《周易》一書的鑽研和傳授上。

孟子說：“孔子，聖之時者也。”（《孟子・萬章下》）用一個“時”字來概括孔子這個人物的本質特點，這不是偶然的，值得我們注意。如果再把孟子所說的“可以仕則仕，可以止則止，可以久則久，可以速則速，孔子也”（《孟子・公孫丑上》），與孔子所説的“我則異于是,無可無不可”結合在一起來考察,則“時”字的意義,更顯得突出。什麽叫做“時”呢?根據上面所引的兩句話來體會,就是客觀條件不同,處理事物的方法也要隨之不同,始終保持主客觀相適應。既不是從主觀願望出發,也不是把客觀事物看作一成不變,那麽這是什麽觀點呢?它不是唯心的和形而上學的觀點,也不能説是什麽第三種觀點,最恰當的稱呼,應該是唯物的和辯證的觀點。當然,孔子在政治問題的看法上,如前所述,是唯心的和形而上學的,他看不見歷史正在發生巨大的變化,還努力去維護過時的社會制度。但是這一點,在其全部思想中,並不占主要地位。因爲孔子平生主要精力,用在文化教育方面,而在這裏邊,新的、正確的和進步的東西,又是占了主導的地位。

談到《周易》,現在學術界也有兩種不正確的看法。第一,不承認《易經》裏面有哲學思想;第二,認爲《易傳》與孔子没有關係。

關於第一種看法,不需繁徵博引,衹舉出兩個最簡單的問題談一談即可。這就是:《易經》有六十四卦,而且《易經》的卦用“九”、“六”名爻。

爲什麽呢?由於《易經》的卦是用“九”、“六”名爻,證明《易傳》的“筮法”也當有據。否則爲什麽稱“九”稱“六”,將無法説明。既然承認了“筮法”與《易經》有不可分割的關係,那麽對於“筮法”的若干辭句,如:

> 天一,地二;天三,地四;天五,地六;天七,地八;天九,地十。
>
> 天數五,地數五。五位相得而各有合,天數二十有五,地數三十,凡天地之數五十有五,此所以成變化而行鬼神也。
>
> 大衍之數五十(當作“五十有五”。今世傳本脱“有五”二字),其用四十有九。分而爲二以象兩。挂一以象三,揲之以四以象四時,歸奇於扐以象閏。五歲再閏,故

> 再扐而後挂。……是故四營而成《易》,十有八變而成卦。八卦而小成。引而伸之,觸類而長之,天下之能事畢矣。

等等,就不能熟視無睹,因爲這些辭句裏邊就含有哲學思想。當然,單從什麼"天"咧,"地"咧,"一"咧,"二"咧這些文字本身,是看不見什麼哲學的。問題在於要看看把這些文字組織在一起之後,裏邊有無哲學思想?例如數字由一到十,這是盡人皆知,没有什麼奇特之處;可是當這十個數字的排列,是一奇一偶,互相對立,依次分爲五組,分别用"天"、"地"二字做符號來表示。以後,接着更依一定的規律而組成"大衍之數",作爲揲蓍求卦的根本,則足以説明問題了。

"大衍之數"在"筮法"裏,肯定是用以表示最後的、絶對的大事物,它是一切事物的根源。從"分而爲二以象兩"和《易傳》另一處所説"易有太極,是生兩儀",可知"太極"、"太一"是代表整個自然界。這"大衍之數"是以"天地之數"爲其構成的基本因素,裏邊徹底地貫穿着對立統一的原則,這怎能説没有哲學呢?

如果承認上述的第一點,即《易經》的六十四卦是原有的東西,那麼就不能不承認《易經》六十四卦的排列次序是有意義的。因爲它是以乾、坤二卦居首,以既濟、未濟二卦居末,六十四卦自始至終都是按照二卦相反或者相對的次序排列的,這就絶非偶然之事。假如承認了《易經》六十四卦的排列具有一定意義,那麼,對《易傳》裏乾、坤二卦居首的説明,例如:

> 乾之策二百一十有六,坤之策百四十有四,凡三百有六十,當期之日。二篇之策萬有一千五百二十,當萬物之數也。
>
> 乾坤其《易》之緼耶!乾坤成列而《易》立乎其中矣。乾坤毁則无以見《易》,《易》不可見,則乾坤或幾乎息矣。
>
> 子曰:乾坤其《易》之門邪!乾,陽物也;坤,陰物也。

陰陽合德，而剛柔有體。以體天地之撰，以通神明之德。

闔户謂之坤，闢户謂之乾，一闔一闢謂之變，往來不窮謂之通。

剛柔相摩，八卦相盪，鼓之以雷霆，潤之以風雨。日月運行，一寒一暑。乾道成男，坤道成女。

等等，就都不能不承認是《易經》原有的意義。因爲它們是如此吻合無間，僅僅用隨意附會或偶然巧合來解釋，是難以令人滿意的。

同樣，《易經》裏關於既濟、未濟二卦居末的説明，例如："物不可窮也，故受之未濟，終焉。"也不能不承認是《易經》原有的意義。

實際《易經》六十四卦的結構，是以乾坤二卦爲門户，"乾坤相並俱生"(《乾鑿度》)，共成一矛盾統一體，以下六十二卦，三十一個環節，是乾坤二卦在變化發展過程中所形成的不同階段，至既濟、未濟而窮，即全部發展過程到此完結。既濟、未濟二卦有承先啟後之意，表明此後將進入新的、更高的階段而向前發展，故云："物不可窮也，故受之以未濟終焉。"(《序卦》)這種思想，又怎能理解爲不是哲學呢?

現在來談《易傳》跟孔子的關係問題，要想解決這個問題，首先需要瞭解《易經》的特點。《易經》是利用落後的卜筮形式來表現先進的哲學内容。這種矛盾是歷史條件所決定的。在殷末周初的歷史條件下，不可能產生全新的、獨立的、科學的哲學。孔子從歷史文化遺産中發現了它，苦心鑽研，把它列入六藝來傳授，並不是一股腦兒都接受過來，而是有批判地繼承和發展了它正確的一面，即它的精華。某些人不理解這一點，偏偏在所謂"象數"(例如"爻辰"、"納甲"等)中繞圈子，把《左傳》裏所記的若干庸俗巫史的説解，奉爲至寶，以爲這才是《易經》固有的東西。其實，這些東西，古則古矣，其奈都是糟粕呵！繼承歷史文化遺産，首應辨明什麼是精華？什麼是糟粕？乃竟棄周鼎而寶康瓠，實屬大惑。

關於《易傳》與孔子的關係，可以從兩個方面來考察。第一，司馬遷之父談，受《易》於楊何，楊何爲漢初傳《易》名儒之一，可見《史記》在《儒林傳》裏所記《易》的傳授始末，和在《孔子世家》所記關於孔子學《易》、傳《易》的事實，都有根據，斷非憑空臆造可比。第二，從思想方面考察，《易傳》云："樂天知命故不憂。"《論語》記孔子語，有"五十而知天命"(《爲政》)，"畏天命"(《季氏》)，"不知命無以爲君子也"(《堯曰》)等等，兩書所言天命，審其思想，完全一致。特别是《論語》説："加我數年，五十以學《易》，可以無大過矣。"(《述而》)《史記·孔子世家》説："假我數年，若是，我于《易》則彬彬矣。"兩個材料的來源雖不必同，而所表述的内容則是一個，尤足以説明孔子與《易》的關係。在這裏要説明一個問題，即有人據魯《論語》"易"作"亦"，而讀爲"加我數年，五十以學，亦可以無大過矣"，用來否認孔子與《易》的關係。肯定説，這是不對的。爲什麽呢？因爲這樣改過之後，則文理不通，且與本書事實不符。具體説，於文法，在他動詞"學"的後邊應該有賓語，否則學什麽不可知，怎能與下文"可以無大過"相連貫？如果説，這衹是一般的學，可以没有賓語，那麽，孔子曾説過"吾十有五而志於學"，這裏又説"五十以學"，將怎麽解釋？反之，如不改"《易》"爲"亦"，則"無大過"與《易傳》説"懼以終始，其要无咎，此之謂易之道也"及"无咎者，善補過也"之義相符。"五十以學《易》"與自述"五十而知天命"之義相符。即這樣原封不動，不但文理通貫，而且字字都有着落。證明從魯《論語》的讀法是錯誤的。又，孟子説"孔子聖之時者也"與《易傳》特别强調"時"的重要意義的思想，正相一致。可見，孔子與《易》的關係是不容否認的。

孔子與《易》的關係，已如上述。那麽《易傳》(包括相傳所謂"十翼")是否爲孔子所作，還有必要加以説明。我們認爲：《易傳》基本上應屬於孔子，但不必爲孔子親手寫定。其中有一部分當是經過孔子鑒定而保存下來的舊説(如"筮法"和"説卦"的一部分)；

有一部分爲孔子所闡發的新義(如《易傳》的主要部分);還有一部分疑是七十子後學的緒言(如《乾文言》的一部分,和"蓋取諸離"等)。後人爲了學習方便,都把它們彙集到了一起。所以《易傳》實具有叢書性質。我們既不能説均爲孔子所作,也不能否定它與孔子的密切關係。今人每好考辨先秦某書爲某人所作。及工作深入以後,就感到有很多問題,不易解決。不但《老子》、《墨子》如此,《莊子》也如此。考辨的結果,衹能作到用似是而非的證據,把著作權從某甲身上剥奪下來,另加在某乙的身上;或者把前一時代的作品,移入後一時代罷了。並没有真正解決問題,不能使人信服。其實,中國古書,"子部"不同於"集部"。例如"集部"的書,標題爲《李太白集》,必須是李白的作品,否則便是假冒。而"子部"的書,卻不如此。標題雖爲某子,實際多是一家之學,不必盡爲某子一人所作。但也不能因此就説此書與某子無關。標題某子,它表明此書的中心思想應屬於他,其中主要部分是某子所著;或其門人弟子所記。這是古書通例。瞭解古書通例如此,就不懷疑孔子與《易傳》的關係了。

孔子的哲學思想如何,目前學術界亦有很大的分歧。這個分歧的焦點在對"天命"、"中庸"這兩個概念的理解和説明上。

"天命"、"中庸"二詞,作爲科學術語來應用,不可否認是有缺陷的。因爲它們在社會上習用已久,必然在某種程度上還保留着舊時含義的殘迹,不能達到十分精確的地步。但問題不在這裏,要知道,對於這兩個概念的理解,貴能求得孔子原來的本意,不得望文生義,穿鑿附會。這個問題的解決,僅靠羅列一些現象是無濟於事的。最重要的,是就這些現象,作進一步的具體分析。區别哪是本質的、基本的、主要的,哪是非本質的、從屬的、次要的。然後進行科學概括而引出正確的結論。這個結論的得出,乃是一個質變或改造的過程,亦即理性認識的過程。僅僅停留在直觀、感性認識的階段上,是不中用的。例如《論語》一書,它本不是孔子的專門著述，而是孔子平日與人酬對偶然留下的隻言片語，我們使用這份材料，更需要進行縝密的研究工作。否則有一條，算一條；有幾條就做出幾條結論，然後簡單地加在一起，結果一看，衹能是"雜拌兒"，還能是什麼東西？即如"天命"問題，《論語》上有時言"天"，有時言"命"，有時又言"天命"，時間、地點、對象、情況，有很多地方不同。這樣在用以説明孔子思想時，就不能等量齊觀，而應辨明其本質的東西。依我們的見解，孔子所説的"五十而知天命"、"畏天命"、"不知命無以爲君子"以及《易傳》的"樂天知命"等等，就是本質的東西。"天"、"命"二詞之含義，應以孟子所説的"莫之爲而爲者，天也；莫之致而至者，命也"(《孟子·萬章》)爲最正確。

孔子説："五十而知天命。"如果把這句話仔細地分析一下，就會看出："天命"是可爲的，但又非盡人皆知，而是一個人的修養必須達到一定程度之後，方能知曉。這樣就排除了"天命"的神秘性，因爲上帝鬼神之類的東西是不可知的。如果這個"知"字，衹表明籠統的、模糊的"知"，可以適用於知上帝鬼神，那麽，孔子又不必到五十，才有此知。總之，把"天命"解釋爲上帝鬼神，無論如何也是説不通的。

《易傳》説"樂天知命"(《繫辭傳》)；"窮理盡性以至於命"(《説卦》)；"君子尚消息盈虚，天行也"(剥卦《彖傳》)；"終則有始，天行也"(蠱卦《彖傳》)，可見在孔子意識裏所瞭解的"天"，是運動的、變化的，且依照"消息盈虚"、"終則有始"的規律進行的。"終則有始"是説明其重複性，"消息盈虚"則是説明其依照辯證的原則向前發展。從其是自然現象而言，叫做"天"；從其是自然規律而言，叫做"命"。孟子所謂"莫之爲而爲"、"莫之致而至"正是言其客觀性。孔子所謂"知命"，也正是要知這個東西。也衹有這樣，它才是可知的。也衹有這樣，它才是一個人必須修養達到一定程度之後，才能知。

至於孔子所謂"天命"，其運動、變化的根本動力何在呢？這可以肯定地回答:在内部而不在外部。《易傳》説"一陰一陽之謂道","陰陽不測之謂神",證明了"道"和"神"即是規律,不在陰陽之外。又,全部《易經》的蓍和卦,雖然錯綜複雜,變化無方,但是始終以天地之數,九六之爻爲其基本内容,整個六十四卦的變化發展,是從乾坤二卦開始的。這説明了《易經》的哲學思想,亦即孔子的哲學思想,認爲事物發展的根本動力不在外部,而在於事物自身的内在矛盾。

下面還要説明幾個問題:①孔子的自然觀;②孔子的"命"與老子的"道"的異同;③《論語》所言感性知識和理性知識的關係。因爲這幾個問題有助於判明孔子的哲學思想。

《論語·陽貨》裏説:"天何言哉?四時行焉,百物生焉。天何言哉?"這句話,最能説明孔子的自然觀。如再把這句話,同《周易》裏面的哲學思想對照起來看,那就更容易瞭解。

《易傳》解釋《易經》六十四卦的結構説:"乾之策二百一十有六,坤之策百四十有四,凡三百六十,當期之日。二篇之策萬有一千五百二十,當萬物之數也。"這裏所謂"當期之日"與孔子所説的"四時行焉"思想是一致的。乾卦卦辭的"元亨利貞",先儒用春夏秋冬來理解,是有根據的。《繫辭傳》説"剛柔相摩,八卦相盪,鼓之以雷霆,潤之以風雨。日月運行,一寒一暑",也是説明六十四卦全部結構的意義。"剛柔相摩",是指變化開始的乾坤二卦而言。"八卦相盪",是指其餘六十二卦的變化發展情況而言。"一寒一暑",就是"四時行焉"之意。乾坤二卦當"一寒一暑",亦即"四時",亦即"期"。以下每兩卦,例如屯和蒙,需和訟等,都當"一寒一暑",同樣也都是"四時",也都是"期"。這不正是所謂"四時行焉"嗎?《易傳》所謂"當萬物之數",與孔子説"百物生焉"的思想是一致的。"百"、"萬"二字都表示多的意思,没有本質上的差别。《序卦》説:"有天地,然後萬物生焉。""天地"是指乾坤二卦而言,"萬物"則是指其餘諸卦而言(包括乾坤在内)。又《繫辭傳》所引"日月運行,一寒一暑”,下緊接着便是“乾道成男,坤道成女”,也寓有“百物生焉”之意。可見孔子思想與《周易》思想吻合無間是不容否認的。又,《易》的“筮法”經過“分二”、“揲四”、“歸奇”幾道手續之後,才產生出“爻”和“卦”,實質上也是“四時行焉,百物生焉”之意。還有《易傳》説:“終則有始,天行也。”“君子尚消息盈虚,天行也。”“是以明天之道。”等等,這裏所稱的“天行”、“天道”、亦即發展規律,但它是怎樣被發現的呢? 可以肯定地回答,也由於“四時”。當然,從今天看來,知道“四時”,算不了什麼學問,而在古代則不然,這乃是一種很大的學問。因爲古人認識自然規律,首先是從天文曆算開始的,它與人們的生產和生活的關係特別密切。没有自然科學作基礎,就不可能建立起唯物主義的世界觀。孔子所説“天何言哉? 四時行焉,百物生焉。天何言哉”這句話,不正是反映了孔子唯物主義的自然觀嗎?

現在來談孔子的“命”與老子的“道”的異同。我們認爲,孔子的“命”與老子的“道”,均是指客觀規律而言。但在對“命”或“道”與自然界的關係上,二人卻大不相同,而這一點又極爲重要,它反映了二人兩種不同的世界觀。

老子説:“道生一,一生二,二生三,三生萬物。”又説:“天下萬物生於有,有生於无。”這個“一”是什麼呢? 它代表存在,自然界,有,亦即代表物質。人們能否看着、聽着或摸着,卻没有關係。總之,它是實有。至於“道”則不然,它乃是“无”。因此“道生一”的過程,乃是“无”生“有”的過程。這在“天下萬物生於有,有生於无”這句話裏,説得更爲明白。很明顯,這一命題是從老子自發的辯證思想,“有无相生,難易相成,長短相較,高下相傾,音聲相和”的公式邏輯地引申出來的。他相信“有”不能長久不變。“有”一定是從“无”產生出來的,將來也一定會變成“无”。當然,應用這個公式來解釋日常事物,無疑是對的。我們日常説生死、存亡,都是指此種意義而言。但是,如果把這個公式應用於解釋哲學上的根本問題,認爲物質也可以消滅,那將是荒謬絶倫的事,那即是唯心論。而老子正是這様,所以他是唯心論者。

孔子的見解,與老子根本不同。依《易傳》的解釋,宇宙的根源就是“有”。宋儒張載説:“大《易》不言有無,言有無者,諸子之陋也。”(《正蒙·大易》)真是説到了問題的本質。《易傳》説:“易有太極,是生兩儀。”這在老子,相當於“一生二”,至於“一”從何而來?這個問題,在《易傳》裏不但没有討論,也没有提出。宋儒周敦頤作《太極圖説》,開頭衹説了一句“無極而太極”,便已面目全非。儘管下面引了許多《周易》詞句,它已經不是《周易》的觀點,而變成老子的觀點了。宇宙最初根源是“有”還是“无”,這一點非常重要,它正是唯物與唯心的分界所在,不容忽視。

正由於孔、老二人的根本觀點不同,所以表現在對許多具體問題的看法和辦法上也全然不同。簡單説,即:老子主張“无爲”,而孔子主張“有爲”;老子崇尚“玄同”,而孔子强調“名分”;老子提倡“絶學”,而孔子最重“好學”;老子重“一”,而孔子尚“博”;老子貴“柔弱”,而孔子重“剛毅”;老子反對仁義禮樂,而孔子提倡仁義禮樂;老子所嚮往的是“小國寡民”的社會,即原始社會,而孔子所夢寐以求的是三代盛世,即奴隸社會。後人喜稱老子之學爲“黄老”,孔子之學爲“周孔”,深可玩味。實質上黄帝爲原始社會的代表,周公爲奴隸社會的代表,“黄老”與“周孔”的思想,正代表中國歷史上兩個不同的時代。從政治態度來説,孔子還有某些進步性,而老子則完全是反動。傳到後世,孔子思想遂爲封建社會統治階級所利用,而老子這個人物,竟成了道教崇拜的偶像,這不是偶然的事,其根本所在,是由於二人的思想觀點不同。即從根本上説,老子是唯心論的思想家,孔子是唯物論的思想家。

下面再就《論語》一書,簡單地談一談孔子對待感性認識和理性認識的態度。例如,孔子説:“告諸往而知來者”(《學而》),“溫故而知新”(《爲政》),“予一以貫之”(《衛靈公》),“學而不思則罔,思而不學則殆"(《爲政》),"質勝文則野,文勝質則史。文質彬彬,然後君子"(《雍也》),"君子欲訥于言而敏于行"(《里仁》)。從這些例子中,可以明顯地看出,孔子是把"往"、"故"、"多"、"學"、"質"、"行"等劃爲一個範疇,把"來"、"新"、"一"、"思"、"文"、"言"等劃爲另一個範疇。在説明這兩者的關係時,他是特別强調前者,認爲前者是後者的基礎;但也不輕視後者,認爲前者一定要發展爲後者。實際這就是承認了感性認識("往"、"故"、"多"、"學"等)是理性認識的基礎,它可以經過提高發展到理性認識("來"、"新"、"一"、"思"等)。這樣認識問題的方法,不正是唯物的、辯證的嗎？當然,不能否認,這種認識還是自發的、不徹底的。不過,這是時代的限制,這一點我們不能苛求古人,我們不能用今天馬克思主義認識論的尺度去衡量古人。因爲在馬克思主義產生之前,世界上没有一個完整的、徹底的辯證唯物主義者。

關於"中庸",其實質是:要求處理一切事物時能做到"時中",反對"過"和"不及"。但這個"中",不是無原則的"中",而是有原則的"中",是"時中",是有"權"的"中"。下面引述幾個例證並加之分析。

《中庸》載:"子曰:'道之不行也,我知之矣;知者過之,愚者不及也。道之不明也,我知之矣;賢者過之,不肖者不及也。'"

《論語》載:"子貢問:'師與商也孰賢?'子曰:'師也過,商也不及。'曰:'然則師愈與?'子曰:'過猶不及。'"(《先進》)

又,"子路問:'聞斯行諸?'子曰:'有父兄在,如之何其聞斯行之?'冉有問:'聞斯行諸?'子曰:'聞斯行之。'公西華曰:'由也問聞斯行諸,子曰,'有父兄在。'求也問聞斯行諸,子曰,'聞斯行之。'赤也惑,敢問。'子曰:'求也退,故進之;由也兼人,故退之。'"(《論語·先進》)

綜上所述,可以看出,孔子所言的"中",並非像某些人所理解的那樣,即以爲無"過"和"不及",就是要人保持中間位置,從而把

"妥協"、"調和"、"折中"等罪名,全部加在"中庸"頭上。這實際是對"中庸"的誤解。其實,這乃是"不及",並不是"中"。鄭玄解釋"中庸"説:"以其記中和之用也。庸,用也。"《中庸》説:"喜怒哀樂之未發,謂之中;發而皆中節,謂之和。中也者,天下之大本也;和也者,天下之達道也。"故"中"實兼"中"、"和"二義。喜怒哀樂未發之"中"是方位詞,今讀平聲。發而中節的"中"(即"和")是動詞,今讀去聲。前者所説明的問題,限於主觀一方面,而後者所説明的問題,則是主觀與客觀的關係。主觀與客觀的關係有兩種,其一,是一致;另一,是不一致。一致即所謂"中",不一致即所謂"過"或"不及"。當然要求主觀與客觀一致不一定能做到主觀與客觀一致,做到主觀與客觀一致,不一定能完全做到主觀與客觀一致。不過,提出"中"來,即提出主觀與客觀一致,作爲奮鬥目標,是可以允許的,並且是正確的。今人做工作,常用"火候"來形容。這是最好的形容。做工作實際也像烹調飲食一樣,縱然方向、辦法都對頭,如果火候不到或者做得過火,也做不好,或者還會把事情做壞。火候不到,就是孔子所説的"不及",過火就是孔子所説的"過",做得恰到好處,就是孔子所説的"中",時中的裏邊就有辯證法和唯物論,因爲客觀事物是隨着時間、地點和條件的不同而不斷發生變化的,主觀的計畫、方案也必須隨之不斷變化,然後才能達到主觀與客觀一致。孔子提出"時中"作爲行動指南,而反對"過"和"不及",説明他懂得這一點,而這一點正符合辯證法和唯物論的精神。

通過上面這些對孔子哲學思想的論述,我們可以得出如下的結論:孔子是一個傑出的哲學家,他的世界觀是辯證的和唯物的。同時也需指出他是不徹底的。因爲一接觸到社會生活,他就倒向了形而上學和唯心主義,特别是他的政治觀點尤其是這樣,當時的社會歷史正在發生巨大的變化,可是他還極力地去維護過時的社會制度,所以從他的根本的政治立場來看,不能説不是落後、保守的。但是,孔子不是一個政治家,而是一個教育家,如果仔細比較一下,他一生從事於教育活動的時間是多於政治活動的,而其教育思想中的正確的、進步的東西是大於政治思想錯誤的、落後的東西的。所以我們有理由說,孔子世界觀中唯物主義和辯證法是居於主導地位的。

5. 孔子的思想實質及其對後世的影響

上面我們從幾個方面論述了孔子的思想,可是他這些思想的實質是什麼呢? 没有交代。現在就來談這個問題。

依我們的看法,從根本上説,孔子是落後的生產關係的代表者,是舊奴隸主貴族階級利益的代表者。這從下面的論證中可以看得出來。

(1)從儒家言論本身來看,例如《論語》:“周監於二代,郁郁乎文哉,吾從周。”(《八佾》)“文王既没,文不在兹乎?”(《子罕》)《孟子》:“仲尼之徒無道桓文之事者,是以後世無傳焉。”(《梁惠王上》)《荀子》:“仲尼之門人,五尺之豎子言羞稱乎五伯。”(《仲尼篇》)孔子仰慕周道,自不待説了,而孟子、荀子所稱的王制,也是指所謂禹湯文武周公之道,實質都是代表奴隸制度。

(2)從道家批評儒家的言論來看,例如《莊子》:“夫六經,先王之陳迹也,豈其所以迹哉! 今子之所言,猶迹也。夫迹,履之所出,而迹豈履哉!”(《天運》)“今而夫子,亦取先王已陳芻狗,聚弟子遊居寢臥其下。……古今非水陸與? 周魯非舟車與? 今蘄行周於魯,是猶推舟於陸也,勞而無功,身必有殃。”(《天運》)

(3)從墨家批評儒家的言論來看,例如《墨子》:“儒者曰:‘君子必服古言然後仁。’應之曰:‘所謂古之言服者,皆嘗新矣。’”(《非儒下》)

(4)從法家批評儒家的言論來看,例如《韓非子》:“今世儒者之説人主,不言今之所以爲治,而語已治之功;不審官法之事,不察姦邪之情,而皆道上古之傳譽,先王之成功。”(《顯學》)“夫嬰兒相與戲也,以塵爲飯,以塗爲羹,以木爲胾;然至日晚必歸餉者,塵飯塗

羹可以戲而不可食也。夫稱上古之傳頌，辯而不慤，道先王仁義而不能正國者，此亦可以戲而不可以爲治也。”(《外儲説左上》)

(5)從漢人評述儒家的言論來看，例如《淮南子》:“孔子修成康之道，述周公之訓，以教七十子，使服其衣冠，修其篇籍，故儒者之學生焉。”(《要略》)《史記》:“孟軻……道既通，遊事齊宣王，宣王不能用。適梁，梁惠王不果所言，則見以爲迂遠而闊於事情。當是之時，秦用商君，富國强兵；楚、魏用吴起，戰勝弱敵；齊威王、宣王用孫子、田忌之徒，而諸侯東面朝齊。天下方務于合縱連衡，以攻伐爲賢，而孟軻乃述唐、虞三代之德，是以所如者不合。退而與萬章之徒，序《詩》《書》，述仲尼之意，作《孟子》七篇。”(《孟子荀卿列傳》)

從上述這五個方面來看，我們可以十分肯定地作出這樣的結論，即孔子在當時代表落後的生産關係，即奴隸制的生産關係。

因此，我們評價孔子，就不能簡單化，而要堅持具體地分析具體問題的原則。大體説，孔子在教育、史學、哲學等方面都有卓越的貢獻。從這些方面的思想來考察，可以看到這裏邊確實存在着大量的樸素的唯物論和自發的辯證法。特别是孟子以“聖之時者也”給孔子評價，而孔子自己也説“我則異於是，無可無不可”，更鮮明地證明了這一點。但孔子平生所説教的絶大部分不超出倫理道德的範圍，而這些東西基本上又都是舊的。儘管在政治上也有若干的積極因素，但頂多也衹不過是改良主義，絶對談不到是革命派，所以就其立場來説，主導方面還是站在奴隸主的立場上，替奴隸主説話。

既然孔子的思想是代表舊奴隸主貴族的階級利益的，那爲什麽在中國封建社會還長期居於統治地位呢？這是否與孔子在當時代表奴隸制度生産關係的説法有牴觸呢？我們認爲並没有牴觸，理由如下：“任何思想體一經發生後，便與現存全部觀念相聯結而發展起來，並對現存觀念作着進一步的加工。”①

(1)從理論上看

甲、恩格斯説：“任何意識形態一經産生，就同現有的觀念材料相結合而發展起來，並對這些材料作進一步的加工。”②馬克思又説：“基督教的社會原則曾爲古代奴隸制進行過辯護，也曾把中世紀的農奴制吹得天花亂墜。”③這兩段話，正可用來從理論上説明孔子思想爲什麼在中國封建社會居於統治地位的問題。

乙、奴隸制與封建制有很多共同的東西。例如，神權、政權、族權、夫權，儘管在表現形式上有若干差異，應該説，這就是兩個社會共同的東西。我們知道孔子所講的大都屬於道德倫理的範疇，它們都與如何鞏固神權、政權、族權、夫權的統治有關。所以它們既可以爲奴隸制的政治服務，也可以繼續爲封建制的政治服務。

(2)從事實上看

甲、《史記・秦始皇本紀》記焚書説：“若有欲學法令，以吏爲師。”這實際是貫徹了商鞅、韓非的主張。(《韓非子・五蠹》説：“明主之國，無書簡之文，以法爲教；無先王之語，以吏爲師。”又《和氏》説：“商君教秦孝公以連什伍，設告坐之過，燔詩書而明法令。”)在政治上是法家思想戰勝百家思想，首先是儒家思想的標誌，在社會制度上是封建制代替奴隸制的表現。

乙、《史記・秦始皇本紀》記坑儒説：“始皇長子扶蘇諫曰：‘天下初定，遠方黔首未集，諸生皆誦法孔子，今上皆重法繩之，臣恐天下不安。’”這在表面上是儒法兩種學派思想的鬥争，而實際上乃是兩種社會制度，即封建制與奴隸制之間的衝突的反映。

丙、《史記・儒林列傳》説：“然孝文帝本好刑名之言。及至孝

① 恩格斯：《費爾巴哈和德國古典哲學的終結》，人民出版社，1955年，第64頁。

② 恩格斯：《費爾巴哈和德國古典哲學的終結》，人民出版社，1955年，第64頁。

③ 馬克思、恩格斯：《馬克思恩格斯全集》第四卷，人民出版社，1958年，第218頁。

景，不任儒者，而竇太后又好黄老之術。"這是説明漢初占統治地位的是法家思想，而不是儒家思想。

丁、最易令人迷惑的是漢武帝的"罷黜百家，表章六經。"如《史記·儒林列傳》所説："黜黄老、刑名百家之言，延文學儒者數百人，而公孫弘以《春秋》白衣爲天子三公，封以平津侯。"假如我們不以看到表面現象爲滿足，而再進一步深入研究，便會發現武帝時當權的是趙禹、張湯、杜周這一批人，而不是董仲舒、申培、轅固等儒者。公孫弘表面雖以《春秋》進，實際他是"少時爲薛獄吏"，"習文法吏事，而又緣飾以儒術"（《史記·平津侯列傳》）"曲學以阿世"，"希世用事，位至公卿。"（《史記·儒林列傳》）也就是説，表面上他披着一層儒者外衣，而實質上還是屬於法家一流。

戊、最明顯的應引起人們注意的是漢宣帝訓誡他兒子的一番話。他説："漢家自有制度，本以霸王道雜之，奈何純任德教，用周政乎？且俗儒不達時宜，好是古非今，使人眩於名實，不知所守，何足委任？"（《漢書·元帝紀》）這裏，漢宣帝毫無掩飾地道出了封建統治者統治的秘訣。

己、後世誠然尊重孔子，功令限制讀儒家經典，但是有一個事實必須看到，即一貫是學用不一致，嚴重地脱離實際。平日讀的是四書、五經，但一旦做官從政，則需另學一套，首先是律，所用還是法家的東西，這也是衆所周知的事實。

從上面這些事實來看，孔子思想在中國封建社會之所以能夠長期存在，並有鉅大的影響，除了它能爲統治階級統治人民繼續服務之外，還有一個麻醉人民的作用。所以歷代統治者多采取"外儒内法"的統治措施，這也是它能得以世代相傳的緣由。

二、孟子

1. 對近人某些著作中關於孟子思想看法的商討

我們認爲評述一個思想家的思想,主要應該依據這個思想家自己的作品,而不應該依據同時人或後代人對思想家的批評。在論述孟子的思想時,也當以《孟子》一書爲主,而不應從《荀子·非十二子》對孟子所作的評語出發。但是,近人的某些著作中卻放棄了這一原則。例如:

侯外廬同志等所編《中國思想通史》第1卷裏説:

"在《非十二子》篇,荀子對於孔子以來的儒家,把子張、子夏、子游諸氏分在一系,而把子思、孟軻另分在一系,關於後者,他説:'略法先王而不知其統;猶然而材劇志大,聞見雜博;案往舊造説,謂之'五行';甚僻違而無類,幽隱而無説,閉約而無解。案飾其辭而祗敬之曰:'此真先君子之言也。'子思唱之,孟軻和之。世俗之溝猶瞀儒,嚾嚾然不知其所非也,遂受而傳之,以爲仲尼、子游爲玆厚於後世,是則子思孟軻之罪也。'上面的一段話是荀子對於子思、孟軻學派性的總括説明。"①

又,郭沫若同志所著《十批判書》裏説:

"思、孟所造的五行説,在現存的思、孟書——《中庸》、《孟子》——裏面,雖然没有顯著的表現,但也不是全無痕迹。《中庸》首句:'天命之謂性。'注云:'木神則仁,金神則義,火神則禮,水神則智,土神則信。'章炳麟謂'是子思遺説'(見章著《子思、孟軻五行説》),大率是可靠的。孟子説:'惻隱之心人皆有之,羞惡之心人皆有之,恭敬之心人皆有之,是非之心人皆有之。惻隱之心仁也,羞惡之心義也,恭敬之心禮也,是非之心智也。仁義禮智非由外鑠我也,我固有之也。'(《告子上》)又説:'無惻隱之心非人也,無羞惡之心非人也,無辭讓之心非人也,無是非之心非人也。惻隱之心仁之端也,羞惡之心義之端也,辭讓之心禮之端也,是非之心智之端也。

① 侯外廬,趙紀彬,杜國庠:《中國思想通史》第一卷,人民出版社,1957年,第370頁。

人之有是四端也，猶其有四體也。'(《公孫丑上》)又説：'君子所性，仁、義、禮、智根於心。'他把仁、義、禮、智作爲人性之固有，但少了一個'信'，恰如四體缺少了一個心。然而在孟子學説系統上並没有缺少，'信'就是'誠'了。他説：'仁之于父子也，義之於君臣也，禮之於賓主也，智之於賢者也，聖人之于天道也，命也，有性焉，君子不謂命也'(《盡心下》)。這兒與仁、義、禮、智爲配的是'天道'。'天道'是什麼呢？就是'誠'。'誠者天之道也，思誠者人之道也，至誠而不動者未之有也，不誠未有能動者也。'(《離婁下》)其在《中庸》，則是説：'誠者天之道也，誠之者人之道也，誠者不勉而中，不思而得，從容中道，聖人也。'這'從容中道'的聖人，也就是'聖人之于天道'的説明，是'萬物皆備於我矣，反身而誠，樂莫大焉'的做人的極致。再者，誠是'中道'，這不合乎'土神則信'，而土居中央的嗎？子思、孟軻都强調'中道'，事實上更把'誠'當成了萬物的本體，其所以然的原故不就是因爲誠信是位於五行之中極的嗎？故而在思、孟書中雖然没有金、木、水、火、土的五行字面，而五行系統的演化確實是存在着的。"①

上述這些論點顯然是不合《孟子》原書的本意的。因爲在《孟子》書中祇言"四端"，而未曾言什麼"五行"，這當是衆所公認之事。相反，在《荀子》書中關於"五"的概念卻屢見不鮮，如"五色"、"五聲"、"五味"(《勸學》)，"五綦"(《王霸》、《正論》)，"五官"(《天論》、《正名》)等等。接着辯者"有諸己不非諸人"(《墨子·小取》)的原則，縱令孟子真講"五什麼"，荀子也没有非難的理由，更何況孟子未嘗講過呢！可見《荀子·非十二子》對子思、孟軻之評語，是不足爲據的。更令人不能贊同的是，硬把"誠"字加入"四端"，湊足五數，强記在孟子的帳上，説什麼"五行系統的演化確實是存在着

① 郭沫若：《儒家八派的批判》，載《十批判書》，新文藝出版社，1952年，第133～134頁。

的"。這種不合乎事實的做法,也是難以令人信服。

另外,還須指出的是,決定一個思想家思想的,是他所處的階級地位和歷史條件。過分强調學派思想的繼承性和師生關係,是不合適的。因此,説"曾子與思、孟的思想的確是在一條綫上發展的"的論點(侯外廬語),也是值得商討的。

2.孟子的天命观

在《孟子》七篇中,談到心、性、天、命、誠等問題的地方很多,這是他不同於孔子之處,也是他思想觀點的特色。與孟子相比較,孔子在這方面談得就極少,所以道家批評孔子的學術時説:"吾聞中國之君子,明乎禮義而陋于知人心。"(《莊子·田子方》)孔子的弟子們也説:"夫子之文章可得聞也,夫子之言性與天道不可得而聞也。"(《論語·公冶長》)但我們能否因爲孟子在這方面談得較多,就認爲他是唯心主義的思想家呢?正確的回答,應該是不可以。我們認爲這正是他對儒家學説的進一步發展。

孟子之所以着重地探討了上述幾個問題,是因爲他看到了心、性、天、命對實踐有着重要的指導意義。荀子説:"孟子三見宣王不言事。門人曰:'曷爲三遇齊王而不言事?'孟子曰:'我先攻其邪心。'"(《荀子·大略》)他自己也説:"惟大人爲能格君心之非。君仁,莫不仁;君義,莫不義;君正,莫不正。一正君而國定矣。"(《孟子·離婁上》)同時也是由於他認識到了心、性、天命三者之間的關係,《孟子·盡心上》又説:"盡其心者,知其性也。知其性,則知天矣。存其心,養其性,所以事天也。夭壽不貳,修身以俟之,所以立命也。"

在對天、命等問題的理解上,孟子首先排斥了鬼神的存在,否定了它的神秘性,説明了它的客觀性質。他説:"莫之爲而爲者,天也;莫之致而至者,命也。"(《孟子·萬章上》)其次在人和天、命之間的關係上,他還認爲在一定的限度内,人可以發揮主觀能動作用。這不同於道家否定人的主觀能動性,也不同于墨家不承認有命(《墨子·非命》),即不承認有客觀規律的存在。孟子説:“盡其道而死者,正命也;桎梏死者,非正命也。”(《盡心上》)“求則得之,舍則失之,是求有益於得也,求在我者也。求之有道,得之有命,是求無益於得也,求在外者也。”(《盡心上》)“口之於味也,目之於色也,耳之於聲也,鼻之於臭也,四肢之于安佚也,性也,有命焉,君子不謂性也。仁之于父子也,義之於君臣也,禮之於賓主也,知之於賢者也,聖人之于天道也,命也,有性焉,君子不謂命也。”(《盡心下》)這裏孟子所區分的“正命”和“非正命”,“求在我”和“求在外”,“性也,有命焉,君子不謂性也”和“命也,有性焉,君子不謂命焉”,正是對上述論點的最好説明。

假如把孟子對天命的看法,與孔子和荀子對天命的看法進行一下比較,就會發現他們的天命觀是一致的。如孔子説“五十而知天命”(《論語·爲政》),“畏天命”(《論語·季氏》),“見義不爲,無勇也”(《論語·爲政》),“天下有道,丘不與易也”(《論語·微子》)。荀子説:“節遇謂之命”(《荀子·正名》),“知命者不怨天”(《荀子·榮辱》),“從天而頌之,孰與制天命而用之。”(《荀子·天論》)由此可見,儒家學者的天命觀都是唯物的和辯證的。

下面補充説明一點,近年來有人把《孟子》書中所言的“誠”,看作是唯心論觀點的證據。這種看法,我們不能同意。與此相反,我們倒認爲這是唯物論觀點的反映。

孟子説:“誠身有道,不明乎善,不誠其身矣。”(《孟子·離婁上》)又説:“誠者,天之道也;思誠者,人之道也。至誠而不動者,未之有也;不誠,未有能動者也。”(《孟子·離婁上》)須知,孟子所説的“誠身”,是以“明善”爲前提的,這怎麼能説是唯心論呢?另外,關於“誠”,按《中庸》的説法:“誠者物之終始,不誠無物。”更得不出唯心論的結論。因爲儒家這個“誠”字,正與道家的“無”字一樣具有同等重要意義。這裏反映了他們兩家對於宇宙根源的看法。把認爲宇宙根源是“虚無”的斷爲唯物論,把認爲宇宙根源是“實有”

的斷爲唯心論。這種看法,無論如何,我們是不能信服的。

另外,再把孟子所言的"誠"與荀子所言的"誠"作一番比較,也可以看出他們的説法並無區别。荀子説:"君子養心莫善於誠,致誠則無他事矣,惟仁之爲守,惟義之爲行。誠心守仁則形,形則神,神則能化矣;誠心行義則理,理則明,明則能變矣。變化代興,謂之天德。天不言而人推高焉,地不言而人推厚焉,四時不言而百姓期焉。夫此有常,以至其誠者也。君子至德,嘿然而喻,未施而親,不怒而威。夫此順命,以慎其獨者也。善之爲道者,不誠則不獨,不獨則不形,不形則雖作於心,見於色,出於言,民猶若未從也,雖從必疑。天地爲大矣,不誠則不能化萬物;聖人爲知矣,不誠則不能化萬民……"(《荀子·不苟》)這種説法,同孟子和《中庸》的説法本來沒有什麼區别的。然而近年來卻有人把荀子説成是唯物論的頂峰,而把孟子説成是唯心論,這種論點也是難以令人信服的。

3.孟子的人性論——性善説

"道性善"是孟子學説的特點。爲了正確地瞭解這個學説的實質,我們將從如下幾個方面來説明。

(1)對象

孟子所言"性善"的對象衹限於人,不包括禽獸及其他生物,無生物在内。這一點與告子所説的"生之謂性"的觀點不同。另一方面,它也不是論述一定社會的内部,這一部分人同那一部分人在性格上有什麼差異的問題。這一點又與我們所説的階級性有異。至於人類到底有沒有共性?亦即有沒有一般的人類性問題,今天有些人還在爭論,這方面我們也沒有成熟的意見。不過從《孟子》書裏來看,孟子所論述的確是人類性,這還是可以斷言的。

孟子説:"人之所以異於禽獸者幾希?"(《離婁下》)"如此,則與禽獸奚擇哉?"(離婁下)又説:"然則犬之性猶牛之性,牛之性猶人之性與?"(《告子上》)又説:"故凡同類者,舉相似也,何獨至於人而疑之?聖人,與我同類者。故龍子曰:'不知足而爲屨,我知其不爲蕢也。’屨之相似,天下之足同也。口之於味,有同耆也;易牙先得我口之所耆者也。如使口之於味也,其性與人殊,若犬馬之與我不同類也,則天下何耆皆從易牙之於味也?至於味,天下期於易牙,是天下之口相似也。惟耳亦然。至於聲,天下期於師曠,是天下之耳相似也。惟目亦然。至於子都,天下莫不知其姣也。不知子都之姣者,無目者也。故曰,口之於味也,有同耆焉;耳之於聲也,有同聽焉;目之於色也,有同美焉。至於心,獨無所同然乎?心之所同然者何也?謂理也,義也。聖人先得我心之所同然耳。故理義之悦我心,猶芻豢之悦我口。”(《告子上》)

(2)特點

孟子説:“大人者,不失赤子之心者也。”(《離婁上》)又説:“人之所不學而能者,其良能也;所不慮而知者,其良知也。”(《盡心上》)又説:“人皆有不忍人之心,……所以謂人皆有不忍人之心者,今人乍見孺子將入于井,皆有怵惕惻隱之心——非所以内交于孺子之父母也,非所以要譽于鄉黨朋友也,非惡其聲而然也。由是觀之,無惻隱之心,非人也;無羞惡之心,非人也;無辭讓之心,非人也;無是非之心,非人也。惻隱之心,仁之端也;羞惡之心,義之端也;辭讓之心,禮之端也;是非之心,智之端也。人之有是四端也,猶其有四體也。”(《公孫丑上》)以上就是孟子主張“性善説”的理論根據。

但是其學説到此並没有完結,因爲孟子認爲:人之具有“赤子之心”、“良能”、“良知”、“四端”等,還衹是“性善”的開始,如果想達到完美的“性善”境界,還必須靠修養,靠學習,即他所説的“擴而充之”,所以孟子非常地强調學習。這就是説,他對人的認識這一問題的看法,既承認先天秉賦——内在因素的主導作用,又不忽視後天修養——外部條件的重要影響。例如他説:

> 富歲,子弟多賴;凶歲,子弟多暴,非天之降才爾殊也,其所以陷溺其心者然也。今夫麰麥,播種而耰之,其

地同,樹之時又同,浡然而生,至於日至之時,皆熟矣。雖有不同,則地有肥磽,雨露之養,人事之不齊也。(《告子上》)

牛山之木嘗美矣,以其郊於大國也,斧斤伐之,可以爲美乎?是其日夜之所息,雨露之所潤,非無萌櫱之生焉,牛羊又從而牧之,是以若彼濯濯也。人見其濯濯也,以爲未嘗有材焉,此豈山之性也哉?雖存乎人者,豈無仁義之心哉?其所以放其良心者,亦猶斧斤之於木也,旦旦而伐之,可以爲美乎?其日夜之所息,平旦之氣,其好惡與人相近也者幾希,則其旦晝之所爲,有梏亡之矣。梏之反覆,則其夜氣不足以存;夜氣不足以存,則其違禽獸不遠矣。人見其禽獸也,而以爲未嘗有才焉者,是豈人之情也哉?故苟得其養,無物不長;苟失其養,無物不消。(同上)

西子蒙不潔,則人皆掩鼻而過之;雖有惡人,齊戒沐浴,則可以祀上帝。(《離婁下》)

凡有四端於我者,知皆擴而充之矣,若火之始然,泉之始達。苟能充之,足以保四海;苟不充之,不足以事父母。(《公孫丑上》)

孟子這些説法,是與道家截然不同的。道家雖然也説:“專氣致柔能嬰兒乎?”(《老子》十章),“含德之厚,比於赤子”(同上,十五章),但是他們在認識上,“赤子之心”是起點,同時也是終點,人們不需要在赤子的基礎上再前進一步。如老子説“絶學无憂”,“絶聖棄智”就是證明。而孟子則認爲“赤子之心”衹是人認識的起點或根據。

另一方面,孟子這種觀點,也與荀子不同。荀子過分地强調外部條件的作用,而不承認内因是變化的依據,外因必須通過内因來起作用,所以荀子有“人性惡”的主張。

綜上所述，可見在對人性的認識和看法上，老子和荀子都存在極大的片面性，均不如孟子的主張更接近於真理。

(3)意義和作用

孟子之所以把心性問題，提到一個非常重要的地位上來論述，是他認爲人的思想意識能夠指導實踐。如他說："生於其心，害於其政；發于其政，害於其事。聖人復起，必從吾言矣。"(《公孫丑上》，《滕文公下》作"作於其心，害於其事；作于其事，害於其政。聖人復起，不易吾言矣"。)是其證明。同時孟子還認爲"心之官"與"耳目之官"二者的作用不同，一人之身有小體大體之分。例如《告子上》載："公都子問曰：'均是人也，或爲大人，或爲小人，何也？'孟子曰：'從其大體爲大人，從其小體爲小人。'曰：'均是人也，或從其大體，或從其小體；何也？'曰：'耳目之官不思，而蔽於物。物交物，則引之而已矣。心之官則思，思則得之，不思則不得也。此天之所與我者。先立乎其大者，則其小者弗能奪也。'"

(4)簡評

甲、不能把孟子的"性善論"理解爲唯心論，特别是在他所談的關於修養的那一方面，更是如此。這除了在前面談到特點時有所涉及以外，首先表現在他主張先應該使人民有固定的產業，以免於饑寒的痛苦，然後才能談到教導人民趨於"禮義"。他說："民之爲道也，有恒產者有恒心，無恒產者無恒心。"(《滕文公上》，亦見《梁惠王上》，原文爲"無恒產而有恒心者，惟士爲能。若民，則無恒產，因無恒心"。)這種以物質前提爲意識形態之本的看法，顯然是唯物論的觀點。

其次，孟子自述"不動心"是"知言"和"養浩然之氣"的結果。談到"知言"的時候，他說："詖辭知其所蔽，淫辭知其所陷，邪辭知其所離，遁辭知其所窮。"(《公孫丑上》)就文字來說，當然衹限於言辭，即學說或理論。意思說他既能識别各種不同錯誤言論的性質，又能洞察產生這些錯誤的原因。但是就它的意義來說，則實包括對於全部客觀事物的認識。孟子的"不動心",是以"知言"爲一個必要的前提條件,這足以説明他不是唯心論。又,孟子的"不動心",還有一個必要的前提條件,即"養氣"。孟子對於他所謂的"浩然之氣"如何養法,也曾作過比較詳細的説明。即"其爲氣也,至大至剛,以直養而無害,則塞於天地之間。其爲氣也,配義與道;無是,餒也。是集義所生者,非義襲而取之也。行有不慊於心,則餒矣。"(同上)大意是説,這種"浩然之氣"的養法,從積極的方面來説,要"以直養";從消極的方面來説,要"而無害"。什麼叫做"以直養"呢?"以直養"是從内部根據這個角度來看問題的。孟子認爲養應該就原來本有的東西而加以發展,這就叫做"以直養"。"而無害"是從外部條件這個角度來看問題的。比如,大豆種在田裏,是可以長得很好的。但是如果生出來以後而遭到冰雹霜凍,或人畜踐踏,也是長不好的。所以,光有"以直養"還不夠,必須更注意"而無害"。"其爲氣也,配義與道"是説這個氣的本質特點。"是集義所生者,非義襲而取之"是説明這種氣的形成,雖然並不是不需要有適當的外部條件,但是要瞭解它決不是從外部一次輸送進來的,而是從内部逐漸成長起來的。孟子的"不動心",是以"知言"、"養氣"爲必要的前提條件,這種觀點也是唯物的,而不是唯心的。

最後,孟子認爲"志"與"氣"是有密切關係的。這兩者,"志"是主要的,但在一定的條件下,"氣"也可以起決定作用。如他説:"志,氣之帥也。氣,體之充也。""志至焉,氣次焉。""志壹則動氣,氣壹則動志也。"等等。無疑,這種觀點也是正確的。

乙、必須在這裏强調地指出一個問題,孟子的"性善説"中也夾雜着極大的唯心主義成分。他把人的善惡觀點,歸結爲先天的意識,不承認倫理道德是外在的社會關係,尤其是階級關係在人們頭腦中的反映。這很明顯地看得出是一種唯心主義觀點,因爲他掩蓋了倫理道德的階級性,企圖從人類生理器官有共同性能這一點來論證天賦的道德本能是人所共有的,可見他對於人性本源的看法也是唯心主義的。

另外,從方法論上來看,他以善惡來説明人性也是錯誤的。因爲善惡是屬於人類社會性的範疇,而孟子所要説明的卻是人類的自然性,這顯然是風馬牛不相及。在孟子同時和以後一兩千年中國歷史上長期有人争論人性問題,而始終也没有得到解決。這倒不在於問題是如何困難,而是問題討論的方法不對頭。在邏輯上有這樣一條規定,叫做“異類不比”(《墨子·經下》)。例如,謝靈運説:“天下才共一石,曹子建獨得八斗,我得一斗,自古及今,共用一斗。”(《南史》)①這種提法,從文學要求來説,當然是允許的,而且應該説很好,因爲他説得既形象,又具體。但是如果從科學來要求,則是不能允許的。因爲才不能用斗來量,如果一定認真起來,硬要辨明八斗還是七斗,那衹會造成混亂,並不能使問題得到解決。孟子以善惡來言性,正應作如是觀。

4. 孟子的社會政治思想

在當時激烈的政治鬥争中,孟子看到了人民的力量和作用有時要比個别的統治者還重要,所以他提出了“民爲貴,社稷次之,君爲輕”(《盡心下》)的主張,這種思想在《孟子》書中隨處可見。因此他向統治者提出了“仁政”的學説,作爲統一天下和統治人民的理論根據。他説:“國君好仁,天下無敵。”(《離婁上》)他所講的“仁政”,主要是要統治者愛護人民的生命和生活,即“親親而仁民,仁民而愛物”(《盡心上》)。所以他反對殘害人民的生命,反對殘酷的戰争,提出“善戰者服上刑”(《離婁上》)。並要求統治者減輕刑罰,行“仁政”,適當地減輕人民的經濟負擔,使農民能夠“深耕易耨”,以提高生產,好達到國强民富。但他這樣做並非是真正關心人民

① 此説出《韻府群玉》卷一三引“《南史》謝靈運云”,《韻府拾遺》卷五五同。宋《錦繡萬花谷》前集卷二三、《翰苑新書》前集卷六六注出《魏志》。按,二説皆不確。據唐李翰《蒙求》已有“仲宣獨步,子建八斗”之説,宋徐子光注先引《魏志》述曹植小傳,繼云“舊注引謝靈運云”云云,是《三國志》舊注有之。——編者。

的疾苦,改善人民的生活狀況,而是爲了緩和階級矛盾,鞏固奴隸制度的社會秩序。

孟子還着重地指出了“得天下”就在於“得民心”。他説:“桀紂之失天下也,失其民也;失其民者,失其心也。得天下有道:得其民,斯得天下矣;得其民有道:得其心,斯得民矣;得其心有道:所欲與之聚之,所惡勿施,爾也。民之歸仁也,猶水之就下、獸之走壙也。”(《離婁上》)所以他要統治者重民事,“與民同樂”,他説:“民事不可緩也”(《滕文公上》),“樂民之樂者,民亦樂其樂;憂民之憂者,民亦憂其憂。”(《梁惠王下》)並主張“制民之產,必使仰足以事父母,俯足以畜妻子,樂歲終身飽,凶年免於死亡”(《梁惠王上》)。所有這些主張,都具有民主主義因素,是和奴隸主的意識形態相對立的,在當時具有進步的意義。

儘管孟子在政治觀點上,提倡“重民”和“仁政”等帶有民主色彩的主張,但在社會觀點上,卻公開地宣揚等級制度和剥削制度是永恒不變的,並試圖從社會分工的歷史必然性,來論證剥削制度的合理性。他認爲手工業者和農民是彼此分工的,又是相互依賴的,因此,不能要求每個人都生產他自己全部生活的必需品。他説:“且一人之身,而百工之所爲備,如必自爲而後用之,是率天下而路也。”(《滕文公上》)他强調社會分工,主張“通功易事”,以“羨補不足”,這是有進步意義的。但他又從這種觀點出發,把人分成“君子”和“野人”,即統治者和被統治者,認爲這也是一種不可缺少的社會分工。他説:“有大人之事,有小人之事。”認爲“大人”是“勞心”的,“小人”是“勞力”的;“勞心”的該統治别人,“勞力”的該被别人統治;“勞心”的應被别人養活,“勞力”的應該養活别人,並把這個區分看成是天經地義的事,他説:“或勞心,或勞力;勞心者治人,勞力者治於人;治於人者食人,治人者食於人:天下之通義也。”(《滕文公上》)又説:“無君子,莫治野人;無野人,莫養君子。”(《滕文公上》)根據這種觀點,他駁斥了許行等人所提倡的“賢者與民並耕而食”的主張,他說:“夫物之不齊,物之情也;或相倍蓰,或相什百,或相千萬。子比而同之,是亂天下也。巨屨小屨同賈,人豈爲之哉? 從許子之道,相率而爲偽者也,惡能治國家?”(《滕文公上》)這些觀點,在當時與許行等人的思想比較,還是進步的,不能視之爲反動,但也充分暴露了統治階級對體力勞動的極端鄙視,公開地替剝削者的寄生生活作辯護。另外,在今天我們應該特别指出,這種思想在後世的影響很大,也極壞,數千年來的階級社會中,人們輕視勞動和勞動人民,都是依據於孟子的這種理論,甚至在現在,它還在某些人的思想中保留有市場,這點我們必須給以深刻的揭露和批判。

三、荀子

荀子的生卒年月已不可考。汪中《荀卿子年表》起趙惠文王元年(前 298 年),止秦始皇十一年(前 236 年),這個輪廓,大致當不誤。荀子的出生地是趙國。長遊於齊,曾三爲祭酒;又入楚,事春申君,爲蘭陵令;並到過秦國,今日還保存有他與秦昭王、應侯交談的記録。他生活於戰國末期,是先秦儒家繼孔、孟之後的又一位重要人物。對於後世,具體説,對於兩漢經學的傳播,影響很大。荀子的政治主張貴王賤霸,基本上與孔、孟是一致的。强調禮義,主張性惡,則是他的特點。他對於哲學、政治、經濟、教育、軍事等各方面都有專門論述,提出了不少精到的見解,我們將在下面逐項加以評述。在評述荀子的思想以前,有幾個問題,需要提出來談一談。這就是:1. 荀子的政治主張代表當時哪一個階級的利益和要求;2. 荀子與宋尹學派的關係;3. 荀子和韓非的思想關係——禮和法的關係。

1. 荀子的政治主張代表當時哪一個階級的利益和要求

目前學術界有人説:“荀子是新興的統治者——封建地主階級

利益的擁護者。"①這種説法,不見得妥當。因爲在荀子的著作裏,有很多這樣言論,例如:

仲尼之門人,五尺之豎子言羞稱乎五伯。(《仲尼》)

王者之制:道不過三代,法不二後王。道過三代謂之蕩,法二後王謂之不雅。衣服有制,宫室有度,人徒有數,喪祭械用皆有等宜,聲則非雅聲者舉廢,色則凡非舊文者舉息,械用則凡非舊器者舉毁。夫是之謂復古,是王者之制也。(《王制》)

故人道莫不有辨。辨莫大於分,分莫大於禮,禮莫大於聖王。聖王有百,吾孰法焉?故曰:文久而息,節族久而絶,守法數之有司極禮而褫。故曰:欲觀聖王之迹,則於其粲然者矣,後王是也。彼後王者,天下之君也,舍後王而道上古,譬之是猶舍己之君而事人之君也。故曰:欲觀千歲則數今日,欲知億萬則審一二,欲知上世則審周道,欲知周道則審其人所貴君子。故曰:以近知遠,以一知萬,以微知明,此之謂也。(《非相》)

儒者法先王,隆禮義,謹乎臣子而致貴其上者也。(《儒效》)

先王之道,仁之隆也,比中而行之。曷謂中?曰:禮義是也。道者,非天之道,非地之道,人之所以道也,君子之所道也。(《儒效》)

禮者,貴賤有等,長幼有差,貧富輕重皆有稱者也。故天子袾裷衣冕,諸侯玄裷衣冕,大夫裨冕,士皮弁服。德必稱位,位必稱禄,禄必稱用。由士以上則必以禮樂節之,衆庶百姓則必以法數制之。(《富國》)

---

① 張岱年:《中國哲學史講授提綱》,見《新建設》1957年第6期,第57頁。

故曰：君子以德，小人以力。力者，德之役也。（同上）

傳曰：農分田而耕，賈分貨而販，百工分事而勸，士大夫分職而聽，建國諸侯之君分土而守，三公摠方而議，則天子共己而已矣。（《王霸》）

故有天下者事七世，有一國者事五世，有五乘之地者事三世，有三乘之地者事二世，持手而食者不得立宗廟。（《禮論》）

由上述這些言論裹可以看出什麼問題呢？可以看出荀子的政治主張是“法後王”、行“周道”、“復古”。即他是奴隸制度的擁護者，而不是“新興的統治者——封建地主階段利益的擁護者。”在他的全部言論裹，所最强調的是“隆禮義”。“隆禮義”表現於經濟、政治以及道德上的具體内容，即所謂“農分田而耕，賈分貨而販，百工分事而勸，士大夫分職而聽，建國諸侯之君分土而守”、“由士以上則必以禮樂節之，衆庶百姓則必以法數制之”。這就是説：在經濟上，農、工、商一律是依靠“分田”、“分貨”、“分事”過活，即替奴隸主工作。農、工、商自身對於“田”、“貨”、“事”並没有所有權，不能自由支配——例如買賣或轉讓等等，其所有權屬於奴隸主。在政治上，依然實行分封制。在統治階級内部，依照所有土地多寡——例如“有天下”、“有一國”、“有五乘之地”等等，建立起一整套硬化的、嚴格的等級制度。至被統治階級則須遵守“力者，德之役”的原則，没有參與政治的機會。所謂“由士以上則必以禮樂節之，衆庶百姓則必以法數制之”實際就是“禮不下庶人，刑不上大夫”的另一種説法。荀子所描繪的這種圖案，難道能説是封建社會嗎？所謂“農分田而耕”毫無疑義，必須實行井田制，這樣，連地主階級都没有産生的可能，又怎能説“荀子是……封建地主階級利益的擁護者”呢？

可能有人説，荀子主張“法後王”裹邊有進步意義。我認爲這是一種誤解。實際荀子所説的“後王”，就其所代表的社會制度來説,完全與他所説的"先王"相同。所不同的祇在於他認爲"文久而息,節族久而絶",即比較起來,先王之迹不如後王之迹爲詳明罷了。應該知道,在哲學思想上,如郭沫若同志所説,荀子"是一種循環論"。[①] 荀子認爲"欲觀千歲則數今日,……欲知上世則審周道"。當時有人正確地指出"古今異情,其以治亂者異道"(《非相》),卻被荀子指爲"妄人",而猛烈地加以攻擊,就是最明顯的證據。所以,荀子所説的"先王"、"後王"、"周道"三詞,並没有本質上的差别。劉臺拱説:"'後王',謂文、武也。"這個解釋實至當不可移易。俞樾以爲不然,就是誤解了"後王"的意義(劉、俞説見王先謙《荀子集解·非相》篇)。

2.荀子與宋尹學派的關係

近年來由於郭沫若同志發表了《宋鈃尹文遺著考》(《青銅時代》,人民出版社,1954年,第245～271頁)論證《管子》中的《心術》、《白心》、《内業》等篇爲稷下黄老學派宋、尹的遺著,並説荀子"關於心的見解,主要是由宋鈃的《心術》承受過來的"。[②] 還由於侯外廬、趙紀彬、杜國庠等同志合著《中國思想通史》第一卷,在論述宋尹和孟荀思想時,完全接受了郭沫若同志的觀點。杜國庠同志更根據郭説寫了《荀子從宋尹黄老學派接受了什麽?》[③]一篇論文。在學術界遂造成很大影響,幾乎普遍認爲這已經是鐵案,不可動摇了。其實,這個論點還有可以商討之處,不能視爲定論。

第一,郭沫若同志斷言《白心》、《心術》爲宋、尹遺著,主要是以《莊子·天下》的"以此白心"和"語心之容,命之曰心之行"二語爲根據的。我們如果細繹《莊子》原文,就不難看到這個根據是薄弱的。因爲"以此白心"在原文裏,十分明顯,所談的對象爲"古之道

① 郭沫若:《荀子的批判》,載《十批判書》,新文藝出版社,1952年。

② 同上。

③ 《先秦諸子的若干研究》,三聯書店,1955年,第97～125頁。

術”。“白心”二字不能作爲篇名來解釋。退一步講，“白心”二字可以理解爲篇名，那麽，這個著作也應是老早就有的東西，宋鈃、尹文不過是“聞其風而悦之”罷了，怎能説是他們二人的著作呢？客觀事物是非常複雜的，常有名同實異或名異實同的現象。正因爲這樣，所以古人最重循名核實，而今日我們研究問題，也切忌表面性，而貴能認識事物的本質。因此，看見《管子》中有《白心》篇，《莊子》中也有“白心”二字，便斷言二者是同一的東西，這是很危險的。孔子講“正名”，不妨《荀子》和《吕氏春秋》二書中也有《正名》一篇。《詩經》中篇目以“柏舟”、“谷風”、“甫田”、“黄鳥”爲名的就都不止一篇。這種例子極多，不煩多舉。當然，郭沫若同志説過：“《白心》篇的内容也大抵都是不累不飾不苟不忮的這一些主張。”[①]又説：“假使我們還須得更進一步，把篇中的要諦和莊子所撮述的大意比較一下的話，那也是很容易的事。”[②]不過，我們曾就郭沫若同志所作出的幾條比較來看，實在看不出二者有什麽一致的地方。至於“心之行”同《心術》篇二者，連形式上都没有看到一致，硬要把它們聯繫在一起，説成是同一的東西，力量就顯得更薄弱了。

第二，“情欲寡淺”、“見侮不辱”、“禁攻寢兵”三者爲宋尹學派立論的核心，此可從《莊子》、《荀子》、《韓非子》、《吕氏春秋》諸書中多次得到證明而無疑者。可是在《管子・心術》等四篇中卻偏偏看不到談這些東西，所看到的都是道家言論，間或夾雜有法家的所謂“形名”，難道這不是千真萬確的事實嗎？怎能説這四篇是宋、尹的遺著呢？

根據上述的兩點説明，可見説《管子・心術》等四篇爲宋、尹遺著是十分牽强，不足信據的。

又，荀子在《解蔽》篇裏所講的“虚壹而静”，無疑這是吸取了當

---

① 郭沫若：《青銅時代》，人民出版社，1954年，第250～251頁。
② 同上，第265頁。

時道家學説中有益的部分。但是必須認清，荀子並不是把它原封不動地拿過來應用，而是已經從根本上給以改造了。這個改造，乃是把原來道家唯心論的東西，改造爲唯物論，而不是如某些人所説的那樣，荀子的唯物論是受了道家自然的天道觀的影響。又，所謂道家學説主要是指《老子》而言，至《管子》中《心術》等四篇，基本上是發揮老子的觀點。四篇作于何人、何時還有待於研究。説荀子關於心的見解是從《管子》中《心術》等四篇的作者那裏接受過來的，或者更具體些説是從宋鈃那裏接受過來的，這都是鑿空之論，不足信據的。

荀子説：

> 人何以知道？曰：心。心何以知？曰：虚壹而静。心未嘗不臧也，然而有所謂虚；心未嘗不滿也，然而有所謂一；心未嘗不動也，然而有所謂静。人生而有知，知而有志。志也者，臧也，然而有所謂虚，不以所已臧害所將受謂之虚。心生而有知，知而有異，異也者，同時兼知之。同時兼知之，兩也，然而有所謂一，不以夫一害此一謂之壹。心，臥則夢，偷則自行，使之則謀。故心未嘗不動也，然而有所謂静，不以夢劇亂知謂之静。(《解蔽》)

就上述這段言論加以分析，就可以看到荀子所説的“虚壹而静”是在肯定了“藏”、“兩”和“動”的前提下而提出來的。所以“虚壹而静”在荀子思想中衹作爲一種認識的方法而存在，而不是用它來説明他對哲學上基本問題的看法。這與老子的觀點根本不同。老子説“致虚極、守静篤”，又説“載營魄抱一，能无離乎”，則不僅是方法上的問題，實反映他對哲學基本問題的看法。老子主張“无爲”、“日損”、“塞兑”、“閉門”，意思是説“藏”、“兩”和“動”都是要不得的東西，有了它們就使“虚”、“壹”、“静”受到妨害。而荀子則不然。荀子主張“隆積”、“博學”、“由禮”、“得師”，即他不但不反對

“臧”、“兩”和“動”，相反卻認爲人們的認識依賴於“臧”、“兩”和“動”，亦即依賴於學習和社會實踐。因此，荀子所説的“虛壹而静”，所要求的祇限於“不以所已藏害所將受”、“不以夫一害此一”、“不以夢劇亂知”，即祇在特定的場合下，要求能作到客觀、專心而已，它與老子所要求的“虛極”、“静篤”、“抱一无離”，有本質上的差别。看不到這個差别而把二者並爲一談，是不對的。至於把荀子的唯物論觀點説成是受了道家自然的天道觀的影響，則更是莫大的錯誤。

3. 荀子和韓非的思想關係——禮和法的關係

郭沫若同志説荀子“可以稱爲雜家的祖宗”。[①] 杜國庠同志更寫了《荀子從宋尹黄老學派接受了什麽?》和《中國古代由禮到法的思想變遷》(均見《先秦諸子的若干研究》)兩篇文章，論證了荀子與宋、尹和韓非諸氏在某些主要的學術見解之間的繼承關係。關於荀子與宋尹學派的關係問題已詳上文，兹祇談荀子和韓非子的思想關係(“荀子和韓非的思想關係”原爲杜國庠同志《中國古代由禮到法的思想變遷》一文的副標題)。

杜國庠同志説:“我們在荀子的思想中，就可看出由禮到法的發展的痕迹。這是歷史發展必然的反映。所以韓非雖事荀卿傳其學(一方面)，卻一轉而爲法家的集大成者，不是偶然的。”[②]我們認爲這種看法是不正確的。

儒家和法家是先秦兩個學派的名稱。兩個學派的政治觀點是互相對立的。這個政治觀點的對立，實質上是階級利益對立的反映。前者所代表的基本上是奴隸主階級的利益，後者代表的基本上是地主階級的利益。大體上説，奴隸社會的特點表現於思想上是所謂的“禮不下庶人，刑不上大夫”(《禮記·曲禮上》)，亦即荀子

---

① 郭沫若:《荀子的批判》，載《十批判書》，新文藝出版社，1952 年，第 213 頁。
② 杜國庠:《先秦諸子的若干研究》，三聯書店，1955 年，第 126 頁。

所説的"由士以上則必以禮樂節之,衆庶百姓則必依法數制之"(《富國》)。説得明白點,即利用"禮"來調整統治階級内部相互間的關係,利用"刑"來保持統治階級與被統治階級之間的關係。儒家的特點,在政治上則突出地强調"禮"的方面,例如,孔子説:

> 道之以政,齊之以刑,民免而無恥;道之以德,齊之以禮,有恥且格。(《論語·爲政》)

這段話的實質,是主張把原來祇實行於統治階級内部的"禮"推廣之,也應用於處理統治階級與被統治階級之間的關係。這種主張顯然同他的"貴仁"和"有教無類"的觀點是一致的。而法家的特點,則與儒家相反,所强調的則是"刑"的方面。司馬談曾經正確地概括過法家的特點,説:

> 法家不别親疏,不殊貴賤,一斷於法。(《史記·自序》)

細繹這段話,也可以看出法家實際是主張把原來對待被統治階級所用的"刑"推廣應用於統治階級内部。儒法二家各自就原來社會本有的東西發展一個方面,而方向相反。比較起來,儒家是溫和的,有好心腸,很想通過"齊之以禮"的辦法來改變當時被統治階級的政治地位。但是歷史條件決定它不能實現這個美好的願望。因爲"禮"是什麼?它是從古代氏族社會中留傳下來的,並且經過奴隸社會改造過的一種道德規範。將要到來的代替奴隸社會的社會肯定是不會依靠它作爲主要的調整社會秩序的工具的。相形之下,法家是冷酷的,不大買一些特權分子的賬,想用"一斷於法"的辦法在一定範圍内和一定程度上來拉平當時庶人與大夫之間的不平等關係。當然,這種想法也不能徹底實現,但是,借此來推翻舊的奴隸主階級的特權,提高新的地主階級的統治地位,則是符合歷史發展規律的。從儒法二家所代表的階級來説,儘管儒家對當時的庶人有一些同情,不能説没有進步性,但是,它的屁股還是坐在奴隸主階級的椅子上，它所代表的依然是舊的奴隸主階級的利益。至法家則不然，它明顯地代表着新的地主階級的利益。正因爲這樣，儒家的“禮”同法家的“法”是根本對立、不可調和的。杜國庠同志説荀子“爲法家的一位先導者——替韓非奠好了法術理論的基礎”。[①] 這是與當時實際情況不符的。下面復舉例就荀、韓在許多重大問題的看法上的不同加以説明。

(1)荀子説：

> 夫妄人曰：“古今異情，其所以治亂者異道。”而衆人惑焉。(《非相》)

我們試想當時什麽人認爲“古今異情，其所以治亂者異道”？這不正是法家嗎？商鞅説過：

> 三代不同禮而王，五伯不同法而霸。
>
> 治世不一道，便國不法古。故湯武不循古而王，夏殷不易禮而亡。反古者不可非，而循禮者不足多。(以上俱見《史記·商君列傳》)

韓非子也説過：

> 是以聖人不期修古，不法常可，論世之事，因爲之備。(《五蠹》)

這些言論與荀子所轉述的不正是完全一致嗎？但荀子斥之爲“妄人”，證明荀子與韓非二人對歷史的看法實有重大分歧，即前者是循環論者，而後者則是進化論者。因此，不能説他們之間有繼承關係。

(2)荀子説：

> 世俗之爲説者曰：“主道利周。”是不然。主者，民之

---

① 杜國庠：《先秦諸子的若干研究》，三聯書店，1955年，第126頁。

唱也;上者,下之儀也。彼將聽唱而應,視儀而動。唱默則民無應也,儀隱則下無動也。不應不動,則上下無以相有也。若是,則與無上同也,不祥莫大焉。……(《正論》)

實際上荀子在這段文字裏所提到的"主道利周",正是韓非子所有的主張。韓非子曾明白地説過:

明主,其務在周密。是以喜見則德瀆(瀆原作"償",玆依顧廣圻校改),怒見則威分。(《八經》)

又説:

故曰:君無見其所欲,君見其所欲,臣自將雕琢;君無見其意,君見其意,臣將自表異。故曰:去好去惡,臣乃見素;去舊去智,臣乃自備。……(《主道》)

可見荀、韓二人在對"主道"的看法上也是根本對立的。

(3)荀子説:

有亂君,無亂國;有治人,無治法。羿之法非亡也,而羿不世中;禹之法猶存,而夏不世王。故法不能獨立,類不能自行,得其人則存,失其人則亡。法者,治之端也;君子者,法之原也。(《君道》)

又説:

故有良法而亂者有之矣;有君子而亂者,自古及今,未嘗聞也。傳曰:"治生乎君子,亂生乎小人。"此之謂也。(《王制》,亦見《致士》)

而韓非子的主張恰恰與此相反。例如他説:

國無常强,無常弱。奉法者强則國强,奉法者弱則國弱。(《有度》)

又説：

故明主使法擇人，不自舉也；使法量功，不自度也。能者不可弊，敗者不可飾，譽者不能進，非者弗能退，則君臣之間明辨而易治。（《有度》）

又説：

釋法術而心治，堯不能正一國。去規矩而妄意度，奚仲不能成一輪。廢尺寸而差短長，王爾不能半中。使中主守法術，拙匠守規矩尺寸，則萬不失矣。君人者，能去賢巧之所不能，守中拙之所萬不失，則人力盡而功名立。（《用人》）

把上述荀、韓二人的言論互相對照，就可以明顯地看出荀子是側重人治一方面，而韓非子則側重法治一方面，二人的主張實根本對立。

綜觀上文所述，可以十分肯定地説，荀子是儒家，韓非子是法家，二人的學術觀點和政治主張實根本對立，這種對立是兩個不同的階級對立的反映。當然，這不等於儒法兩家之間絶對没有互相影響互相吸取的東西，顯然荀子是韓非子的老師，我們所説的繼承、發展的關係，並不是指這些東西而言。平心而論，韓非子的學術觀點，直接地繼承了商鞅的法和申不害的術，間接地與老子的無爲、自然學説，也有某些聯繫；而與儒家的仁義、禮樂等觀點，則不僅没有繼承關係，簡直是如水火不相容。所以，杜國庠同志所斷言的荀子"爲法家的一位先導者——替韓非奠好了法術理論的基礎"以及"在荀子的思想中，就可以看出由禮到法的發展的痕迹"等等説法是不能成立的。

上面，是我們在講述荀子思想之前，對目前流行在學術界的一些不正確看法，所作的商榷。我們認爲，這樣做是非常必要的。因爲這關乎到對荀子的進一步研究和探討，祇有澄清是非，才能提高認識。

下面,我們就對荀子思想的幾個重要方面,逐項給以證明。

4.荀子的自然觀

在反對宗教神秘主義和唯心主義的鬥争中,荀子繼承和發揚了儒家的無神論和古代唯物主義的傳統,建立起了自己的哲學思想體系,把我國古代的唯物主義思想提到了一個新的高度。

荀子自然觀的精華和核心,是他第一次明確地提出了"明於天人之分"這一命題,這是如何認識自然和人的關係的關鍵問題。這個問題,是先秦諸子争論最爲激烈而又没有解決的問題,荀子給它作了唯物主義的科學總結。

首先,他肯定了"天"——自然的物質性,説明"天"不是萬物的有意識的主宰,衹是無意識的物質而已。"天"有其獨立的運動規律——"常",它存在於人們的意識之外,與人間的吉凶禍福無關,並不能因人的主觀願望而有所轉移;人應當認識並尊重這個客觀規律,"不與天争職"。

他在《天論》中説:

> 天行有常,不爲堯存,不爲桀亡。應之以治則吉,應之以亂則凶。
>
> 天不爲人之惡寒也輟冬,地不爲人之惡遼遠也輟廣,君子不爲小人之匈匈也輟行。天有常道矣,地有常數矣,君子有常體矣。……
>
> 列星隨旋,日月遞炤,四時代御,陰陽大化,風雨博施,萬物各得其和以生,各得其養以成,不見其事而見其功,夫是之謂神。皆知其所以成,莫知其無形,夫是之謂天。唯聖人爲不求知天。
>
> 天職既立,天功既成,形具而神生,好惡、喜怒、哀樂臧焉,夫是之謂天情。耳目鼻口形能,各有接而不相能也,夫是之謂天官。心居中虛以治五官,夫是之謂天君。

財非其類，以養其類，夫是之謂天養。順其類者謂之福，逆其類者謂之禍，夫是之謂天政。

於《禮論》篇又説：

天地合而萬物生，陰陽接而變化起，性僞合而天下治。天能生物，不能辨物也；地能載人，不能治人也；宇中萬物、生人之屬，待聖人然後分也。

上面這些話，歸納起來，不外是這樣：自然界存在的萬事萬物都是無意識的，其生長和消亡也都是自自然然的，按着它們特定的規律進行，不存在什麽目的性。與人的活動乾脆無關，它是脱離人們的主觀意識而獨立存在的，不會因爲人的品德好壞和主觀願望如何而有所改變。

在這種論斷的基礎上，荀子又進一步劃分了"天職"和"人職"，指出二者不可混淆，人不要"與天争職"。

……故水旱未至而饑，寒暑未薄而疾，祅怪未至而凶。受時與治世同，而殃禍與治世異，不可以怨天，其道然也。故明於天人之分，則可謂至人矣。(《天論》)

不爲而成，不求而得，夫是之謂天職。如是者，雖深，其人不加慮焉；雖大，不加能焉；雖精，不加察焉，夫是之謂不與天争職。(《天論》)

這就是説，自然現象及其規律都是自然而然的。人對它不能用主觀的力量來創造和改變。這種尊重自然的唯物主義觀點，顯然是對墨家"天志"説的否定。

荀子提出"天人之分"的更可貴之處，還在於他指出了人對自然的主觀能動作用。他認爲，在認識了"天職"和"天行有常"之後，人就可以控制和利用自然了，這與莊子的"蔽於天而不知人"的思想正相對立。在先秦諸子中，他不愧爲一員敢於向自然宣戰的猛士。他說,與其思慕天、崇拜天、歌頌天,倒不如"制天命而用之"。

> 大天而思之,孰與物畜而制之? 從天而頌之,孰與制天命而用之? 望時而待之,孰與應時而使之? 因物而多之,孰與騁能而化之? 思物而物之,孰與理物而勿失之也? 願於物之所以生,孰與有物之所以成? 故錯人而思天,則失萬物之情。(《天論》)

這裏,在自然面前,荀子没有像以往的思想家們那樣,拜倒在"天"的腳下,甘心做"天"的奴隸。相反,他卻大膽地提出了要"制之"、"用之"、"使之"、"化之"等戰鬥口號。這是對儒家學説重視人爲的積極觀點的補充和發揮,又是對道家學説中消極無爲思想的批判。這樣,他既肯定了自然的物質性和規律性,又强調了人的主觀能動性。在强調人的重要作用時,不光是把人提高到與天、地三足鼎立的地位上來,而且還指出了人可以利用和控制自然。他説:

> 天有其時,地有其財,人有其治,夫是之謂能參。舍其所以參而願其所參,則惑矣。(《天論》)
>
> 聖人清其天君,正其天官,備其天養,順其天政,養其天情,以全其天功。如是,則知其所爲,知其所不爲矣,則天地官而萬物役矣。……(《天論》)

以上,就是我們所要論述的荀子自然觀的一方面。

其次,再談這個問題的另一方面。荀子依據他唯物主義的自然觀,對"天"進行了詳細的説明之後,又對當時頗爲流行的"天人感應"的宗教神秘主義思想,進行了尖鋭的、深刻的批判,清算了傳統迷信天神能賞善罰暴的謬説。他指出:自然界中所發生的一切奇怪現象,並没有什麼神秘之處,完全是自然本身的變化,與人世間的貧富壽夭和社會的治亂興亡毫無瓜葛。他説:

> 星隊、木鳴,國人皆恐。曰:是何也? 曰:無何也,是

> 天地之變，陰陽之化，物之罕至者也，怪之可也，而畏之非也。夫日月之有蝕，風雨之不時，怪星之黨見，是無世而不常有之。上明而政平，則是雖並世起，無傷也；上闇而政險，則是雖無一至者，無益也。夫星之隊，木之鳴，是天地之變，陰陽之化，物之罕至者也，怪之可也，而畏之非也。（《天論》）
>
> 雩而雨，何也？曰：無何也，猶不雩而雨也。日月食而救之，天旱而雩，卜筮然後決大事，非以爲得求也，以文之也。故君子以爲文，而百姓以爲神。以爲文則吉，以爲神則凶也。（《天論》）
>
> 治亂天邪？曰：日月、星辰、瑞曆，是禹、桀之所同也，禹以治，桀以亂，治亂非天也。時邪？曰：繁啟蕃長於春夏，畜積收臧於秋冬，是又禹、桀之所同也，禹以治，桀以亂，治亂非時也。地邪？曰：得地則生，失地則死，是又禹、桀之所同也，禹以治，桀以亂，治亂非地也。……（《天論》）
>
> 强本而節用，則天不能貧。養備而動時，則天不能病。修道而不貳，則天不能禍。故水旱不能使之饑，寒暑不能使之疾，祆怪不能使之凶。本荒而用侈，則天不能使之富；養略而動罕，則天不能使之全；倍道而妄行，則天不能使之吉。（《天論》）

另外，荀子還否認了鬼神的存在，他認爲人在精神錯亂的時候，才產生鬼神的幻覺，世界上根本就没有鬼神。他舉了這樣一個例子：

> 夏首之南有人焉，曰涓蜀梁。其爲人也，愚而善畏。明月而宵行，俯見其影，以爲伏鬼也，仰視其髮，以爲立魅也，背而走，比至其家，失氣而死。豈不哀哉！（《解蔽》）

接着荀子分析道：

凡人之有鬼也，必以其感忽之間、疑玄之時定之。此人之所以無有而有無之時也。(《解蔽》)

這樣，荀子立足在科學分析的方法上，對自然界的某些怪異現象以及鬼神等迷信思想，給予了有力的反擊，做了合乎科學的解釋。這種對具體事物進行具體分析的方法，構成了荀子無神論的特點。它從另一個方面闡述了唯物主義的自然觀。

5. 荀子的人性論——性惡論

荀子的性惡論，是爲了攻擊他的對立面——孟子的性善論——而提出的。在這場針鋒相對的論戰中，荀子提出了"性僞之分"的觀點。性，就是天然的本性；僞，就是通過人爲的作用來改變天然的本性。也就是説荀子把人性分成了兩方面：一是天然的本性，一是社會的屬性。這在一定程度上突破了抽象地争論人性(如告子和孟子等)的局限性，並把人性問題開始引導到社會領域中來加以考察，這是他超出前人的地方，也是他比孟子進步之處。但是這裏我們需要强調指出：荀子把人性問題導向社會化，並不是爲了揭露人性的階級差異，特别是統治階級的醜惡的階級本質，而是爲了美化；同時也是爲了醜化和歪曲廣大勞動人民的善良本性，並論證統治階級的統治秩序和道德規範的合理性。這就是荀子性惡論的基本精神所在。

上面已經談到，荀子在批判孟子天賦道德觀念的理論——性善論時，提出了"性僞之分"的觀點。關於性和僞之間的差别和關係，他作了如下的説明：

性者，本始材朴也；僞者，文理隆盛也。無性則僞之無所加，無僞則性不能自美。性僞合，然後成聖人之名。(《禮論》)

不可學、不可事而在人者謂之性，可學而能、可事而

成之在人者謂之僞。是性、僞之分也。(《性惡》)

若夫目好色,耳好聽,口好味,心好利,骨體膚理好愉佚,是皆生於人之情性者也,感而自然,不待事而後生之者也。夫感而不能然,必且待事而後然者,謂之生於僞。是性、僞之所生,其不同之徵也。(《性惡》)

從上面的引文來看,性和僞的差别是極其明顯的。性是原有的"本始材朴",它就像"目"、"耳"、"口"、"心"、"骨體膚理"一樣,有着一種像追求"色"、"聲"、"味"、"利"、"愉佚"的天賦本能,所以是"不可學、不可事"。僞則是人爲的"文理隆盛",即社會的道德規範,這不是人生所固有,"必且待事而後然",即必須經過主觀的努力學習方能達到。從這裏我們可以看出,荀子把人性分成了兩種:一種是天然本性,另一種是社會屬性;同時還指出了它們之間有矛盾統一的關係,即"性僞合"與"化性起僞"。

在這個基礎上,荀子又進一步論述了"性"是天生就有的,而且是惡的,它祇有經過"僞"的矯治,即通過社會道德的約束和改造,才能變成美的。他説:

人之性惡,其善者僞也。今人之性,生而有好利焉,順是,故争奪生而辭讓亡焉;生而有疾惡焉,順是,故殘賊生而忠信亡焉;生而有耳目之欲,有好聲色焉,順是,故淫亂生而禮義文理亡焉。然則從人之性,順人之情,必出於争奪,合於犯分亂理而歸於暴。故必將有師法之化,禮義之道,然後出於辭讓,合於文理,而歸於治。用此觀之,然則人之性惡明矣,其善者僞也。(《性惡》)

在荀子看來,人天然的本性就是"好利"、"疾惡"、"好聲色"等生理本能,社會上的一切壞事,如"殘賊"、"争奪"、"淫亂"等,都是這種本能發展的結果。社會上要想杜絶這些壞現象,就得依賴"辭讓"、"忠信"、"禮義文理"等道德規範的矯治,就必須要有"師法之化”、“禮義之道”。所以他又説：

> 今人之性惡，必將待師法然後正，得禮義然後治。今人無師法則偏險而不正，無禮義則悖亂而不治。古者聖王以人性惡，以爲偏險而不正，悖亂而不治，是以爲之起禮義、制法度，以矯飾人之情性而正之，以擾化人之情性而導之也，使皆出於治，合於道者也。(《性惡》)

這裏，荀子説得極其明白而又肯定，“人之性惡”，必須以“師法”、“禮義”來加以“矯飾”和“擾化”，因此，統治階級“起禮義、制法度”都是“合於道”的。這就是荀子性惡論的主要内容和依據。

我們認爲，荀子對人性的這些論斷是非常錯誤的。

第一，他從統治階級的立場出發，説什麼惡是人的本性，善是僞的結果。他把人的生理需要，甚至人生存所必須的合理需要，如“饑而欲飽，寒而欲暖，勞而欲休”等要求，看成是人性惡的根據，顯然是錯誤的。這實質是用以反證統治階級道德規範的合理性。

第二，他錯誤地把人性和物性混淆到了一起，在邏輯上犯了“異類不比”(《墨子·小取》)的錯誤。他説：

> 故檃栝之生，爲枸木也；繩墨之起，爲不直也；立君上，明禮義，爲性惡也。用此觀之，然則人之性惡明矣，其善者僞也。直木不待檃栝而直者，其性直也。枸木必將待檃栝、烝、矯然後直者，以其性不直也。今人之性惡，必將待聖王之治，禮義之化，然後皆出於治，合於善也。用此觀之，然則人之性惡明矣，其善者僞也。(《性惡》)

看！荀子就是這樣把兩種截然不同的東西，强爲類比，説人之性，必須像“枸木必將待檃栝、烝、矯”一樣，“必將待聖王之治，禮義之化”，由此推論出“人之性惡”的結論。實質這又是從另一面反證了統治階級道德規範的合理性。

荀子對人性論的這些論斷，清清楚楚地暴露了他的階級本性。

很明顯，他是站在當時的統治階級的立場上來論人性的。其目的就在於掩飾和美化統治階級的本性。因此，他所説的人性惡是被統治階級（即小人），不包括統治階級（即君子）在内的。如：

夫薄願厚，惡願美，狭願廣，貧願富，賤願貴，苟無之中者，必求於外；故富而不願財，貴而不願勢，苟有之中者，必不及於外。用此觀之，人之欲爲善者，爲性惡也。（《性惡》）

這就是説，一無所有的被統治、被剥削的階級想占有一切，即"苟無之中者，必求於外"，所以他們是性惡的。而無所不有的統治、剥削階級，卻既不貪財又不求勢，即"苟有之中者，必不及於外"，所以他們是性善的。試問古往今來，中外幾千年，有過"富而不願財，貴而不願勢"這等事嗎？這真是海外奇談！這種自欺欺人的謬論，除了用以掩飾統治階級的本性之外，還能有什麼解釋呢！

在他看來，既然被統治、被剥削階級性惡，那麼就應該以"師法之化，禮義之道"來加以防範和控制，所以當時社會的各種禮義法度都是合理的。凡是維護這些東西的就是善，反之，要破壞的則是惡。他説：

凡古今天下之所謂善者，正理平治也；所謂惡者，偏險悖亂也。是善惡之分也已。（《性惡》）

統治階級統治被統治階級，即"正理平治"是善，是天經地義的事；被統治階級反抗統治階級，即"偏險悖亂"那便是惡，大逆不道的事了。多乾脆！"衹許州官放火，不許百姓點燈。"談到這裏，我們對荀子性惡論的實質該無可懷疑了吧。

荀子的人性論，就其内容來説，很明顯，他是爲當時統治階級的政治服務的。他認爲人性是惡，因此要用各種道德規範來加以矯治。但是，在他的學説中，他把人性分成了兩種，認爲人的天然本性就是追求物質的生理本能，人的道德規範則是社會的產物，這不能不説是一個很大的進步,這對道德天賦説是個有力的抨擊。另外,他的"化性而成僞"的觀點,承認了人性雖惡,但是並非一成不變,還是可以改造的;在改造的過程中,他還認爲環境和主觀努力有着重要的作用。這些思想,都含有極豐富的唯物主義和辯證法的因素,我們還是應該加以肯定的。但必須指出,他對倫理道德的解釋基本上還是屬於唯心主義的體系。

6. 荀子的邏輯思想

荀子生活的年代,正處於名辯思潮高漲的時期,作爲"百家争鳴"隊伍中的一員主將,他必不可免地捲進了這場辯争。在這場辯争中,他提出了"君子必辯"(《非相》),並付諸實踐,在孔子"正名"學説的基礎上,進一步發展了傳統的儒家邏輯思想,並批判了惠施、公孫龍之輩的詭辯思想,對我國古代邏輯學的推進,作出了重大的貢獻。

荀子生活之時,正是"諸侯異政,百家異説"之日。由於社會的經濟和政治發生了大的變動,一般事物的名稱涵義和是非的標準,也出現了混亂不一的局面。這正像荀子所描述的那樣:

> 今聖王没,名守慢,奇辭起,名實亂,是非之形不明,則雖守法之吏,誦數之儒,亦皆亂也。(《正名》)

爲了鞏固當時的社會秩序,順應歷史發展的要求,荀子對孔子"正名"的觀點,作了進一步的系統的闡發,寫成了《正名篇》,提出了制名和正名的任務。

爲闡述正名,他提出了三個問題,這就是:

> ……然則所爲有名,與所緣以同異,與制名之樞要,不可不察也。(《正名》)

這三個問題,譯成今語就是:(一)事物爲什麼有名——"所爲有名";(二)名爲什麼有同異——"所緣以同異";(三)制名的原則是什麼——"制名之樞要",接着,荀子就論述和回答了這三個問題。

事物爲什麽要有名呢？他説：

> 異形離心交喻，異物名實玄紐，貴賤不明，同異不別；如是則志必有不喻之患，而事必有困廢之禍。故知者爲之分別，制名以指實，上以明貴賤，下以辨同異。貴賤明，同異別；如是則志無不喻之患，事無困廢之禍，此所爲有名也。(《正名》)

這是説，名有着分別事物的作用。因爲客觀存在的事物都是千差萬别的，如果没有準確的名稱來表明事物之間的差别性，那麽事物就要混淆，因此要“爲之分別，制名以指實”。同時，名還具有交流思想和統一思想的作用。如果離開名，人們的思想就不能達到交流，社會上的事業也將無法進行，這樣就要造成“志必有不喻之患”、“事必有困廢之禍”的惡果。

名爲什麽有同異呢？他説：

> 然則何緣而以同異？曰：緣天官。凡同類、同情者，其天官之意物也同。故比方之疑似而通，是所以共其約名以相期也。形體、色、理以目異，聲音清濁、調竽奇聲以耳異，甘、苦、鹹、淡、辛、酸、奇味以口異，香、臭、芬、鬱、腥、臊、洒、酸、奇臭以鼻異，疾、癢、滄、熱、滑、鈹、輕、重以形體異，説、故、喜、怒、哀、樂、愛、惡、欲以心異。心有徵知。徵知則緣耳而知聲可也，緣目而知形可也，然而徵知必將待天官之當簿其類然後可也。五官簿之而不知，心徵知而無説，則人莫不然謂之不知。此所緣而以同異也。(《正名》)

這一段引文，是説人們依靠感覺器官——“緣天官”，可以認識各式各樣的客觀事物，即“天官當簿其類”，“同類、同情者，其天官之意物也同”，因而能達到“共其約名以相期”，反之亦然。這就是説,人們依感官可以認識事物,並根據這種共同的認識給事物定出一個名來,因爲客觀事物本身有同有異,所以名也必然要有同異。

制名的原則又是什麽呢?他説:

> 名也者,所以期累實也。(《正名》)
>
> 知異實者之異名也,故使異實者莫不異名也,不可亂也,猶使異(同)實者莫不同名也。(《正名》)
>
> 名無固宜,約之以命。約定俗成謂之宜,異於約則謂之不宜。名無固實,約之以命實,約定俗成謂之實名。(《正名》)

這幾則引文是説,"實"是客觀存在的各種事物,"名"是各種事物的反映,名的異同主要是表明客觀事物的差别,因此制名時一定要考慮名實相符,使"異實者莫不異名"、"同實者莫不同名"。同時,他還主張名也可以根據人們的生活習慣來定,即所謂"約定俗成"。

此外,他又提出了新的制名原則:

> ……同則同之,異則異之,單足以喻則單,單不足以喻則兼,單與兼無所相避則共,雖共,不爲害矣。……故萬物雖衆,有時而欲徧舉之,故謂之物。物也者,大共名也。推而共之,共則有共,至於無共然後止。有時而欲徧舉之,故謂之鳥獸。鳥獸也者,大别名也。推而别之,别則有别,至於無别然後止。(《正名》)

這裏,荀子把名分成了幾種。有"單名",如"馬";有"兼名",如"白馬";有"共名",如"生物";有"别名",如"鳥"。同時他還發現了"推理法"和"限定法",即"推而共之"、"推而别之"。如:"物也者,大共名也。推而共之,共則有共,至於無共然後止。"這是從一般性較小的種概念,推向一般性較大的類概念,越往上推,概念的外延就越廣,内涵就越狹,以至再不能概括爲止,最後形成範疇——

"物"。舉"小白鳥"爲例往上推,可以這樣:"小白鳥"→"鳥"→"生物"→"物"。又如:"鳥獸也者,大别名也。推而别之,别則有别,至於無别然後止。"這是從較一般的類概念,推向一般性較小的種概念,越往下推,概念的外延就越狹,内涵就越廣,至到再不能限定爲止。舉"鳥"爲例往下推,可以這樣:"鳥"→"水鳥"→"小白水鳥"→"小白雌水鳥"。這種由"别"到"共"的"概括法"和由"共"到"别"的"限定法",迸發出了荀子邏輯思想燦爛的火花。

與此同時,荀子還對當時名辯思潮中的"三惑",進行了批判。因爲這些人不是實事求是地研究理論,而是故弄玄虚,標新立異地從事詭辯。所以荀子批判了他們。

> "見侮不辱","聖人不愛己","殺盗非殺人也",此惑於用名以亂名者也。驗之所爲有名,而觀其孰行,則能禁之矣。
>
> "山淵平","情欲寡","芻豢不加甘,大鐘不加樂",此惑於用實以亂名者也。驗之所緣以同異而觀其孰調,則能禁之矣。
>
> "非而謁,楹有牛,馬非馬也",此惑於用名以亂實者也。驗之名約,以其所受悖其所辭,則能禁之矣。(《正名》)

這些詭辯的命題,荀子分别給予了批判。他認爲,"殺盗非殺人"等錯誤論點,是用名的表面同異混淆名的本質同異,即"用名以亂名"。"山淵平"等錯誤觀點,是把某些事物的個性當做該類事物的共性,結果是"用實以亂名"。"牛馬非馬"等錯誤觀點,則在於誇大了某些名之間的區别,並以此否認了這些名和代表的實際事物之間的聯繫,這樣就造成了"用名以亂實"。對於這些錯誤觀點的批判,荀子一方面從各個名之間的内涵和外延的比較關係上加以批判,另方面又從名及其所代表的事物之間的關係加以驗證,這種邏輯方法,顯然是唯物主義的。

荀子邏輯思想的内容,我們就介紹這些。下面再談談荀子提出"正名"的目的。大家知道,任何時代的學者都是脱離不開那個時代的政治的,世界上就没有一個人是專爲學術而學術的。荀子參加名實的論辯,也不是爲了單純的弄清名實的關係,而是有其政治目的的。他説:

> 故王者之制名,名定而實辨,道行而志通,則慎率民而一焉。故析辭擅作名以亂正名,使民疑惑,人多辯訟,則謂之大姦,其罪猶爲符節、度量之罪也。故其民莫敢托爲奇辭以亂正名。故其民慤,慤則易使,易使則公。其民莫敢托爲奇辭以亂正名,故壹於道法而謹於循令矣。如是,則其迹長矣。迹長功成,治之極也,是謹於守名約之功也。(《正名》)

這段話的意思很明白,是説名有着統一思想和政令的作用,即"慎率民而一","壹於道法而謹於循令"。如果名要亂了,就要"使民疑惑,人多辯訟",造成民不"易使"的後果,這樣就會擾亂了統治階級的政治秩序,不利於統治階級的統治。如果不亂名,就會出現"迹長功成,治之極也"的盛世。所以他才大聲疾呼"正名"。由此可見,荀子提出"謹於守名約"的主張,並提出"制名"進而又把"制名"權歸之於"王者",其目的就是爲統治階級政治服務。但在客觀上卻間接地推動了我國古代邏輯學的發展。

7. 結束語

以上,我們對荀子的自然觀、人性論、邏輯思想等幾個重要方面,做了專門的介紹。其政治思想、認識論等問題,在講述荀子思想前所商榷的三個問題裏,也曾談及。其餘,如經濟思想(見《富國》)、教育思想(見《勸學》)、軍事思想(見《議兵》),等等,因時間和篇幅所限,這裏就不再贅述了。好在表達這些思想的材料集中,文字又比較淺顯，同學可以按照參考書目自己閱讀，以便更好地掌握荀子的思想。

必讀書目

1.《史記·孔子世家》

2.《史記·孟軻荀卿列傳》

3.《史記·仲尼弟子列傳》

4.《論語》(選讀)：

《爲政》、《里仁》、《述而》、《先進》、《子路》、《衛靈公》、《季氏》

5.《孟子》(選讀)：

《梁惠王上》："曰：'無恒產而有恒心者，惟士爲能……'"→篇末

《公孫丑上》："公孫丑問曰：'夫子加齊之卿相，得行道焉……'"→"故君子莫大乎與人爲善。"

《公孫丑下》："孟子去齊，充虞路問曰……"→"吾何爲不豫哉？"

《滕文公上》："使畢戰問井地。"→"惡能治國家？"

《滕公文下》："公都子曰：'外人皆稱夫子好辯……'"→"能言距楊墨者，聖人之徒也。"

《離婁上》：篇首→"家之本在身。""孟子曰：'桀紂之失天下也……'"→"不誠，未有能動者也。"

《離婁下》：篇首→"予私淑諸人也。"

《萬章下》篇首→"其禄以是爲差。"

《告子上》(全選)

《告子下》：篇首→"子歸而求之，有餘師"；"孟子曰：'舜發於畎畝之中……'"→篇末

《盡心上》：篇首→"舉一而廢百也。"

《盡心下》：篇首→"合而言之，道也"；"孟子曰：'口之於味也……君子不謂命也。'"

6.《荀子》(選讀)：

《勸學》、《非相》、《非十二子》、《儒效》、《王制》、《議兵》、《天論》、《解蔽》、《正名》、《性惡》

思考題

1. 爲什麽説儒家的思想是辯證的和唯物的？與道家思想相比有何不同？
2. 儒家思想在中國歷史上有過什麽影響？怎樣給它評價？

（整理者:蘇勇　孫希國　舒星）